李克 编著

The Struggle Between
War and Peace

战争与和平的较量

A Global
History

全球通史

7

中国大百科全书出版社

图书在版编目（CIP）数据

全球通史. 7 / 李克编著. -- 北京 : 中国大百科全
书出版社, 2025. 5. -- ISBN 978-7-5202-1775-0

Ⅰ. K10

中国国家版本馆CIP数据核字第20251SW001号

出 版 人　刘祚臣
责任编辑　何　欢
责任校对　王红丽
责任印制　邹景峰
封面设计　周　亮
版式设计　北京崇贤馆
出版发行　中国大百科全书出版社
地　　址　北京市西城区阜成门北大街17号
邮　　编　100037
电　　话　010-88390790
网　　址　http://www.ecph.com.cn
印　　刷　河北泓景印刷有限公司
开　　本　710毫米×1000毫米　1/16
本册印张　22
本册字数　334千字
版　　次　2025年5月第1版
印　　次　2025年5月第1次印刷
书　　号　ISBN 978-7-5202-1775-0
定　　价　498.00元（全8册）

目 录

现代篇（中）

03 帝国主义新秩序 —— 二十年的休战

04 大国争斗之外：一战后觉醒独立的亚非民族国家

05 资本主义世界的经济危机和政治危机

06 第二次世界大战

07 20世纪上半叶的科技文化发展

现代篇（中）

第一次世界大战

1914 年至 1918 年，帝国主义列强为重新瓜分殖民地的势力范围，爆发了德国、奥匈帝国同盟国集团与英国、法国、俄国协约国集团之间的大规模战争。这场战争主要发生在欧洲，但战火蔓延至亚洲和非洲地区，当时世界上大多数国家都卷入了这场战争。这场战争以协约国的胜利而告终，并最终导致了俄罗斯帝国、德意志帝国、奥匈帝国、奥斯曼土耳其帝国的覆灭。

大战的爆发

> 巴尔干战争后，巴尔干各国之间的矛盾更加激烈和复杂，民族主义不断高涨，奥匈帝国试图吞并塞尔维亚。两大帝国主义集团在巴尔干半岛展开了角逐，使其成为帝国主义矛盾的焦点和欧洲的火药库。最终，因巴尔干问题而爆发了规模空前的第一次世界大战。

萨拉热窝事件

1914 年 6 月 28 日，在波斯尼亚首府萨拉热窝，奥匈帝国皇位继承人弗朗茨·斐迪南大公夫妇在检阅军事演习后被出生于波斯尼亚的塞尔维亚青年普林西普枪杀。萨拉热窝谋杀事件成了第一次世界大战的导火线。

奥匈帝国一直以来就想瓜分塞尔维亚，甚至将整个塞尔维亚吞并，因此制定了粉碎"大塞尔维亚主义"的国策，萨拉热窝事件发生以后，奥匈帝国决心利用整个事件将战争强加于塞尔维亚。

奥匈帝国的计划得到了德国的支持。7 月 5 日，德皇威廉二世对奥匈大使说："对塞尔维亚的军事行动不应该再延迟了。"德国认为时机已到，决心发动战争。它认为这时的俄国还没做好战争的准备，而几年之后，俄国通过利用自己丰富的自然资源将变得无比强大，到时候形势就会对德国非常不利。

7 月 23 日下午 6 时，奥匈帝国政府向塞尔维亚发出最后通牒：要求塞尔维亚立即审判参与萨拉热窝阴谋的活动者，奥匈将派出官员一同会审；取缔所有反奥匈的宣传活动和组织，开除那些赞助反奥匈的学校教师，革除反奥匈的官员，由奥匈帝国向塞尔维亚提供这些官员的名单；允许奥匈政府向塞尔维亚派遣人员，协助塞尔维亚政府镇压反奥匈运动；塞尔维亚政府必须在《政府公报》

萨拉热窝事件

中发表声明和对军队的文告，对妨碍奥匈领土完整的所有宣传和活动，无论是官民还是团体一律严惩。奥匈帝国政府的通牒限令 48 小时，也就是在 7 月 25 日下午 6 时前，塞尔维亚必须给予奥匈政府满意的答复。

　　奥匈政府将谋杀事件的责任全都加在塞尔维亚政府身上，这显然缺乏依据。面对奥匈政府咄咄逼人的气势，塞尔维亚政府采取了克制的态度。7 月 25 日下午 6 时，前塞首相亲自来到奥匈帝国使馆面交复照。对于奥匈帝国提出的全部要求塞尔维亚几乎都接受了，仅有奥匈官员一同会审谋杀案一项被拒绝。但是奥匈帝国已经决心发动战争，拒绝和平解决和所有调停，并于 7 月 28 日向塞尔维亚宣战，由此开启了第一次世界大战的序幕。

各国宣战

　　当时的塞尔维亚只是一个小国家，但是背后有沙皇俄国在支持。俄国一直以来对巴尔干半岛虎视眈眈。俄国观察到，要是任由奥匈帝国打击塞尔维亚，那么自己在巴尔干的地位就会被削弱，这是它无法接受的。就在奥匈帝国对塞尔维亚宣战之后，俄国政府迅速发布了军事动员令，法国作为俄国的盟国，会保证竭尽全力支持俄国的行动。1914 年 7 月 31 日，德国政府同时向俄、法两国发出最后通牒，要求俄国立即停止军事动员，并要求法国在可能发生的冲突中保持中立态度。俄、法两国拒绝了德国的要求，8 月 1 日、3 日，德国先后对俄、法两国宣战。

在一个多月时间里，英国政府虽然在表面上努力调和各方矛盾冲突，以谈判的方式解决争端，暗地里却在窥伺时机，寻求可以让国内接受的参战借口。8月2日，德国政府要求比利时政府借道，使德军可以经过比利时进攻法国。德国的这个无理要求破坏了比利时永久中立的国际地位，而这个地位是列强在1839年确定下来的。德国的无理要求很快遭到比利时的拒绝，比利时同时请求英、法、俄诸国保护自己的中立地位。英国于是要求德国尊重比利时的中立地位，但是遭到德国的拒绝，英国终于找到参战借口，并于8月4日对德宣战。至此，交战双方阵营基本确立：一方为协约国的英国、法国和俄国；另一方为同盟国的德国和奥匈帝国，帝国主义之间的大战就这样开始了。

作为三国同盟的成员国，意大利看风转舵，观察着局势的发展。战争初期，意大利以德、奥匈两国所进行的不是防御性的战争为借口，拒绝履行条约签订的义务，并且在一段时间里持中立态度。1915年4月，意大利与英、法、俄三国在伦敦秘密签订条约，协议保证战争结束后议和时可以满足意大利关于领土的要求。5月，意大利加入协约国一方。

8月日本加入协约国一方作战，10月奥斯曼土耳其加入同盟国一方作战，战争所涉及的范围越出了欧洲。1915年10月，保加利亚加入同盟国一方。1916年，罗马尼亚加入协约国一方。后来，一些国家在权衡利害关系后，陆续参加协约国一方。中国于1917年8月对德宣战，加入协约国一方。

协约国英、法、俄的宣传海报
最初的协约国由法国、俄国组成，随着英国的霸主地位被动摇和以德国为首的同盟国的建立，接着是英国加入法俄协约，一战协约国初显雏形。

这些交战的国家中，主要的帝国主义国家只是打着战争的幌子来达到掠夺的目的：占领新的领土，扩大商品市场和原材料的产地。英、法、俄、意等国先后缔结了协定，条约规定了它们如何去分割奥匈和奥斯曼土耳其的领地。日本加入这场战争的真实目的是要夺取德国在太平洋上的属地马绍尔、加罗林和马里亚纳等群岛；夺取德国在中国山东的"租借地"，企图进一步侵略中国。这场战争的目的，对于交战双方的帝国主义国家而言，都是一场带有侵略性质的帝国主义战争。而对于塞尔维亚等一些国家而言，它们的参战有着民族解放或反抗侵略的意义，然而这无法改变这场战争的性质。

同盟国四位君主
从左到右分别是：德皇威廉二世、奥地利帝国及奥匈帝国皇帝弗朗茨·约瑟夫一世、奥斯曼土耳其帝国苏丹穆罕默德五世和保加利亚国王斐迪南一世。

帝国主义集团为了这场战争已经准备了很长时间，战争爆发后，双方迅速集中了庞大的军事力量，在大战进行之前，协约国集结了 600 多万军队，同盟国动员了 350 多万军队，双方出动了 1.3 万多门大炮。

关于双方的力量对比，交战双方都各自有一些自己的有利条件：就同盟国一方而言，德国对这次作战做了准备，并且军队装备优良，指挥系统迅捷。此外，同盟国在战略地位上还占有一定的优势，参战的各国在地理上基本连成一片，处于内线作战，在调动兵力时方便灵活。就协约国一方而言，人数上占有优势；工业发展水平较高；在海军方面占有优势地位，战争开始时，拥有 23 艘主力舰，比同盟国还多出 6 艘，而在巡洋舰、驱逐舰、潜水艇等武器上就更占优了。因此，在战争爆发后，协约国不仅可以控制海洋，有利于粮食和作战物资的补给，并且有实力封锁对方在海洋上的行动。

大战进程：德国速战速决战略破产

早在第一次世界大战爆发前，德国就于 1905 年制定了作战计划——"施里芬计划"。然而在交战过程中，英法联军在马恩河战役中击败德军，迫使德国西线的攻势停止，并由攻转守。马恩河战役的失败使德国的速战速决战略破产，陷入了两线作战的境地。

施里芬计划

从战略方面来看，德国处在两线作战的境地，这对德军来说是非常不利的。早在俾斯麦担任德意志帝国首相时，就竭力避免腹背受敌，也就是避免东西两线作战局面的出现。19 世纪 90 年代初，法俄两国结盟以后，德国在东、西两面都面临着强敌，一旦爆发战争，那么它既要在东线与俄国交战，又要在西线与法国交战。若要想取得胜利，只能依靠迅速的军事行动，在俄国集中优势力量之前，集中兵力率先击溃法国，切断英国与欧洲大陆间的联系，再回头与俄

一战时的德军
一战中的德军有很多军官都是普鲁士贵族、容克地主、军事世家出身，因此普鲁士的军事传统、严格的军纪和较高的军事素养在德军中得到了体现。

小毛奇

小毛奇，即赫尔穆特·约翰内斯·路德维希·冯·毛奇，原为德皇威廉二世的侍从武官，在普法战争时因英勇作战闻名，出任德军总参谋长。施里芬计划失败后被解除职务，晚年默默无闻地死去。

国作战，实行"先发制人、各个击破"的速决战，争取在两三个月内结束整个战争。在这种战略思想的指导下，1905 年，德军总参谋长施里芬为此制订了"施里芬计划"。

"施里芬计划"规定，战争开始后，德国在东线对俄军采取守势，派出 9 个师配合奥匈军进行防御。在西线，德国集中 78 个师，以优势力量进攻法国。进攻法国的军队，左翼即阿尔萨斯 – 洛林地区，部署了 8 个师，固守法、德两国之间的国界；其余 70 个师则集中于右翼，企图出其不意地通过中立国比利时和荷兰，越过没有设防的法国北部地区，沿着海岸迅速推进，强渡塞纳河，经鲁昂北部折向东南，从西南面和南面包抄巴黎，形成钳形攻势，将法国主力部队逼退到巴黎以东地区，这样就可以把法军一举歼灭。迫使法国投降之后，德军主力迅速东进，与奥匈军会合，以同样的闪击方式向俄军发起进攻，取得最终胜利。这个计划是建立在这样的主观愿望的基础上的——也就是比利时无力抵抗，法军不堪一击，俄军行动缓慢，英国没有立即加入作战。而集中优势兵力，迅速在右翼击溃法军是整个计划的重中之重。

战争爆发后，因为情况出现了一些变化，德军总参谋长小毛奇对"施里芬计划"进行了一些修改。在西线右翼仅部署了 52 个步兵师和 7 个骑兵师，比先前的计划少了 11 个师，左翼则增加到了 15 个师；同时，也加强了东线的力量。这样一来，德军在两线的进攻力量就被削弱了。

坦能堡战役和马恩河战役

战争开始后，欧洲战场上形成若干条战线。比利时、法国北部和德法边境成为西线，这里主要是英法军队与德国军队交战。从波罗的海南岸一直到罗马尼亚形成东线，这里主要是俄国军队与德、奥匈军队交战。沿着多瑙河和萨瓦河构成了巴尔干战线，这里主要是奥匈军队与塞尔维亚军队交战。此外，在亚洲的南高加索，主要是俄军与奥斯曼土耳其军队交战。而在两河流域和巴勒斯坦，则是英军和奥斯曼土耳其军队交战。在这场战争中，欧洲的西线和东线至关重要，尤其西线最为关键。

1914年8月，在战场东线，俄军兵分两路，一路向西北面的东普鲁士扑去，一路向奥匈帝国境内的加利西亚扑去。俄国第一军和第二军计划从南、北两面合围歼灭东普鲁士的德国守军。8月17日，俄国第一军穿越边界地区。20日，俄军向德军主力发起猛攻，迫使德军接连后退。与此同时，俄国第二军趁机从南面进入东普鲁士境内。但是俄国第一军并没有乘胜追击，导致第二军陷入十分危险的境地。

8月23日，新上任的德军指挥官兴登堡和鲁登道夫决定向俄国第二军暴露的西侧发起进攻。当时，俄军高级指挥部里仅有的数部电台在发报时基本上都不加密，德军就这样轻而易举地获得了俄军的作战计划和军队部署。三天后，德军向俄国第二军发起进攻，俄军很快就被德军击溃，队伍迅速土崩瓦解。双方激战四天后，俄国第二军被德军全部歼灭，几千人成了德军的俘虏。8月26—30日的这场战争称为"坦能堡战役"。

德军虽然在坦能堡战役取胜，但是德军原先并没有计划与俄军在8月中旬

德军指挥官兴登堡及其参谋
兴登堡出生于波森省（今波兰波兹南）的贵族家庭，从小受到普鲁士黩武精神熏陶，曾参加过普奥战争、普法战争。

开战，因此德军动用两支军队去抵抗俄军导致兵力被分散，从而影响到了西线对英法联军的战事。

1914 年 8 月 4 日，德军入侵比利时，结果遭到了顽强的抵抗。德军没想到会遭到比利时人的顽强抵抗，在比利时的边境要塞列日被阻 3 天，直到 20 日才占领布鲁塞尔，这已经妨碍了德军实现快速挺进的目标。英法联军最初在比利时境内遭遇失败。右翼德军在占领了比利时后，从比利时侵入法国。8 月下旬，在毛奇将军的指挥下，德军深入法国北部，继续向巴黎挺进。9 月 2 日，德军先头部队已挺进到距巴黎仅有 24 千米的地方。9 月 3 日晚，法国政府将首都改迁至波尔多。

马恩河战役中的法军士兵
法军大部队虽然一直在撤退，但驻守在巴黎北郊的法军一直在等待同德军交战的机会。

法军总司令霞飞在马恩河和塞纳河之间重新部署了力量，其中包括一些英国军队。9 月 5 日，英法军队转入反攻，展开了马恩河战役。双方军队参加这场战役的人数有 150 余万人。9 月 6 日，法军和英国远征军对德军实施突击，8 日逼近马恩河，对德军形成包围态势，德军在右翼面临被围歼的危险。9 月 9 日，德军被迫全部撤到马恩河北岸，朝向安讷河一线撤退。9 月 10 日，毛奇下令德军全线停止进攻，撤至努瓦永至凡尔登一线。马恩河战役结束。这次会战以德军的失败而告终。英法联军伤亡 26.3 万人，德军损失 22 万人，英法联军在 200 千米的战线上推进 60 千米。

德军的"施里芬计划"试图速战速决，但是由于主观设想的破灭，再加上毛奇抽调兵力支援东线等因素，计划最终失败了。

大战进程：协约国夺回主动权

从 1916 年开始，协约国与同盟国双方陆续展开了
凡尔登战役、索姆河战役。结果德军在凡尔登战役中被
击败，将西线战略主动权交与英法联军，直接导致了东
线德军的失利。经过这些战役，东、西两线的战略主动
权从同盟国转到了协约国一方。

凡尔登战役

1915 年，德国企图侵占俄国的大片领土，迫使它退出这场战争。此外，
德国也对巴尔干地区虎视眈眈，计划控制该地区，从而直接打通前往奥斯曼土
耳其的通道。根据这个战略目标，德军在东线发起了猛烈的攻势，迅速占领了
俄国广阔的领土，并且把战线推进到了里加湾到德涅斯特河一线，但是德军并
没有迫使俄国与它议和。

就在这一年，英、法、俄将意大利拉进了协约国一方，这样一来，意、奥
匈边境上又构成了一条战线。在这条战线上，意军与奥匈军队发生交战，但是
没有什么进展。同年 10 月，在巴尔干战线，在德、奥匈、保三国军队的联合
攻打下，塞尔维亚军抵抗不住，败下阵来。大批塞尔维亚军队取道阿尔巴尼亚，
撤退到亚得里亚海的科孚岛，在那里重新集结起来。

1916 年是第一次世界大战关键性的一年，交战双方为了获胜都已最大限
度地调动了本国的资源投入战争。在这一年，德国又将战争的重点放到了西线，
因此在西线出现了几次大规模的战役。为配合西线作战，俄军也在东线发起了
攻势。

这一年，在西线爆发了第一次重大战役——凡尔登战役。凡尔登是法国重

凡尔登战役
此役是典型的阵地战、消耗战，法军一直在要塞碉堡以机枪、迫击炮等武器对抗来袭的德军。这一防御经验成为大战之后各国修建要塞工事的依据。

要的军事要塞，修筑了许多坚固复杂的防御工事，是法军阵线的枢纽。它对德国洛林构成了威胁，并且可以俯瞰马斯河的上游地区，它就像是一把突出来的锥子，插入德国阵线。德军选择凡尔登作为进攻的主要目标，试图使其成为"碾碎法军的磨盘"，也就是吸引法军精锐部队来到这里，继而加以歼灭，由此打通前往巴黎的通道。为此，德军集结了 27 万人、1000 门大炮，由皇太子威廉亲自率领这支军队。当时法军仅有 10 万人驻守在凡尔登，大炮仅有 200 门，军事实力完全处在劣势。

2 月 21 日，德军的大炮向法军阵地发起了猛烈轰击，法军的交通线也遭到了德军飞机的轰炸，凡尔登战役就此展开。在战斗开始后的四天里，德军就向法军阵地发射了 400 多万发炮弹，法军阵地浓烟滚滚，山头被轰平，树木被烧焦，每一寸土地几乎都被翻过来一遍，为此有人形容为"地表的地震"。

法军顽强地抵抗着，全力以赴阻挡德军的前进。在双方激战正酣时，法国政府紧急任命贝当为凡尔登地区的司令官，并对凡尔登进行紧急增援。2 月 25 日晚贝当抵达凡尔登，并给前线军队划定一条督战线，要求军队不惜一切代价死守。同时，法军立即对道路进行抢修，组建了一支 9000 人的运输队，调集了 3900 辆汽车，从 27 日开始，在一周的时间内运来了 19 万援军和 25000 吨军用物资，每个昼夜有 6000 辆汽车往返于凡尔登。法军大批援军及时投入战斗，加强了纵深防御，对战役进程产生了重大影响。在法军的有效抵抗下，德军没有任何进展。至月底，德军援军未能及时赶到，攻势锐减，丧失了突破法军阵地的时机，第一次大规模的进攻宣告失败。

6 月 7 日，德军再次向凡尔登发起大规模攻势。6 月 21 日，德军首次使用了毒气窒息弹，想一举消灭法军炮队。德军向法军阵地发射了 11 万枚毒气弹，给法军造成了重大伤亡，德军一度接近凡尔登附近的炮台，但最终被法军击退。

7月11日，德军停止了最后一次大规模进攻，德军未在凡尔登方向投入新的兵力，此后它再也无力发动大规模攻势，法军逐渐取得了主动权。10月14日和12月15日，法军发动两次大规模反攻都获得了胜利，基本收复了被德军攻占的失地。12月18日，凡尔登战役至此结束。

凡尔登战役持续了10个月，法军有60个师先后参加了战斗，德军投入了46个师，双方投入兵力200万，伤亡人数总计70多万。

凡尔登战役纪念馆
纪念馆位于战场的中心位置，采用混凝土和石材建造，符合20世纪30年代的审美标准。

这场战役不仅是战争中期的决定性战役，而且是第一次世界大战的转折点。德军不仅没有实现它夺取凡尔登包抄巴黎南路的计划，还在这次战役中耗尽了元气。法军由此开始了反攻，逐次收复了凡尔登以东的大片土地，德军则是节节败退。

日德兰海战

战争开始后前两年，英国加紧了对海上的封锁，使得德国的舰队一直在自己的港口内龟缩着。为了突破英国的封锁，改善当前的战争处境，德军指挥部决定向英军发起海上攻势。

日德兰海战中的德国战舰

在日德兰海战中，德国战列巡洋舰展现出了优良的抗沉能力，因为它在炮塔和舰体水密方面的设计十分优秀。

　　1916年5月31日至6月1日，爆发了第一次世界大战期间最大的一次海战——日德兰海战。在此次海战中，英方出动了151艘船舰，其中有37艘主力舰；德方则出动101艘，其中主力舰27艘。

　　德国计划以弗朗茨·冯·希佩尔海军中将率领的5艘战列巡洋舰为主力战队，引诱戴维·贝蒂海军中将率领以6艘战列巡洋舰及4艘超无畏舰为主力的英国战队进入公海舰队所设的陷阱。但是德国海军密码被英军破译，英军获悉德军的计划后，英国本土舰队一齐出动。

　　双方在丹麦日德兰半岛附近北海海域相遇。第一回合交战时，希佩尔海军中将与贝蒂海军中将交锋，结果以希佩尔海军中将击沉2艘战列巡洋舰后主动撤离而结束。舍尔海军上将与希佩尔海军中将会合后，贝蒂海军中将主动选择撤离，并成功将公海舰队引向由杰利科海军上将指挥的英国本土舰队，双方合计超过250艘军舰在北海激战至日落。英国本土舰队计划在第二天早上继续战斗，但是德国公海舰队最后选择避战。最终，由舍尔海军上将率领的德国公海舰队以相对较少吨位的舰只损失击沉了更多的英国舰只，取得了战术上的胜利。

　　在这场会战中，英军损失船舰14艘，阵亡官兵6097人，德国损失船舰11

艘，阵亡官兵 2545 人。英国的损失虽然大于德国，但是成功地逐回了舍尔的舰队，掌握住了制海权，使德军试图突破英军海上封锁的计划失败。此后，英国皇家舰队始终将德国舰队封锁在自己的港口内，使得后者在战争后期几乎无所作为，再也没有发动过如此大规模的海战。

布鲁西洛夫突破

1916 年初，就在西线凡尔登战役激战正酣和索姆河战役即将开始的时候，为了牵制德军的进攻，同时减轻凡尔登方向德军对法军的压力，在盟国的要求下，俄国在西面和西南面的军队在加利西亚地区发动了对奥匈帝国的夏季攻势，试图以此来掌控东线战场的主动权。

夏季攻势由俄军主帅布鲁西洛夫指挥。6 月 4 日，俄军向奥匈帝国发起攻势。次日，无心恋战的奥匈军队陷入了困境，一些少数民族士兵纷纷倒戈。6 月中旬，布鲁西洛夫的首次进攻就耗尽了力量。尽管军队出现了补给短缺和运输困难的情况，加上其他俄军未能及时发起辅助进攻，布鲁西洛夫依然再次向奥匈军队发起进攻。到 6 月下旬，布鲁西洛夫取得了辉煌的胜利，奥匈军队被俄军彻底击溃，风雨飘摇的奥匈帝国损失了几十万人。

布鲁西洛夫的胜利使得德军紧急从西线调拨了几个师过来支援奥匈军队，

俄国主帅阿列克谢·阿列克谢耶维奇·布鲁西洛夫

奥匈增援部队也从意大利调过来，加强防御。7 月，布鲁西洛夫又发起进攻，但由于德、奥匈方面已调集大量军队进行抵抗，俄军的进展不大。9 月初，战线稳定下来。布鲁西洛夫的攻势迫使德、奥匈军队从西欧和意大利战场抽调了 30 多个师的兵力增援，从而缓解了德军对凡尔登法军的压力，解除了奥匈军队对意大利的威胁。

布鲁西洛夫的进攻是这次大战中俄军赢得的最大胜利，把 400 多千米的战线向前大大推进，俄军重新占领了大部分加利西亚。在这场战役中，奥匈军队损失约 60 万人，其中被俘者约 40 万，俄军也付出了巨大的代价，有 100 万人伤亡。

整个 1916 年的战局形势已经朝着有利于协约国一方发展，尤其是德军在凡尔登的失败，标志战略主动权已开始转移到协约国一方，从此，同盟国一方在西线转入了战略防御。

1916 年俄军统帅部会议
布鲁西洛夫（右三）出生于第比利斯的军人家庭，被誉为"第一次世界大战中最为成功的统帅之一"。

索姆河战役

1916 年 6 月 24 日起，英法两军对德军进行了 7 天的炮火攻击，索姆河战役爆发。按照预定计划，英法军队于 7 月 1 日在索姆河畔向德军发动大规模攻势。英军在这次进攻中作为主力，主要在索姆河北活动，进攻的主要目标是巴波姆。法军在索姆河以南配合英军的行动，目的地为培隆。

7 月 1 日，英法士兵在炮火的支援下向德军阵地发起进攻。英军以密集队形向前推进，遭到了德军猛烈炮火的阻击，第一天就伤亡近 6 万。到 14 日，

索姆河战役中受伤的英军士兵

索姆河战役中的英军坦克

索姆河战役被称作"索姆河地狱"，是一战中最惨烈的阵地战，也是人类第一次在实战中使用坦克。

英军再次发起反攻，只行进了 10 千米远，并且损失惨重，进展缓慢。9 月初，英法步兵第三次发起进攻，12 日只向德军纵深推进了几千米。9 月 15 日，英军在一次进攻中首次使用坦克，共出动 49 辆，而实际参加战斗的有 18 辆（被德军击毁 10 辆）。这是战争史上第一次使用坦克。这一新式武器的出现，使德军大为惊恐，英军的进攻速度因而有所增加。但是初期制造的坦克还不完善，时速仅有 6 千米，数量也少，收效不大，所以只能保证军队在局部地区的胜利，而不能决定整个战役的获胜。11 月中旬，战役结束，英法军队未能实现突破德军阵线的预期目标。

索姆河战役是第一次世界大战中规模最大的一次战役，其激烈程度比凡尔登战役有过之而无不及。在这几个月里，双方伤亡惨重，英军损失 45 万人，法军损失 34 万人，德军大约损失 54 万人。协约国军队付出了惨重的代价，仅仅前进了 30 千米，夺回德军占领的 180 平方千米领土。英法两军虽未实现突破德军防线的目的，但牵制了德军对凡尔登的进攻，进一步削弱了德军实力，使整个战局向着有利于协约国方面发展。

大战进程：僵持

> 1917 年，第一次世界大战已历时两年多，德国消耗了大量人力物力，实力大为削弱；协约国方面则因为美国的参战，实力得到增强。德军为了避免与协约国决战，进行无限制的潜艇战，并将防线向后撤离。英法联军在 1917 年分别向德军发动进攻，但没能继续扩大战果，战争一时陷入僵持状态。

无限制潜艇战

战争持续了两年多，德军在陆地上已经处在被动的局面；在海上，德军的处境也非常糟糕，英国对海上实行严密封锁，牢牢控制着制海权。因此，在英国海军的封锁下，德国只能通过潜艇进行反击，企图打击依赖海上运输的英国经济。

1915 年 5 月，英国大型商船"卢西塔尼亚"号在爱尔兰南部海面被德军击沉，当时船上的旅客有 120 名美国人。因此，美国向德国发出了强烈抗议，德国允诺限制潜艇的行动，承诺潜艇的军事活动只在交战国之间进行。此后，交战国之间的战斗依然持续。1916 年，共有 277 艘英国船只被德国潜艇击沉，总吨数达到了 125 万吨，英国的海上运输变得越发困难。

日德兰海战爆发之后，在海面上不占优势的德国认为更加有必要对英国进行潜艇战。1917 年初，德国召开了一次军事会议，会议上各海军将领决定对英国实行"无限制潜艇战"。德国认为可以通过潜艇限制英国的海上活动，迫使英国人在半年之内因缺乏食物而投降。

德军副总参谋长鲁登道夫十分赞成这个计划，认为最多一年时间就可以迫

无限制潜艇战

使英国投降。于是德皇威廉二世下令，从 1917 年 2 月 1 日起，德国在海上开始实行"无限制潜艇战"。凡是在英吉利海峡航行的舰船，都遭到了德国潜艇的袭击，即使是中立国的船只也未能幸免，甚至有德国船只也被击沉。1917 年 4 月，潜艇战达到了顶峰，德国出动 1320 艘潜艇，只要是从英国开出的船只，每四艘中就有一艘被德国潜艇击沉。德国的潜艇战在刚开始的几个月时间里，的确使协约国遭到了巨大损失。1 月有 181 艘商船被击沉，2 月则有 195 艘，3 月达到了 325 艘，4 月增至 423 艘。在整个战争期间，协约国总共有 6000 余艘商船被击沉，德国仅损失了 216 艘潜艇。

德国的潜艇战虽然获得了重大战果，但同时也迫使协约国在战争中迅速创造出了许多防御以及反击潜艇的方法，比如用"流体测音器"侦察潜艇的活动；在海峡布下电网以阻止潜艇的活动；发明能够下潜很深的深水炸弹，炸毁德军潜艇；在商船航行的同时，派护航舰队护航等等。因此，协约国尽管遭受了惨重损失，但是英吉利海峡的海上运输并没有中断，德国未能实现通过潜艇战迫使英国求和的企图。

美国参战

第一次世界大战爆发以后，美国总统威尔逊宣布保持中立。美国在名义上持"中立"态度，主要是受各方因素的影响：首先，美国可以利用"中立"的幌子来与交战各国进行交易，以此获得暴利，同时可以趁其他帝国主义国家忙

美国总统托马斯·伍德罗·威尔逊
威尔逊于 1913 年至 1921 年担任美国第 28 任总统，
在 1919 年被授予诺贝尔和平奖。

于交战的机会，夺取扩大商品市场和原料产地；其次，美国可以趁各国因为战争而筋疲力尽的时候再参加战争，这样一来就可以用最小的代价来实现自己的扩展计划，称霸世界。此外美国国内的工人、农民以及一部分小资产阶级都反对美国参加这场战争。

在战争开始以后，美国利用"中立"地位与交战各国做起了生意，源源不断地向各国供应军用物资和食物，极大地扩大了本国的生产能力。在这一时期，美国的工农业生产总值急剧增长，从 1914 年的 243 亿美元，增长到了 1916 年的 645 亿美元。欧洲国家为了能够购买到美国商品，将自己的有价证券售卖给美国，或者用黄金来交换，或者向美国贷款。美国原本是个债务国，如今转身一变成了债权国。美国许多大资本家因此赚得了丰厚的利润。

美国在表面上"中立"，实际上它的利益是与英、法、俄三国联系在一起。它主要是往这些国家运送物资，1914 年运送的物资总值为 8 亿多美元，到 1916 年时增加到了 32 亿多美元。在这一时期内，美国对德、奥匈两国的物资输出却迅速减少。到美国参战的时候，它贷给协约国的贷款为 23 亿美元，而贷给德国的只有 2000 多万美元。

1916 年，威尔逊再次当选美国总统。战争已经进行了两年，美国统治集团看到参战的时机已经成熟，威尔逊也为美国参战积极准备着，叫嚷着要对德宣战。与此同时，德国指挥部看到仅仅依靠陆军无法取得胜利，便开始施行"无限制潜艇战"。德国加紧在英国海域以及地中海上用潜艇攻击英国船只，连中立国船只也不放过，企图借此困死英国。就在这时，美国终于找到了对德宣战的借口。当时俄国爆发了二月革命，美国担心协约国的作战能力，从而削弱并损害自己在战争中的利益。1917 年 4 月 6 日，美国借口维护公海自由，以德国潜艇攻击美国商船为借口，宣布对德作战。同年 12 月，它又宣布对奥匈帝国作战。为了进一步实现称霸世界的野心，美国最终参加了第一次世界大战。

就在美国对德宣战后十天，在欧洲西线战场，法军总司令尼韦勒在兰斯和苏瓦松之间对德军发动了猛烈攻势。但是德军对此早就有所准备，法军的这次进攻从开始就遭到阻击。战斗断断续续地进行到了 5 月初，法军伤亡十余万人，却毫无所获。7 月初，俄军在东线发动攻势，在利沃夫一线发起攻击，开始时取得了胜利，奥匈军队数万人被俄军俘获。当德军增援部队抵达以后，形势发生了逆转。9—10 月，德军攻占了里加，并控制里加湾。在意大利战线，10 月间，意军在卡波雷托遭遇失败，德、奥匈军队不断向前推进，逼近皮亚韦河，威胁着威尼斯。英、法军队迅速增援意军，局势才逐渐稳定下来。意大利在卡波雷托的失利让协约国感到震惊，各国决定在巴黎凡尔赛举行协约国最高军事会议。协约国开始走向军事统一。

大战结束

1918 年德国发动西线大会战，结果以失败而告终。此时德国水兵发动起义，德国在内外交困之下被迫与协约国签订投降协定，同盟国集团在这场战争中彻底战败，第一次世界大战宣告结束。战争给交战各国带来了空前的灾难和破坏，同时也唤醒了各国人民，战后欧洲各国相继发生革命，有利打击了各国的反动统治。

最后的战争

战争进入关键时期，交战各国爆发了革命活动，各国政府忙于镇压国内的

贡比涅停战协定
1918 年 11 月 11 日，德国代表和协约国代表在法国东北部贡比涅森林雷道车站福煦车厢里签署停战协议。

革命活动，也希望尽早击败对方结束这场战争。法国政府为了更有利地进行战争和镇压国内革命活动，对政府进行了改组。1917 年 11 月 16 日，克里孟梭担任内阁总理。1918 年 4 月中旬，协约国在军事上进行了统一，法国的福煦将军担任协约国联军总司令，统一指挥协约国作战。美军司令潘兴、英国远征军司令海格都要接受他的指挥。

1918 年 3 月到 7 月，德国进行了最后的挣扎，在西线调集了大约 200 个的步兵师，1.6 万门大炮和 3000 架飞机，向协约国军队发动了第 4 次进攻。到 7 月中旬，德军的力量逐渐枯竭，攻势减弱，协约国逐渐掌握了军事上的主动权。8 月 8 日，协约国军队总司令福煦将军下达向同盟国军队发起进攻的命令，双方在西线展开了最后的决战。意大利与奥匈帝国边境、巴尔干地区以及奥斯曼土耳其领土上的战争逐渐停息。同盟国已经陷入了土崩瓦解的境地。

与此同时，德国和奥匈帝国的革命运动高涨。10 月下旬，捷克斯洛伐克和匈牙利宣布独立，奥匈帝国宣告瓦解，在前线的军队拒绝继续作战。11 月 3 日，德国基尔军港的水兵爆发起义。到 11 月 4 日，水兵起义遍及整个德国舰队，许多地方建立了工兵代表苏维埃，并且控制了政权。11 月 9 日，柏林军队也转到了起义的工人阶级一方。次日，德国皇帝威廉二世仓皇逃往荷兰。11 月 11 日，德国向协约国投降。而在德国之前，保加利亚、奥斯曼土耳其与奥匈帝国都已经和协约国签订了投降协定。第一次世界大战最终以同盟国的失败而结束。

第一次世界大战的影响

从 1914 年 8 月全面爆发到 1918 年 11 月结束，第一次世界大战持续了 4 年 3 个月，有 30 个国家，约 15 亿人加入了这场战争，人数占当时世界人口总数的 67%。在战争中，交战双方调集了约 7300 万人走上战场，其中协约国一方约为 4800 万人，同盟国一方约为 2500 万人。在这场战争中，在长达数千千米的战线上，发生了数十次大规模会战，交战各国在战场上动用了全部新型武器。

战争所造成的最直接、最明显的是人力、物力上的巨大损失和破坏。在战争中牺牲的军人达 900 万之多，此外又有 2000 多万人受伤，数百万人残废，因为饥饿、疾病而死亡的人达 1000 万。战争造成的直接经济损失为 1800 多亿美元，间接经济损失 1500 多亿美元。无数的房屋、工厂、铁路、桥梁、农田等遭到破坏，生产活动受到了沉重打击，从经济方面来估计，欧洲的工业发展水平至少倒退了 8 年。

第一次世界大战造成的后果是欧洲各国的衰落和美国、日本的兴起。英法两国虽然是战胜国，然而两国的实力被这场战争严重削弱了。早在 1913 年，英国就已经将世界第一经济大国的地位让给了美国，战争结束后英美之间经济

美国华尔街庆祝一战结束
美国参战后前往欧洲的远征军有 200 万，其中美裔黑人部队死伤惨重，因此战争胜利后，华尔街举行了大型庆祝活动。

实力的差距越来越大，英国失去了海上霸主的地位。

总之，欧洲已经走向衰落，而在战争前夕就已经兴起的美国和日本却利用战争之机极大地发展了本国实力。在战争中，美国得到了各国的大量军需订货，从 1914 年 6 月到 1917 年 6 月，美国共向各国输出了 69 亿美元的商品，美国的贸易顺差由 1914 年的 4.3 亿美元增加到 1917 年的 35.6 亿美元。出口的激增扩大带动了国内生产的快速发展。1916 年美国的国民生产总值为 1313 亿美元，1918 年上升到了 1518 亿美元。美国 1914 年农业总收入为 78 亿美元，1915 年增加到了 100 亿美元，1919 年猛增至 177 亿美元。

战后美国已成为世界上最大的债权国和最大的资本输出国，黄金储备也大为增加。国际金融中心开始从伦敦转向纽约，美元在世界货币中的地位上升，英镑的地位开始下降。

战后的日本得到了极大的发展，它借这个机会几乎独占了中国东北的市场，并趁英、荷、法陷入战争之际，加快向其殖民地进行经济渗透的速度。

俄、英等协约国的大量订货极大地促进了日本经济的发展。1914 年至 1919 年，日本国内工业总产量增加了 1.8 倍，其中以造船和海运最为突出。短短数年时间，日本由一个农业国变成了工业国，对外贸易从长期入超变成了出超，由债务国变成债权国。

战争引起的革命

第一次世界大战所取得的政治成果之一，是无产阶级社会主义革命在俄国的胜利以及在俄国革命影响下世界各国无产阶级革命和资产阶级民主革命的爆发。

战争爆发时，交战双方都抱着快速取胜的想法，但是到 1916 年底，战争出现了僵持的局面。由于大量的农民被征召到军队中，导致大量的土地无人耕种，变得荒芜，农畜产品的产量大幅减少，物价则是不断上涨。1916—1917 年的冬季出现了严寒天气，给交战各国的劳动人民带来深重的灾难，许多人因为饥饿而被冻死。

随着战争的深入，交战国的经济危机不断加深，人民纷纷起来反对战争，反战运动日益高涨。1916 年法国工人起来罢工，人数为 4.1 万人，1917 年时增加到了 29 万人，罢工工人向政府喊出了"打倒战争"的口号。1917 年 4 月，

俄国十月革命
弗拉基米尔·伊里奇·列宁于 1917 年 11 月（俄历 10 月）在彼得格勒举行的全俄苏维埃第二次代表大会上发表讲话。

德国的罢工运动更为激烈，有 30 万人参加了这次罢工，工人们提出不兼并别国领土、实现和平的要求。此外，在前线作战的士兵也出现了反战的情绪。1917 年 5—6 月法国军队爆发了兵变，军队中有 3 万至 4 万士兵拒绝执行上级发布的作战命令。

　　而在交战各国中，腐朽、反动的沙皇俄国危机最深，因此在俄国率先爆发了革命。俄国落后的经济本来就无法支持一场长年累月的战争，更何况持续的战争导致国民经济遭到了严重的破坏。1914—1917 年，俄国有 1500 万人被征召入伍，由于大批农民入伍，大大减少了农业劳动力，以致耕畜从 1914 年的 1800 万头减至 1917 年的 1300 万头，粮食的产量也减少了 1/4。战场上俄军将领指挥无能，再加上武器弹药严重缺乏，到 1917 年 1 月底，俄军损失了 600 万人。到战争临近结束时，损失人数增加到了 800 万左右。工人、农民和士兵在战场上流血牺牲，却忍饥挨饿，无奈之下只得起来斗争。二月革命爆发后，临时政府依然一意孤行，继续参加帝国主义战争，最终导致了它的灭亡。在布尔什维克和列宁的领导下，俄国十月社会主义革命最终取得成功。在俄国革命的影响下，欧洲又相继爆发了德国十一月资产阶级民主革命、匈牙利无产阶级社会主义革命以及英、法、美等国无产阶级支持苏俄的政治罢工等。

02

俄国十月革命及其影响下的欧洲革命

　　1917 年的俄国二月革命推翻了沙皇的封建统治，十月革命则推翻了资产阶级临时政府的统治，建立了人类历史上第一个无产阶级专政的社会主义国家。在十月革命的推动下，资本主义国家在 1918 年至 1923 年掀起了革命高潮。德意志帝国、奥匈帝国在这次革命运动中随之瓦解，中欧和东欧的国家建立了资产阶级共和国，无产阶级政党在欧美各国普遍建立起来了。

俄国工人运动的发展

19 世纪末期，随着马克思主义的广泛传播，各国掀起了工人运动的热潮，无产阶级政党在各主要资本主义国家普遍建立。俄国无产阶级队伍在这一时期日益发展壮大，成立了俄国社会民主工党。1903 年，俄国社会民主工党第二次代表大会通过革命党纲，建立布尔什维克，也标志着列宁主义的诞生。

工人阶级的兴起

1861 年以后，俄国资本主义得到了快速发展。到 19 世纪 80 年代，俄国的纺织业、金属加工业、采矿业、造纸业等主要工业部门已基本完成了从手工操作到机器生产的过渡，基本完成工业革命。1860 年至 1890 年 30 年间，俄国的工业生产出现了迅猛增长，铁的产量增加了 2 倍，钢的产量增长了 3 倍，煤则增长了 19 倍。在这个基础上，俄国的工业结构也发生了一些改变，重工业的比重有所增加，纺织业的比重则下降了。与此同时，工业生产中心开始形成，比如顿巴斯成为重要的煤矿工业中心，克里沃罗格成为铁矿工业区，巴库成为石油工业区等等。此外，随着重工业的兴起，俄国的铁路建设得到了很大的发展，西伯利亚、南俄等边区得到很好的开发，国内市场得到扩大，使得俄国经济状况发生了很大的改观。

19 世纪末 20 世纪初，随着资本主义从自由竞争向垄断的过渡，俄国工业中的生产和资本也开始出现了集中的趋势。尽管俄国的经济发展还较为落后，但是垄断组织已经逐步发展起来了，到 1914 年，俄国已有 150 家垄断组织掌握了国家市场，影响着国民经济的发展。

俄国工人阶级
自 1861 年改革后，俄国资本主义经济快速发展，社会结构逐渐从等级结构向阶级结构转变，俄国工人阶级自此诞生。

　　20 世纪初，俄国进入了帝国主义阶段。与欧美帝国主义国家相比，俄国的帝国主义突显了两个特点：一是包含军事封建性。地主贵族阶级是沙皇专制统治的社会基础，因此俄国大量保留农奴制残余。但同时沙皇的统治在经济上又严重依赖垄断资本，为了满足垄断资本家不断追求暴利的要求，沙皇经常发动对外侵略战争。因此，列宁称俄国是"军事封建帝国主义"。二是低赖西欧帝国主义国家。俄国工业的发展很大程度上依赖外国资本的扶植，在经济上处于服从地位。而这些特点促使俄国成为 20 世纪初工农运动高涨的地区和布尔什维克的发源地。

　　作为一个新兴的阶级，俄国无产阶级在 19 世纪 80 年代初就已经形成。随着资本主义的不断发展，无产阶级队伍也日益发展壮大。例如铁路工人，1861 年仅有 7.6 万人，1895 年已经发展到了 150 万人。19 世纪 90 年代初，俄国的工人达到了 1000 万人。工人无产阶级逐渐成为俄国政治舞台上一支举足轻重的力量。

　　俄国工人阶级的发展有着自己的显著特点。第一，工人阶级受到了资本主义和农奴制残余的双重剥削，领着微薄的工资，生活十分困苦。工人每天工作的时间一般都在 12 小时以上，最长可达 17 小时。劳动条件极其恶劣，不断有工伤事故发生，而且工人没有任何劳动保护制度。在资本主义沉重的压迫下，俄国工人形成了一种不屈的斗争精神。第二，工人主要集中于大型企业。据统计，1892 年，在 1000 人以上的工厂的工人占所有工厂工人总数的 47.8%，这个数字比同时期任何一个资本主义国家都要高。工人阶级相对集中，有利于工人团结在一起开展革命斗争。第三，与西欧帝国主义相比，俄国的资本主义发展较为落后，资产阶级力量还很微弱，不可能拿出超额利润来扶植工人贵族阶级。所以在俄国无产阶级中出现机会主义现象要比西欧国家少很多。此外，俄国资本主义经济文化的发展也较为落后，产业无产阶级较少，在觉悟性和组织性方面也较低。

　　早在 19 世纪 60 年代，俄国工人阶级就已经举行了罢工运动。70 年代，工人的罢工运动更加频繁，达到了 290 次。当时工人运动大多以经济利益为目的，要求增加工资、改善劳动条件等。后来，工人的斗争逐渐从经济领域转向了政治领域。1875 年，由扎斯拉夫斯基领导的"南俄工人协会"在敖德萨成立，这是俄国第一个独立的工人革命组织。1878 年，由奥布诺尔斯基和哈尔图林领导的"俄国北方工人协会"在圣彼得堡成立。19 世纪 80 年代，俄国工人运动进入快速发展阶段。1879 年到 1884 年，工人发动了 205 次罢工运动，罢工的规模也愈来愈大，圣彼得堡和莫斯科逐渐成了工人运动的主要区域。

列宁的活动

　　弗拉基米尔·伊里奇·列宁（1870—1924 年）出生于伏尔加河畔的辛比尔斯克，原名弗拉基米尔·伊里奇·乌里扬诺夫，列宁是他参加革命后的笔名。

17 岁的列宁
1887 年，17 岁的列宁进入喀山大学法律系学习，在年底因参加进步学生运动被捕并遭放逐。

1887 年，列宁进入喀山大学学习，攻读法律，后来因为参加青年学生革命小组的活动，被学校开除学籍，遭到逮捕和流放。

从那时起，列宁开始潜心研究马克思的《资本论》，逐渐成了一名马克思主义者。1889 年，列宁在萨马拉建立了当地第一个马克思主义小组，向人们传播科学社会主义，并深入农村进行社会调查，以马克思主义理论研究当时的俄国农民问题。1892 年，他将《共产党宣言》翻译成俄文，之后写下了第一本著作《农民生活中新的经济变动》。1893 年，他来到圣彼得堡，参加了圣彼得堡大学生马克思主义小组，不久后成了圣彼得堡马克思主义小组的领导人。

当时，民粹思想在俄国社会仍然有着很大的影响，特别是一些青年知识分子受到迷惑，仍然认为俄国可以不走资本主义发展的道路而实现社会主义，认为农民阶级是社会革命的主要力量。为了消除这部分青年人的错误认识，从思想上彻底清除民粹主义，1894 年列宁秘密发表了《什么是"人民之友"以及他们如何攻击社会民主党人？》一书，以各种事实批判了民粹派的各种错误思想，指出俄国资本主义已经发展起来了，无产阶级必然会不断壮大起来，并将成为资本主义的埋葬者；首次阐述了无产阶级创立政党，建立工农联盟，领导俄国革命的重要性。列宁的这些思想沉重地打击了民粹派。

列宁在和民粹派斗争的同时，还与以司徒卢威为代表的"合法马克思主义者"进行了一场较量。当时，部分资产阶级知识分子打着马克思主义的旗号，在沙皇政府许可的合法报刊上宣扬自己的言论。他们也对民粹主义进行了批判，认可马克思关于资本主义发展的历史必然性的学说，但是他们所宣扬的思想在最本质的问题上却与马克思主义背道而驰，主张不能进行阶级斗争和无产阶级

伏案工作的列宁

专政，极力粉饰资本主义，认为工人应无条件地"去向资本主义请教"。

　　1894 年，列宁写了《民粹主义的经济内容及其在司徒卢威先生的书中受到的批评》一文，有力地抨击了"合法马克思主义者"对马克思主义的歪曲，揭露了他们不过是资产阶级的走狗而已。列宁与民粹派、"合法马克思主义者"的斗争，为俄国无产阶级政党的建立奠定了思想理论基础。

俄国布尔什维克的成立和列宁主义的诞生

　　19 世纪 90 年代，俄国工人运动再次进入高潮，创立一个属于无产阶级的政党已经迫在眉睫。当时在俄国各地建立了许多马克思主义小组，但是这些小组互相缺乏交流，全国没有一个统一组织，并且缺乏与工人运动结合的经验。为了解决这个阻碍，1895 年，列宁联合圣彼得堡的 20 多个马克思主义小组，建立了工人阶级解放斗争协会。

　　在列宁的影响下，莫斯科以及另外的一些工业中心城市也都相继成立了与斗争协会类似的组织。这些协会成立以后，在各地积极组织罢工活动，比如 1896 年圣彼得堡斗争协会组织了一次 3 万人的纺织工人大罢工，1897 年再次组织了更大规模的罢工活动。在这些罢工活动中，斗争协会都喊出了将经济斗争与反沙皇专制制度的政治斗争相联系起来的口号，俄国实现了马克思主义与工人运动的结合。从此，俄国工人运动进入无产阶级革命阶段。无产阶级政党在工人运动中生根发芽。

　　随着工人运动的不断兴起，沙俄政府加紧了对工人斗争的镇压。1895 年，沙俄镇压了圣彼得堡工人阶级解放斗争协会，列宁在镇压行动中被捕，后来被流放到了西伯利亚。在流放的 3 年时间里，列宁时刻关心着俄国和国际工人运动的发展，并不断深入理论研究，先后完成了 30 多篇著作，其中包括于 1899 年著成的《俄国资本主义的发展》一书，为俄国制定马克思主义政党的纲领和策略奠定了基础。

　　在列宁流放的这段时间里，许多青年人掌握了工人阶级解放斗争协会的领导权。由于对理论基础认识的薄弱，加上伯恩施坦机会主义思想对俄国的渗透，协会里的部分人，也就是所谓的"经济派"，认为工人应该放弃政治斗争，进行经济斗争，并在很短的时间内控制了工人阶级解放斗争协会。

　　1898 年，俄国各地区的斗争协会在明斯克举行了俄国社会民主工党第一

《火星报》
列宁主编的《火星报》，是俄国社会民主工党创办的第一个全俄政治机关报，在思想上和组织上为聚集革命力量做出了重大贡献。

次代表大会，会上宣布成立俄国社会民主工党。但是，这次大会并没有制定纲领和章程，选举出来的中央委员会不久后也被沙皇政府镇压。俄国各地区的马克思主义小组依然处于涣散状态，成立工人政党遭遇重重困难。

1900年2月，列宁流放期满。7月，列宁前往德国，开始了长达5年的政治侨居生活。为继续宣传马克思主义，为成立政党做好思想组织工作，他在国外创办了俄国第一份马克思主义的政治报纸《火星报》，然后在工人组织中秘密传播。

列宁以《火星报》作为阵地，团结了一批马克思主义者，与"经济派"进行了针锋相对的斗争。1902年，列宁出版了《怎么办？》一书，批驳了"经济派"的谬论，并呼吁工人阶级和资产阶级联合起来与沙皇政府进行政治斗争，进行革命斗争，对"经济派"进行打击。在这一时期，列宁陆续在《火星报》上发表了一些文章，阐明了建立工人阶级政党的计划及党的性质和任务等等，逐步完善了马克思主义的建党理论。在列宁的不懈努力下，俄国成立工人阶级政党的条件已经成熟。

1903年7月30日至8月23日，俄国社会民主工党第二次代表大会先后在布鲁塞尔和伦敦召开。会上各方经过激烈的讨论和斗争，在列宁的坚持下，大会最终把无产阶级专政的条文写进了党纲。以列宁为首的革命派击败了机会主义，取得了关键性的胜利。然而双方在讨论党章时产生严重分歧。列宁主张承认党的纲领，对党提供物质帮助并加入党的一个组织的人，才可以成为党员。但是马尔托夫却认为只需承认党纲并在物质上支持党，无需参加党的一个组织也能成为党员。双方产生分歧的原因在于，列宁的目标是建成一个组织性强、纪律严明的政党，而马尔托夫所要成立的只是一个组织涣散的资产阶级俱乐部。在机会主义的阻挠下，列宁的提议最终没能通过。但是，在大会最后选举中央委员会时，情况出现了一些变化。大多数人选择拥护列宁，被称为布尔什维克，意思是多数派；只有少数人支持马尔托夫，被称为孟什维克，意思是少数派。布尔什维克及其思想体系的产生，意味着俄国出现了一个新型的革命政党，标志着列宁主义的形成。

《列宁在红场》油画
苏联美术家伊萨克·布罗斯基为列宁画的一幅肖像画，现存于俄罗斯国家历史博物馆。

俄国十月革命的胜利

1917 年二月革命的爆发，推翻了罗曼诺夫王朝的专制统治，形成了资产阶级临时政府和工兵代表苏维埃并存的局面。俄国无产阶级在列宁的领导下，发动了彼得格勒武装起义，推翻了资产阶级临时政府，取得了十月社会主义革命的胜利，建立了第一个无产阶级领导的社会主义国家。

二月革命

19 世纪末 20 世纪初，世界已经进入帝国主义时期。1914 年，第一次世界大战爆发，使得参战的资本主义国家陷入了严重的政治、经济危机，这为无产阶级夺取政权创造了机会。

当时的俄国是一个军事封建帝国主义国家。它加入了第一次世界大战，试图以此来加强自己的专制统治，结果事与愿违。在这场战争中，沙皇强征 1500 多万男丁入伍，人数几乎占到了全国男性劳动力的一半。俄军在战争前线不断失利，失去了东欧的广阔土地，数百万人在战斗中伤亡。劳动力的缺乏，导致农田无人耕种，田地荒芜，企业纷纷倒闭，经济处在崩溃的边缘。1913 年，俄国的国家债务为 88 亿卢布，到 1917 年时，增加到了 500 亿卢布。战争还导致了政府的一系列统治危机。在战争爆发后的头两年，先后产生了四个内阁首相。杜马和参议院中的资产阶级地主党团表示"不信任内阁"，因此形成了一个政府反对派。所有这些因素激起了劳动大众心中的愤怒，一场反对沙皇专制统治的革命运动逐渐酝酿成熟。

1917 年初，彼得格勒（1914—1924 年圣彼得堡被称为彼得格勒）、莫斯

参与二月革命的俄国群众
工人和士兵组成的队伍在彼得格勒举行大规模示威游行。

科等地区的工人因无法忍受战争引起的苦难，陆续进行了抗议活动和罢工。3月8日，首都普梯洛夫工厂的工人聚集在市中心，举行大规模示威游行。在示威队伍行进途中，其他工厂的工人以及许多在街上购买食物的妇女也加入到了示威队伍当中。示威队伍喊着口号，举着"打倒战争""打倒专制制度"的标语牌。政府慌张之余，立即派军警前去镇压，将示威群众驱散。但是，这边的示威队伍被驱散后，其他地方又有游行队伍出现。这一天，有超过12万人参加这次抗议示威活动，3月8日（俄历2月23日），也正式成为了俄国二月革命的开端。

3月10日，彼得格勒全城爆发了政治总罢工，有超过30万人数参加了这场罢工活动。布尔什维克在工人队伍中散发革命传单，号召工人进行最后的战斗。第二天，军警开始对游行队伍开枪射击，造成了大约200人死伤。政府的暴行激起了工人的愤怒，工人们奋起抵抗。3月12日，在6万名士兵的帮助下，起义工人攻占了兵工厂，缴获4万多支步枪。工人们将警察所捣毁，占领监狱，释放被关押的政治犯。

3月13日（俄历2月28日），又有6万多名士兵加入工人队伍。他们一同作战，攻占了彼得保罗要塞和冬宫。起义队伍将俄罗斯帝国的双头鹰国徽摘下，沙俄的白蓝红三色旗也被扯了下来，代表革命的红旗在彼得格勒上空飘扬。二月革命在彼得格勒取得胜利，促使革命活动在全国各地迅速蔓延。3月15日，这时还在前线指挥战斗的沙皇尼古拉二世被迫宣布退位，统治俄国300多年的罗曼诺夫王朝最终覆灭。

就在武装起义取得决定性胜利的时候，3月12日晚，彼得格勒苏维埃代

二月革命塔夫利宫外的人群
彼得格勒苏维埃代表大会在塔夫利宫召开。无数群众和士兵聚集在宫殿前。

表大会在塔夫利宫召开。最初出席这次大会的代表约有 50 人，后来增加到了 200 人左右。大会选举产生了执行委员会，孟什维克齐赫泽当选为主席，副主席为劳动派、社会革命党人克伦斯基和孟什维克斯柯别列夫。在执委会中，孟什维克和社会革命党人人数占优，而布尔什维克则处在次席的位置。随着彼得格勒苏维埃的成立，俄国许多城市也陆续成立了苏维埃。1917 年 3 月，俄国已经成立了 555 个苏维埃。而在全俄苏维埃成立之前，彼得格勒苏维埃是全国苏维埃的领导中心。

苏维埃从成立之初就以革命权力机关的身份来颁布命令，处理国家事务。它成立了军事委员会，负责保护革命果实；成立了粮食委员会，负责首都的食物供给。3 月 14 日，苏维埃发布第一号命令，规定所有的部队都要选举产生士兵委员会，领导本部门的政治活动，并对本部门的武器进行监管。苏维埃的这些活动表明它已经开始组织政权。

就在革命形势一片大好之际，孟什维克和社会革命党却认为，俄国无产阶级不具备管理国家的能力。他们以苏维埃代表名义与资产阶级分子进行谈判，并让他们出来组织政权。3 月 15 日，资产阶级临时政府宣布成立。就这样，在二月革命后俄国出现了两个政权并存的罕见局面。一个代表资产阶级的临时政府，为国内的主要政权，控制着各级权力机构。另一个则是代表无产阶级的工兵苏维埃。苏维埃有工农武装的支持，拥有实际权力。但是孟什维克和社会革命党则自愿将政权让给了资产阶级，甘心居于次要的地位，成了辅助性政权。随着矛盾的加深，两个政权并存的局面是无法长期维持下去的，其中一个必然会被取代。

《四月提纲》

二月革命推翻了沙皇政府，开辟了俄国革命的新阶段。但是两个政权并存的局面，使得革命形势日趋复杂化。

对于新形势下的革命任务，布尔什维克并没有立即认识清楚。有一些人主张有条件地支持临时政府和护国派的政策；一些人则主张对临时政府施加压力，迫使其向他国提出签订和约的建议；也有人认为应该对临时政府建立监督机制，防止其企图延缓解决革命问题。

这些错误的认识使得资产阶级临时政府继续执掌政权，并导致民众误认为临时政府会进行一些有利于革命的行动。布尔什维克面临种种危机，急切需要制订正确的革命路线。所有布尔什维克人和劳动人民都热切期盼着此时在国外流亡的列宁回来领导革命。

1917 年 4 月 16 日，在国外经历了长年的流亡生涯后，列宁终于回到了彼得格勒。成千上万的工人、士兵汇集在车站，欢迎列宁归来。列宁来到群众当中，站在一辆装甲车上发表了演讲，号召群众行动起来，为社会主义革命获得最终的胜利而继续斗争。

演讲中的列宁
二月革命后俄国出现两个政权并存的局面，列宁回到彼得格勒发表演讲。

次日，列宁在全俄工兵代表苏维埃会议的布尔什维克代表的会议上宣读了题为《论无产阶级在这次革命中的任务》的报告，即《四月提纲》。在提纲中，列宁指明当前的俄国正处于资产阶级民主革命阶段向社会主义革命过渡的阶段。在之前的一个阶段里，由于无产阶级的思想认识不清，组织不够严密，导致政权被资产阶级掌握；而在后一阶段的革命中，无产阶级要从资产阶级手中夺取政权。

列宁指出，当前的资产阶级临时政府坚持的战争仍旧是掠夺性的帝国主义战争，要从这场战争中解脱出来，就必须推翻资产阶级。但是当时的苏维埃还支持资产阶级临时政府，因此列宁并没有呼吁立即推翻临时政府，而是提出"不给予临时政府任何支持"和"苏维埃应掌握全部政权"的口号。此外，列宁认为社会主义的和平过渡并不会利用旧的国家机器，因此他在《四月提纲》中提出了进一步消灭旧国家机器并建立新国家机器的目标，即废除旧警察、军队和官吏，以武装全民来替代常备军等。

在经济方面，列宁主张没收地主土地，将国内的所有土地收归国有；将全国银行合并为一个国家银行；由苏维埃政府来监督社会生产，对产品进行分配。

《四月提纲》的提出，表明苏维埃有了从资产阶级民主革命如何过渡到社会主义革命的具体计划。彼得格勒和其他地区的布尔什维克党组织都认同列宁的这个提纲，并表示为实现这个目标而继续斗争。

七月流血事件

1917 年 5 月 1 日，就在俄国劳动人民庆祝国际劳动节之际，临时政府的外交部长米留科夫向各盟国发出了照会，表示临时政府会继续遵守沙皇政府所签订的一切条约，并继续参加战争，直到战争结束。

米留科夫的照会使广大人民进一步看清了资产阶级的真面目，彼得格勒的

食品商店旁的彼得格勒居民
俄国社会经济继续恶化，居民因食品短缺而排长队购买食品。

部分士兵和工人纷纷起来声讨临时政府。他们举行示威游行，高喊着"打倒战争""把政权归还苏维埃"等口号。临时政府试图以"恢复秩序"为名对示威游行进行镇压，但是军队没有支持，米留科夫等人被迫下台。为了平息民众的怒气，维持自己的统治地位，5 月 18 日，临时政府在彼得格勒与苏维埃举行会议，双方达成了协议，同意社会革命党的切尔诺夫和孟什维克的策烈铁里等人加入临时政府。这样，社会革命党人和孟什维克公开投靠资产阶级，挽救了行将崩溃的资产阶级临时政府。

6 月 16 日，全俄召开了苏维埃第一次工兵代表大会，有 1000 多名代表出席，在这些代表当中，布尔什维克代表仅有 100 多人，大部分都是社会革命党和孟什维克代表，他们主张与资产阶级保持结盟关系。列宁在会上指出，与资产阶级结盟成立联合政府必然会给国家带来灾难，只有苏维埃才能挽救俄国。但是，社会革命党和孟什维克控制了代表大会，大会最终通过决议，继续支持临时政府的政策。

临时政府得到了苏维埃代表大会的支持后，陆军部长克伦斯基向前线下达命令，在西南前线的 30 多万俄军于 7 月 1 日向奥匈阵地发起攻势。7 月，俄军在前线遭遇溃败，消息传到彼得格勒后，愤怒的工人、士兵群情激昂，人们纷纷讨论发动武装起义推翻临时政府。

布尔什维克党人认识到了群众的革命情绪，但是反对迅速进行武装起义，因为当时社会革命党人和孟什维克在国内还有很大势力。布尔什维克于是将民众的愤怒转变成了一次有组织的和平示威游行。7 月 16 日，彼得格勒 50 万工人、士兵举行示威活动，并派代表向苏维埃中央执行委员会提出请求，要求苏维埃从临时政府手中夺回政权。但是，社会革命党人和孟什维克这时和临时政府秘密商讨如何镇压示威游行。临时政府紧急调来了军队，对游行示威进行血腥镇压，七月流血事件爆发。彼得格勒街道到处都是鲜血，被打死打伤的民众有 400 多人。

在镇压了七月示威之后，临时政府加快了对布尔什维克的镇压。临时政府捣毁了《真理报》编辑部，大批布尔什维克遭到抓捕。临时政府还颁布了对列宁的逮捕令，称列宁犯有"叛国罪"，应当受到审判。面对临时政府的镇压，布尔什维克的活动转入了地下，他们把列宁隐藏了起来。9 月，为了安全起见，列宁转移到了芬兰。

七月流血事件发生以后，俄国的政治形势迅速发生了改变。无产阶级和资产阶级两个政权并存的局面宣告结束，资产阶级临时政府完全掌握了政权。因

青年斯大林
斯大林于 1898 年加入俄国社会民主工党，协助列宁
领导十月革命。

为社会革命党人和孟什维克的叛变，导致了政权被资产阶级夺走，无产阶级要
想夺取政权，只能通过暴力手段了。

8 月 8 日至 16 日，布尔什维克在彼得格勒秘密地举行了第六次代表大会。
列宁没有出席这次大会，但是他通过斯大林、斯维尔德洛夫等人传达了自己的
指示。根据列宁的指示和理论，斯大林作了中央委员会的政治报告以及关于当
时政治形势的报告。代表大会还通过了相关决议，认为目前已经不可能将政权
和平地转归苏维埃了，当前的主要任务是在贫苦农民的支持下发动无产阶级革
命，彻底推翻资产阶级的统治，重新夺回国家政权。大会还发表了党的宣言，
号召工人、士兵和农民团结在布尔什维克周围，发动起义与资产阶级进行斗争。

十月革命

资产阶级夺取政权以后，企图建立起反革命军事专政。为了组织和壮大反
革命力量，8 月 25 日，临时政府在莫斯科召开了所谓的国务会议，出席这次会
议的人有军队高级将领、立宪民主党人、前国家议员、大资本家、社会革命党
人和孟什维克。

在国务会议开幕的当天，布尔什维克莫斯科委员会组织了有 40 万人参加
的大罢工，以示抗议。在国务会议上，一些军队高级将领公然要求"取消苏维
埃"，取缔军队中的士兵委员会。

　　国务会议后，临时政府积极准备反革命叛乱。9月初，彼得格勒军区司令科尔尼洛夫从前线往彼得格勒调集兵力，企图一举消灭革命力量。面对反动势力的威胁，布尔什维克迅速成立了作战司令部，号召工人和士兵武装起来进行抵抗。工人立即将自己武装起来，赤卫队的力量也迅速增长。革命士兵严密监视着通往彼得格勒的铁路枢纽站，阻止反革命军队通过。与此同时，革命队伍对叛军进行了瓦解工作，也取得了很好的成效。最终，革命力量粉碎了叛乱，科尔尼洛夫也被俘虏。

　　科尔尼洛夫的失败，导致俄国国内的形势发生了变化。民众认清了社会革命党人和孟什维克妥协派的真实面目，他们不过是资产阶级和地主的帮凶，而布尔什维克提出的主张才是正确的。在彼得格勒、莫斯科等许多地区，布尔什维克夺取了苏维埃的领导权。在许多军队里士兵将反动军官赶走；工人陆续起来罢工，一些工厂的工人将资本家代理人抓起来，自己负责管理工厂；各地农民不断起来夺取土地，烧毁地主的庄园。

　　布尔什维克再一次提出了夺取政权的口号，向工人、士兵和农民发出了举行武装起义的号召。在这一时期，列宁再次指出，举行武装起义的时机已经成熟。

　　10月20日，列宁秘密返回了彼得格勒，准备武装起义的工作。23日，布尔什维克党中央召开了一次重要会议，会上通过了由列宁起草的举行武装起义决议的决定。加米涅夫和季诺维也夫却反对发动起义，他们的意见遭到会议的拒绝。

　　会议结束以后，根据布尔什维克党中央的提议，决定以彼得格勒苏维埃下

号召武装起义的列宁
列宁回到彼得格勒后写了十几篇关于武装起义的文章，这些书信就是向俄国无产阶级发生的战斗号召和行动指南。

《向冬宫突击》油画
1960 年，苏联画家索科洛夫·斯卡利亚创作的布面油画。画作展示了十月革命中彼得格勒的工人、士兵进攻冬宫的场景。

面的革命军事委员会作为领导首都武装起义的公开部门。革命军事委员会由斯大林、斯维尔德洛夫、捷尔任斯基、布勃诺夫和乌里茨基五人组成的党总部统一指挥。就在布尔什维克准备起义时，10 月 31 日，加米涅夫和季诺维也夫以自己的名义在《新生活报》上发表了一则谈话记录，声称他们反对举行武装起义的决定。这则谈话记录等同于向敌人泄露了布尔什维克党中央准备举行起义的决定。

临时政府得到起义的消息后，立即从前线调派军队，准备占领布尔什维克党中央委员会和彼得格勒苏维埃革命军事委员会所在地斯莫尔尼宫。军队全副武装在冬宫广场上戒严，并在市内进行巡逻，抓捕他们觉得可疑的人。但是反动势力已经无法阻止布尔什维克举行革命的脚步了。当时的布尔什维克在彼得格勒拥有工人赤卫队 2.3 万人、革命士兵 8 万人，在全国则有 20 万名工人赤卫队员和数百万士兵支持布尔什维克。

为了打敌人一个措手不及，列宁决定抢先一步，提前发动起义。11 月 6 日晚，列宁抵达起义司令部斯莫尔尼宫，亲自领导这场起义。革命军队把守着通往首都的交通要道，阻止临时政府从前线调派的军队通过。波罗的海舰队的革命士兵、工人赤卫队和彼得格勒卫戍部队并肩作战，迅速夺取了电话总局、邮局、银行、发电站、桥梁、火车站等。革命队伍迅速占领了政府各部门，并团团包围了临时政府用以藏身的冬宫。11 月 7 日清晨，革命军事委员会颁布了《告俄国公民书》，宣告革命队伍已经推翻临时政府，彼得格勒苏维埃已经夺取国家政权。11 月 7 日上午，临时政府残余力量企图在市郊集合一支反动军队进行反扑。11 月 7 日下午，革命军事委员会下令攻取资产阶级政府的最后堡垒。

晚上九点左右，在涅瓦河上的"阿芙乐尔"号巡洋舰响起阵阵炮声，这是革命队伍发起冲锋的信号，赤卫队员和革命士兵喊着冲锋的口号冲向冬宫。凌晨时分，革命队伍攻占冬宫，彼得格勒武装起义取得了胜利。

在彼得格勒起义取得胜利后，莫斯科也爆发了起义。起义队伍经过六天英勇战斗，终于在 11 月 16 日清晨攻占了克里姆林宫，占领全莫斯科，成立了苏维埃政权。在布尔什维克的领导下，俄国各地区相继爆发了起义，苏维埃迅速取得了顿河、库班、高加索、西伯利亚等地区的政权。在战争前线的士兵也纷纷起来起义，加入革命队伍中。从 1917 年 11 月至 1918 年 3 月，社会主义革命在俄国广袤的大地上迅速蔓延开来。

为了纪念 11 月 7 日（俄历 10 月 25 日）这一天，这次革命被称作"十月革命"。俄国社会主义革命的胜利，也标志着人类历史正式进入了新纪元。

世界上第一个无产阶级国家的建立

1917 年 11 月 7 日，就在起义队伍攻打冬宫的时候，全俄工兵代表在斯莫尔尼宫召开了苏维埃第二次代表大会。全国 400 多名苏维埃派代表参加了这次大会，布尔什维克代表占大多数。代表大会通过了列宁起草的《告工人、士兵和农民书》，它表明了全俄苏维埃第二次代表大会从彼得格勒苏维埃革命军事委员会手中接过了国家政权，并宣布了工兵农代表苏维埃领导各地的政权。

11 月 8 日晚，列宁在代表大会作了关于和平问题和土地问题的报告，宣读了《和平法令》和《土地法令》。《和平法令》向参战国人民和政府提议缔结不

列宁发表演讲
列宁于 1917 年 11 月 7 日（俄历
10 月 25 日）在彼得格勒苏维埃
斯莫尔尼的一次会议上首次露面。

割地、不赔款的和约，结束帝国主义战争。《土地法令》规定：立即废除地主土地私有制，不需要支付任何赎金。根据《土地法令》，俄国永远废除土地私有权，取而代之的是全民的、国家的土地所有制。贵族、地主和寺院的土地一律无偿地上交国家，并交给全体劳动者使用。最后，大会选举产生了世界上第一个工农政府——人民委员会，列宁当选为人民委员会主席，斯大林、托洛茨基和李可夫等人当选人民委员会成员。苏维埃政权诞生了。

广大人民群众热烈拥护苏维埃政权，但是被革命推翻的地主和资产阶级不甘心失败，企图对新生的苏维埃政权发起猛烈反抗。逃出彼得格勒的反动势力向彼得格勒发起猛扑，莫斯科也出现了叛乱。社会革命党人和孟什维克凭借自己对铁路运输的控制权，要求成立所谓的社会党人政府，取代苏维埃政权。在几天之内，布尔什维克就率领人民击溃了反动军队的进攻，平息了叛乱，粉碎了社会革命党人和孟什维克的阴谋，巩固了苏维埃政权。

新生的苏维埃政权遇到了许多困难。在俄国反革命党派和帝国主义的纵容下，一些旧国家机构的反革命官吏和职员消极怠工，擅离职守，搅乱秩序，这给新生的无产阶级政权造成了很大困难。为了应对这些困难，苏维埃政权一方面在工农队伍中选拔人才，让他们学习管理国家；一方面团结那些进步的知识分子，鼓励他们加入革命事业。

反动势力为了扼杀革命，还企图制造饥荒。当时，彼得格勒的每个居民每

苏俄红军宣传画
此幅宣传画传递出苏俄红军解放全世界被压迫人民的愿望理想。

天只能配给半天的口粮，也就是说每天需要 48000 普特（沙俄时期的计量单位，1 普特≈16.38 千克）粮食，然而在 11 月 9 日，政府可以支配的粮食仅有 30000 普特。产生饥荒的主要原因是彼得格勒和各省粮务委员会消极怠工。为了解除这个危机，苏维埃政府决定依靠工人赤卫队员加紧供应粮食，并向私人征发存粮。政府迅速采取措施，从各地往彼得格勒运送粮食，并对粮食投机商进行镇压。居民的粮食供应得到了迅速改善。

苏维埃政权在不断的斗争中日益巩固，破坏消极怠工的旧机关，加快了新机关的建设。列宁亲自领导了建立苏维埃国家机关的工作。1918 年 1 月，解散了拒绝承认苏维埃政权的立宪会议。同时，苏维埃政权成立了全俄肃清反革命及怠工非常委员会，简称"契卡"，其具体任务是镇压反革命破坏活动和消极怠工。此外，苏维埃政权还建立了人民法院和工人民警，以代替旧法院和旧警察。军队是国家机器的重要组成部分，虽然旧政府军队的士兵已经转投苏维埃政权，但是长年的战争让他们渴望回家，军队战斗力因此下降。

1918 年 1 月，旧军队士兵开始复员，以工人、农民组成的工农红军开始建立。苏维埃政权将全俄银行收为国有，然后统一为国家银行；废除了沙皇政府和临时政府时期的内外债务；对外贸易实行垄断；实行八小时工作制，由工人负责监督生产，不久后实行了工业国有化；教会与国家分离，教会与学校分离；废除了等级制度，宣布俄国各民族人民一律平等。

《苏维埃面包》
俄罗斯画家伊利亚·马什科夫的社会主义现实主义静物画。

俄国巩固苏维埃政权的斗争

十月革命胜利后，为了巩固新生的革命政权，俄国共产党（布尔什维克）和苏维埃政府在国内经济遭到严重破坏、敌人全面封锁的艰苦条件下，领导和组织了苏维埃军民，经过3年的艰苦奋战，最终打败了国内反革命武装和外国干涉军的联合进攻，取得了国内战争的胜利，捍卫了革命成果。

《布列斯特和约》

持续三年的世界大战使俄国人民陷入了缺衣少食的境地。俄国人民厌恶战争，急切希望恢复和平。苏维埃政权非常理解人民的意愿，支持人民恢复和平的要求。就在彼得格勒起义胜利的第二天，苏维埃政权就通过了《和平法令》，向所有参战的国家发出呼吁，建议立即进行和平谈判。这个建议遭到协约国的拒绝，德奥集团为了减轻自己在东西两线作战的压力，同意进行和平谈判。

1917年12月15日，苏俄同德奥集团签订了停战协定。22日，双方在布列斯特 - 立托夫斯克举行正式和平谈判。会上，苏俄建议双方缔结不割地、不赔款的民主和约。但是德国代表团长、外交部长屈尔曼却提出了掠夺性的条件，要求占有德军占领的俄国西部大片领土。列宁考虑到旧军队已经瓦解，而苏俄的新军队刚建立不久，无力抵抗德军的进攻，为了保全新生的苏维埃政权，主张与德国签订和约。

但是一些"左派共产主义者"却认为签订和约会助长敌人的气焰，错失国际起义的机会。他们主张通过革命战争来推动世界工人革命。苏俄代表团长托洛茨基这时也提出了自己的意见。他认为苏俄的军队还没有确立起来，显然无法进行革命战争，在屈辱的和约上签字也是迫不得已。于是他提出了不战不和的策略，认为这样不仅可以在道义上获得支持，同时也不会威胁到苏俄的安全，因为德国会害怕本国工人革命运动而不敢向苏俄开战。

1918 年 2 月 9 日，德方宣称必须无条件接受他们的要求。次日，托洛茨基发表声明，拒绝在割地卖国条约上签字，同时宣布结束对德、奥匈两国的战争，并准备复员俄国的军队。德国于是中止了谈判，并在 2 月 18 日向苏俄发起进攻。数天之内，德军就侵占了苏俄大片领土，并逼近彼得格勒。2 月 21 日，列宁向工农大众发出号召，希望全民加入红军，保卫新生的苏维埃。

2 月 23 日，布尔什党中央召开会议。列宁在会上提出立即与德国签订和约的建议，否则自己将退出政府和党中央。"左派共产主义者"在会上反对列宁的这个建议。双方经过激烈争论，最后以 7 票赞成、4 票反对、4 票弃权通过了列宁的建议。1918 年 3 月 3 日，苏俄与德国及其同盟国签订了《布列斯特和约》。

3 月 6 日，布尔什维克召开第七次代表大会。经过一番辩论后，大会批准了列宁的路线。会后，政府决定将首都从彼得格勒迁往莫斯科。3 月 14 日，全俄苏维埃第四次代表大会在莫斯科召开，正式批准了和约。左派社会革命党极力反对签订和约，并宣布退出苏维埃政府。

《布列斯特和约》的签订，使苏俄失去了广阔的土地。德国占有波兰、立陶宛、白俄罗斯和拉脱维亚的部分地区；红军也从芬兰、乌克兰和爱沙尼亚撤离。此外，土耳其占有了卡尔斯、巴统和阿尔达甘地区。但是《布列斯特和约》使得苏俄顺利退出了这场帝国主义战争，为新生的苏维埃政权赢得了时间。

《布列斯特和约》签订现场
《布列斯特和约》全称《布列斯特－立托夫斯克和约》，是苏维埃俄国同德国及其同盟国在布列斯特－立托夫斯克签订的条约。

苏维埃国家粉碎帝国主义武装干涉和国内反革命叛乱

苏俄与德国签订《布列斯特和约》后，协约国以防止德国入侵和保护侨民利益为借口，对苏俄实行武装干涉，企图将新生的苏维埃共和国扼杀在襁褓中。1918 年 3 月，英国率先在俄国北方港口摩尔曼斯克登陆，对苏俄实行武装干涉。4 月，日军也在符拉迪沃斯托克登陆。8 月，英、美两国也相继入侵符拉迪沃斯托克。德军则利用布列斯特对乌克兰、白俄罗斯和波罗的海沿岸广大地区肆意践踏。

1918 年春，捷克军团发生叛乱。捷克军团是在革命之前组建的，其中包括被俄国俘获原属奥匈帝国士兵和旅居俄国的捷克和斯洛伐克人，共约 5 万人。苏俄宣布退出第一次世界大战以后，同意他们在交出武器的前提下经由西伯利亚到法国去。协约国利用这个机会，竭力挑动捷克军团发动武装叛乱，称只有通过武力才能离开俄国。5 月底，60 列满载捷克军团的列车途经奔萨、车里雅宾斯克、符拉迪沃斯托克时发起叛乱。伏尔加河流域、乌拉尔和西伯利亚广大地区被战火的硝烟弥漫。

捷克军团叛乱发生在苏维埃最困难之际。年初，苏维埃解散了立宪会议，并和德国签订了《布列斯特和约》，许多人对此不理解，困惑甚至反对。实行粮食专卖和成立贫农委员会导致大批农民对苏维埃产生信任危机。左派社会革命党加入敌人一边，从盟友转变为对手，组织武装力量反对布尔什维克。社会革命党和孟什维克也趁这个机会起来反对苏维埃政权，在俄国各地纷纷成立了政府。1918 年 9 月，社会革命党和孟什维克邀请各地反对苏维埃政权的代表在乌法举行会议，会上成立了以社会革命党人阿夫克森齐也夫为主席的执政内阁。他们

叛乱的捷克军团

捷克军团叛乱后不久即被苏俄红军镇压，其余部于 1919 年随高尔察克军队一同被红军消灭。

声称，执政内阁是俄国的临时政府，妄图统一全俄反对布尔什维克政权的行动。

社会革命党和孟什维克打着"立宪会议"和"买卖自由"的旗号，鼓动中小农民和工商业者加入叛乱的队伍。无产阶级政权到了生死存亡的关键时刻。当时它所能控制的地区仅有全国的 1/4，大部分在莫斯科周围。无产阶级政权失去了粮食和煤炭的主要产地，导致原料缺乏，铁路瘫痪，接近一半的工厂停工。劳动人民饥寒交迫，生活困苦。

与此同时，隐藏起来的敌人不断制造事端。1918 年 7 月 6 日，左派社会革命党人闯入德国驻俄国大使馆，将德国大使米尔巴赫刺死。当天，左派社会革命党人在莫斯科发动叛乱，2000 名武装分子占领了中央电报局，并声称恢复对德国的交战。苏维埃政府迅速镇压了这起叛乱事件，接着又平息了雅罗斯拉夫尔等地的叛乱。1918 年 8 月 30 日，列宁在一个工厂演讲时，遭到社会革命党人的袭击，身负重伤。

在国内外反动势力猖獗的形势下，苏维埃政府宣布在全俄实行"红色恐怖"，对一切反叛活动进行无情镇压。1918 年 9 月 2 日，苏维埃中央执行委员会宣布苏维埃共和国为统一的军营，并将各项工作转入战时状态。为了能够集中人力、物力用于战争，苏维埃政权迅速采取了一系列特殊政策。政府发布了余粮收集制法令，要求农民按照国家规定的数量交售粮食和其他农产品。政府组织征粮队下乡，以保证征粮任务的顺利实行。

在城市，除了大工业之外，中等工业也归为国有，对小工业则是进行监督。国家通过最高国民经济委员会及其下属的各总管理局对工业实行产品的生产和分配管理，对这些工业实行严格的集中领导。禁止自由贸易，实行粮食和日用品配给制。对全国所有成年人实行劳动义务制。苏维埃政府的这些应急措施，后来被统称为"战时共产主义"政策。这是在战争和经济被破坏的条件下被迫实行的措施，它对维持苏维埃政权、取得国内战争胜利起到了积极作用。

对于工农武装的建设，苏维埃政权也非常重视，它关系着苏维埃政权的存亡。1918 年初红军成立，到 10 月份时人数已有 80 多万人。9 月，军事革命委员会成立，主要负责指挥各条战线的战斗。11 月 30 日，以列宁为主席的工农国防委员会宣告成立，统一协调领导全国的防务工作。

1918 年 11 月，德国战败，第一次世界大战宣告结束。11 月 12 日，苏俄政府宣布废除《布列斯特和约》，并下令红军收复德军占领的土地。

德国投降以后，协约国利用大战结束的机会，向苏俄增派大批军队进行干涉，在俄国南部迅速集结了 13 万军队，并与俄国的白卫军一齐往北推进。但是，在布尔什维克的宣传影响下，一些干涉军发生分化，许多士兵拒绝参战。1919 年 4 月，在塞瓦斯托波尔停泊的法国舰队水兵发动起义，反对武装干涉苏俄，协约国无奈之下只好撤走了大批干涉军。

1919 年 11 月，前沙皇海军上将高尔察克在鄂木斯克发动军事政变，解散执政内阁，自称是"俄国的最高执政者"，并逮捕社会革命党领导人阿夫克森齐也夫。在协约国的大力支持下，高尔察克组织起了一支 25 万人的军队。1919 年 3 月 4 日，高尔察克指挥白卫军从乌拉尔山一带地区向西发起进攻。与此同时，在高加索的邓尼金和波罗的海沿岸的尤登尼奇也配合高尔察克一齐发起进攻。

在这危难时刻，大批党团员和工人加入红军队伍，后方工人为支援前线而忘我劳动。1919 年春，红军队伍的人数增加到了 150 万。4 月，在伏龙芝指挥下，东线南路军向白卫军发起反攻，解放了乌法。7 月，红军乘胜追击，翻过乌拉尔山区，解放了西伯利亚大部地区。1919 年底，高尔察克的军队被击溃，高尔察克也被活捉。

高尔察克的叛乱失败后，协约国仍然没死心，它们将颠覆苏维埃政权的希望寄托在白卫军上。英、美、法等国给邓尼金运去数百门大炮和几十万支枪，并派了几百名军事顾问前往俄国。

俄国内战漫画
红军的主要敌人白卫军是对与红军相对立的军事组织的统称，主要由支持沙皇的保皇党、军国主义和温和社会主义者组成。

1919 年夏，邓尼金率领 15 万军队向苏俄红军发起进攻。白卫军凭借着优良的武器和剽悍的骑兵，攻占了乌克兰的大部分土地。10 月 13 日，白卫军又占领了奥廖尔，并向图拉逼近。莫斯科危在旦夕，苏维埃政权处境万分危急。

波兰军队
干预俄罗斯内战的波兰军队在营房前游行。图上可见这些人配备了各种枪支,包括英国步枪。

　　在这危急时刻,数万名党团员奔赴前线,在南方战线司令叶戈罗夫和军事委员斯大林的指挥下,红军在 10 月中旬转入反攻,先后解放了奥廖尔、哈尔科夫、基辅。1920 年初,占领了察里津、罗斯托夫。邓尼金的主力被红军击溃,邓尼金仓皇逃往国外,其残余势力则逃到了克里米亚半岛。

　　1920 年 4 月,波兰军队入侵苏俄。5 月初,波兰军队攻占了基辅,并占领了乌克兰、白俄罗斯的大片土地。6 月,在叶戈罗夫和斯大林指挥下,红军在西南战线发起反击。7 月,图哈切夫斯基率领红军在西方战线发起反攻,解放了白俄罗斯,然后越过边界,月底时逼近华沙。8 月,波兰军队实施反攻,红军选择后撤。10 月,苏波两国签署停战协议。1921 年 3 月 18 日,两国签订《里加和约》。而在南方战线,伏龙芝指挥红军攻下刻赤,解放了克里米亚半岛。

　　1920 年底,国内战争已经基本结束,但是日本干涉军和白卫军占领了远东地区。为了避免与日本发生直接的武装冲突,苏俄决定在贝加尔湖以东地区建立一个缓冲国家。1920 年 4 月,远东共和国宣告成立。远东共和国不是工农苏维埃国家,而是属于劳动人民的民主共和国,俄共中央远东局对其直接领导。远东共和国成立以后,将红军和游击队进行改组,称为人民革命军。1922 年 2 月,人民革命军攻下伯力,消灭了滨海省的白卫军。10 月 25 日,人民革命军向符拉迪沃斯托克进军,将最后一支外国军队赶出了国境。1922 年 11 月,远东共和国并入苏俄。

至此，红军成功粉碎了国内外敌人的进攻，取得了战争的胜利。12 月，苏维埃社会主义共和国联盟正式宣告成立，简称苏联。

俄国革命对欧洲的影响

俄国十月社会主义革命的胜利，对欧洲工人运动产生了深远的影响。它推动了欧洲各国工人运动的发展，并促成了德国、匈牙利共产党的成立，以及匈牙利苏维埃共和国的成立。在它们的影响下，欧洲各国开展了声势浩大的革命运动，冲击了资本主义的统治。

德国战后初期的社会主义革命

德国是一个容克资产阶级帝国主义国家，工业十分发达，在 20 世纪初其工业产量就已经占到世界第二位。德国无产阶级人数众多，有 2000 万人，占到了德国全部人口的一半以上。但是，德国的资产阶级势力较弱，容克贵族控制着国家的政治生活。德国皇帝威廉二世拥有召集和解散国会、批准和否决国会通过的法案、任命和罢免官员等大权。容克贵族担任国家重要官职，他们与垄断资产阶级沆瀣一气，对劳动人民进行残酷剥削。

第一次世界大战导致德国经济到了崩溃的边缘，国内矛盾不断激化。战争末期，德国的工业和农业产量只是战前的一半，广大民众缺衣少粮。俄国十月革命的胜利鼓舞了德国无产阶级。1917 年，德国有 100 多万工人起来罢工，参加的人数比往年增加了数倍。1918 年 1 月，50 万工人在柏林举行罢工示威，要求与苏联缔结不割地不赔款的和约。罢工运动迅速蔓延到汉堡、基尔、莱比锡、慕尼黑等城市。全国超过 100 万人参加了这次罢工，展示了德国无产阶级

士兵检阅
1918 年 11 月，德皇威廉二世在访问基尔期间检阅经过的水手。

的力量，成为十一月革命的前奏。

　　当时的德国无产阶级还没有成立革命政党。在第一次世界大战期间，社会民主党因为在战争和暴力革命问题上的分歧分裂为三派。右派控制了社会民主党的领导权。艾伯特为党主席，国会党团领导人是谢德曼。右派反对进行暴力革命和无产阶级专政，第一次世界大战期间公开支持政府进行帝国主义战争，成为社会沙文主义者。中派以哈阿兹和考茨基为首，反对世界大战，主张进行和平谈判，但反对用革命手段结束战争，同样反对成立无产阶级专政。1917年 4 月，他们退出社会民主党，建立独立社会民主党。左派为斯巴达克团，于1916 年 1 月建立，领导人是卡尔·李卜克内西和罗莎·卢森堡。当时斯巴达克团的力量还非常弱小，成员仅有 100 多人。它并不是一个独立的政党，开始时只是社会民主党的左翼，1917 年加入独立社会民主党。

　　1918 年秋，德军在前线不断失利，国内局势动荡不安。9 月 30 日，德皇威廉二世匆忙宣布进行改革。10 月 3 日，巴登亲王马克斯出任首相，联合中央党、进步党和社会民主党组成了国会制政府。社会民主党人谢德曼出任不管部长，鲍尔出任劳工部长。不久后，新政府向美国表示同意结束战争。但是，新政府的这种妥协已经无法阻止革命的爆发了。

　　就在新政府向协约国求和之时，海军司令部却仍然坚持战争政策，并于1918 年 10 月下令大洋舰队出海，与英国海军进行决战。

　　海军司令部的命令无异于让 8 万水兵送死，这让水兵们无比愤慨，威廉港的士兵拒绝出海作战。海军司令部下令抓捕闹事的水兵，并将第三分舰队从威廉港调往基尔港。11 月 1 日晚，抵达基尔港的水兵召开集会，商讨如何再次阻止舰队出海，并要求海军释放被逮捕的水兵。11 月 3 日，5000 多名水兵在练兵场举行集合，要求结束战争，要求和平、自由和面包。会后，水兵举行了游行示威活动，基尔港的大批工人也加入示威行列。就在游行队伍到达卡尔大街时，政府军警向游行队伍开枪镇压，导致 30 多人伤亡。示威队伍也向军警开枪回击，打响了反对帝国政府的第一枪，揭开十一月革命的序幕。

　　11 月 4 日，起义的水兵和工人把那些军官都解除了武装，然后占领了火车站等重要据点。政府派来镇压的士兵纷纷倒戈，加入起义者队伍。4 日晚，新成立的苏维埃控制了整个基尔。

基尔水兵
基尔水兵成立了"水兵苏维埃"，城内工人阶级也积极响应水兵发动的起义，与水兵共同成立"工兵代表苏维埃"。

　　基尔起义震惊了统治阶级，政府向起义者发出呼吁，要求水兵不要进行内战。同时，派遣国会议员、社会民主党人诺斯克前去基尔说服水兵，恢复社会秩序。但是起义已经不可阻止，诺斯克答应了水兵的部分要求，取得了水兵信任，被选为基尔水兵苏维埃主席。

　　基尔起义成了德国革命的开始，起义浪潮从北向南迅速蔓延开来。汉堡、莱比锡、慕尼黑等城市相继爆发革命，革命队伍接连胜利，许多邦的诸侯主都被赶下王位。到 11 月 8 日，在所有的大城市中仅有柏林仍然被反动政府控制。在革命形势一片大好的情况下，独立社会民主党中央理事会于 11 月 9 日举行武装起义。9 日早晨，数十万工人举着红旗向柏林市中心涌去。起义者冲向皇

起义士兵攻入柏林王宫
1918年11月9日，柏林工人和士兵发动武装起义，霍亨索伦王朝统治被推翻。

宫，攻打市政大楼，占领警察局，起义队伍几乎没有遇到有力的抵抗。中午时分，整个柏林被起义者控制。

革命刚开始时，右翼社会民主党领袖艾伯特极力将革命斗争引向和平转让政权的步骤上来。艾伯特建议威廉二世退位，让位于皇太子，在德国实行君主立宪制。11月7日，艾伯特见革命已经无法阻挡，于是向德皇发出最后通牒，要求德皇退位，太子放弃王位继承权，建立一个新政府。但是威廉二世拒绝宣布退位。9日，柏林起义爆发，威廉二世走投无路，宣布退位，仓皇逃往荷兰。霍亨索伦王朝的封建统治终于垮台。

在德皇退位后不久，艾伯特出任了首相职务。此时的斯巴达克派正准备成立社会主义共和国。谢德曼得知这一消息后，在未和其他人商议的情况下，在9日下午2时宣布德意志共和国成立，企图将革命限制在资产阶级民主的范围之内。下午4时，李卜克内西宣布德国为自由的社会主义共和国，号召建立一个工人和士兵苏维埃政府。

艾伯特接任首相职务后，邀请独立社会民主党人参与组织政府，李卜克内西也在邀请之列。斯巴达克派领导人要求由苏维埃接管全部政权，但遭到拒绝。社会民主党和独立社会民主党经过商议后达成协议，双方各出3名代表，成立联合政府——人民全权代表委员会，艾伯特和哈阿兹同为主席。

11月10日，工兵代表苏维埃大会在柏林召开，约有3000名代表出席了这次大会，人员成分复杂。李卜克内西在会上呼吁将革命转变为社会主义革命，但是大会未能接受。大会批准了艾伯特政府，并选举产生了柏林苏维埃执行委员会。委员会由7名社会民主党人、7名独立社会民主党人和14名士兵代表组成。

德国共产党的成立和柏林一月起义

艾伯特政府成立以后，实行了一些民主改革。新政府宣布全国取消戒严状态，保证言论、集会、结社的自由，赦免政治犯，恢复劳动保护法令，实行八小时工作制等等。但是新政府的改革并没有触及旧的国家机器，也没有消除容克贵族和垄断资本家的政治、经济特权。一些容克资产阶级政党在进行改头换面后又重新出来活动。

艾伯特政府对苏维埃制度持敌对态度。它一方面大肆宣扬民主、国民议会，宣称要通过全民选举，召开国民会议来决定国家的前进方向。另一方面，它不仅纵容反动势力发展力量，而且还与德军参谋部进行秘密谈判，企图调集军队消灭柏林的工兵苏维埃。

此外，对艾伯特政府的上台，协约国抱着同情的态度。德国战败后，于1918年11月11日签订《贡比涅停战协定》，协约国竟然没有没收德军武装，允许其带着武器回国，期望他们回去镇压德国革命。

1918年12月16—21日，德国苏维埃第一次代表大会在柏林召开。有485名代表参加了这次大会，其中社会民主党为288人，独立社会民主党为87人，而斯巴达克派仅有10人。李卜克内西和卢森堡没有成为这次大会的代表。在大会召开的第一天，斯巴达克派组织了25万名工人举行游行示威，要求由苏维埃接管全部政权，建立社会主义共和国。但是，社会民主党操纵了代表大会，拒绝了斯巴达克派的要求，并决定在1919年1月举行国民会议选举。而在举行国民会议选举之前，由艾伯特政府接管全部立法和行政权力。

代表大会结束后，艾伯特政府立即下令将把有着革命倾向的海军师调离柏林。水兵拒绝服从这个命令，政府于是停止向其发饷。12月23—24日，水兵遭到政府军队的袭击，酿成了流血事件。柏林工人得知这一消息后支持水兵，由埃喜荷恩掌管的警察部队也支持水兵。无奈之下政府只能作出让步，允许海军师继续驻守在柏林，但是不能参加任何形式的反政府活动。

政府的行为引起了民众的愤怒，斯巴达克派要求独立社会民主党召开代表大会，并断绝与社会民主党的同盟关系。12月27日，独立社会民主党迫于形势决定将自己的代表从政府中撤出，但是拒绝召开党代表大会。斯巴达克派未能通过代表大会实现自己的革命政策，于是决定脱离独立社会民主党，单独成立政党。

早在11月9日，斯巴达克派就创办了自己的机关刊物《红旗报》，宣传自

弗里德里希·艾伯特像

己的思想。11 月 11 日，斯巴达克派就改组成立了斯巴达克联盟，制定了纲领，并选举产生了联盟中央委员会，这为后来建立独立政党奠定了基础。

1918 年 12 月 30 日至 1919 年 1 月 1 日，德国共产党在柏林举行成立大会，全国 46 个地方组织的 83 名代表参加了这次大会。大会由威廉·皮克主持。李卜克内西在会上作了《关于独立社会民主党的危机和建立德国共产党的必要性》的报告。大会顺利通过德国共产党的纲领，确立了革命的任务为建立无产阶级专政。大会还确立了由斯巴达克联盟中央委员会行使德共中央委员会职权。

德国共产党成立后，社会民主党蓄意挑起事端，企图扑灭新生的革命力量。1919 年 1 月 4 日，艾伯特政府宣布解除独立社会民主党人埃喜荷恩的柏林警察总监的职务。

埃喜荷恩在民众中颇有威望，艾伯特政府的这个决定使得民众无比愤慨。1 月 5 日，柏林工人走上街头举行示威游行活动。当天晚上，共产党和独立社会民主党联合起来，成立革命委员会，号召工人团结起来推翻艾伯特政府的统治。1 月 6 日，50 万工人涌上柏林街头，占领了火车站、电报局、警察局等部门。

但是，当时的革命形势还不成熟，士兵的态度摇摆不定，人民海军师又宣布保持中立。而城市小资产阶级对当前的"民主时代"感到满足。农民则基本没有参加这场战斗。德国共产党才刚刚成立，还没有能力去领导这场斗争。独

卡尔·李卜克内西像
李卜克内西是德国共产党的创始人之一，积极领导了十一月革命。

立社会民主党的影响较大，但党内的领导人不仅没有积极领导武装起义，反而与政府进行谈判，使政府得到了一个喘息的机会。

政府迅速调集武装力量，准备对工人运动进行反扑。1月8日，政府中断了与独立社会民主党的谈判，并宣称"进行总清算的时刻已经到来"。11日，政府军向起义工人发起进攻，残忍屠杀起义者，100多名起义者惨遭杀害，不计其数的群众受伤。德国共产党总部和《红旗报》社也被占领。1月15日，李卜克内西和卢森堡被艾伯特政府逮捕并杀害，一月起义最终被血腥镇压了。

匈牙利苏维埃共和国

1918年秋，匈牙利掀起了民族独立运动高潮。10月25日，匈牙利独立党、激进党和社会民主党联合起来成立国民委员会。成立后的国民委员会向人民发表宣言，保证各少数民族的自决权利，但是没有涉及召开立宪会议，建立共和政体的问题。

国民委员会的这个宣言让匈牙利人民十分不满。10月29日，首都布达佩斯工人集合起来举行大罢工，喊出立即停止战争、宣布独立和成立人民共和国等口号。次日，10万工人走上街头进行游行示威。罢工游行得到了革命士兵的支持，最后演变成了武装起义。10月30日晚至31日清晨，起义者攻占了首都所有重要据点，哈布斯堡王朝的统治宣告结束。

在起义进行的同时，布达佩斯的工人成立了工人苏维埃。但是这时的苏维

独立党领袖米哈伊·卡罗利像

1875 年 3 月 4 日，卡罗利出生在布达佩斯，是富有的贵族后裔，从小酷爱法国启蒙思想读物，向往祖国独立。

埃实力还很弱小，无法掌握政权。这时，独立党领袖米哈伊·卡罗利伯爵出面，成立了独立党、激进党和社会民主党联合政府。由社会民主党领袖加拉米出任贸易部长，同为社会民主党人的孔菲出任不管部部长。新政府成立后，首先要进行的工作就是恢复社会秩序，要求工人返回工厂，士兵回到营房。11 月 1 日，国民委员会宣布革命结束，同时命令工人交出武装。

1918 年 11 月 13 日，卡罗利政府与协约国签订停战协定。根据这份协定，协约国对匈牙利南部地区的部分土地实行军事占领，同时将对匈牙利的铁路、邮政、新闻报道实行管制。1918 年 11 月 16 日，匈牙利正式宣布为共和国，卡罗利当选为共和国总统。旧议会也被解散，在进行立宪会议选举之前由国民委员会代行议会的职权。

匈牙利资产阶级共和国成立后，卡罗利政府宣布实行普选制度，同时保证出版、言论、集会自由，并实行八小时工作制以及有限度土地改革。但是新政府拒绝废除封建土地所有制，也没有采取切实措施来解决日趋严重的经济状况。国内缺少粮食，物价不停地上涨，劳动人民处于饥寒交迫的境地。新政府成立后群众斗争依然在不断发展。

1918 年 11 月 20 日，在群众斗争热潮中，匈牙利共产党宣告成立。库恩·贝拉为匈牙利共产党中央委员会书记。匈牙利共产党主要由三部分人组成：一部分为革命社会党人，这部分人一直坚持在国内进行反对帝国主义战争的斗争，与群众的关系较为紧密；一部分为左翼社会民主党人；另一部分则是共产主义者，他们部分人是从苏俄返回的战俘，了解布尔什维主义。

匈牙利共产党成立后，不断向民众揭露卡罗利政府的资产阶级本质，号召

匈牙利秋玫瑰革命
1918 年 10 月底发生的以布
达佩斯工兵起义为标志的资产
阶级民主革命。因起义者佩戴
秋天的白玫瑰为标志，故名。

工人将苏维埃改造成为革命政权机构，使苏维埃掌握全部政权。当政府命令人
民交出手上的武器时，共产党向工人、士兵发出呼吁，要他们保存好手上的武
器，并为夺取无产阶级政权而继续战斗。共产党还组织工人、士兵从撤退的德
国军队手中夺取武器。

在共产党人积极准备夺取政权的过程中，革命者时常同政府和军队发生武
装冲突。1918 年 12 月 25 日，同情革命的克奇克梅特骑兵占领了兵营，并解
除了军官的武装。12 月 31 日，在布达佩斯的数个兵营里，一些受共产党影响
的军队与忠于政府的军队爆发冲突。1919 年 1 月，因为资产阶级报刊造谣诋
毁共产党和工人，布达佩斯工人和广大市民纷纷走上街头游行示威，将该报刊
编辑部捣毁。同月，煤炭工业中心——绍耳果托里安爆发了武装起义。

群众运动不断兴起，资产阶级妄图通过镇压来扑灭革命。1919 年 2 月 21
日凌晨，库恩等 40 名共产党领导人被卡罗利政府逮捕了，党中央机关和机关
报《红色报》编辑部被捣毁并且查封。共产党的活动只好被迫转入地下。中
央委员萨穆埃里等人未遭到逮捕，他们继续领导革命运动。3 月 20 日，协约
国驻匈牙利的军事代表、法国的威克斯向匈牙利政府递交了一份照会，要求
匈牙利在东界的驻军在十天之内撤退 100 千米。这其中的一部分地区由罗马
尼亚军队占领，划出一个 40—50 千米宽的地区作为中立区，并由协约国军队
来驻守。

协约国的照会导致了匈牙利国内民众的愤慨。卡罗利政府面临两难境地，
不敢接受又不能拒绝，只好选择辞职下台。3 月 20 日，社会民主党领袖从卡罗
利手上接过政权。但是社会民主党认为一党很难维持当前局面，渡过危机。同
时，在社会民主党内不断出现和共产党进行合作的呼声。

在这种形势下，3 月 21 日，社会民主党领导人加尔巴伊·山多尔来到狱中，与共产党领导人库恩·贝拉进行了一次谈判。库恩利用这个机会提出了共产党加入政府的条件：成立苏维埃共和国，成立红军和人民警察，没收地主土地，实现工业国有化，与苏俄建立联盟。共产党的主张传到狱外，民众在谈判还没结束时纷纷涌上街头，将宪兵、警察的武装解除了。这时的军队已经陷入瓦解状态，大多数被苏维埃士兵控制。驻扎在布达佩斯的协约国军队兵营也被团团包围。已经没有任何力量可以阻止匈牙利革命的发展。

3 月 21 日下午，社会民主党和共产党达成协议，两党决定合并建立匈牙利社会主义党。协议宣布两党实行合并的基础是：两党共同参与对党和国家政权的领导；党以无产阶级的名义立即接管所有政权；工兵农苏维埃在国内实行无产阶级专政。3 月 21 日晚，匈牙利苏维埃共和国正式宣告成立。新政府由 29 名正副人民委员组成，加尔巴伊担任主席，库恩·贝拉出任外交人民委员。大部分人民委员由原社会民主党人担任，而原共产党人则只担任副职。

匈牙利苏维埃政府成立后，迅速解除了资产阶级武装，建立了红军；同时也解散了宪兵、警察，建立了红色警卫队。4 月 7 日，匈牙利在全国进行城乡苏维埃选举。苏维埃提名的候选人得到了绝大多数选票。6 月 14 日，全国苏维埃代表大会召开。这次大会讨论并通过了匈牙利宪法，确立了"苏维埃共和国是工人、士兵和农民苏维埃组成的共和国"。

外国武装干涉和匈牙利苏维埃共和国被颠覆

匈牙利苏维埃政府成立后，向协约国发出照会，希望协约国能解除对匈牙利的封锁，实现和平，但是西方国家并没有理睬这个提议。

1919 年 4 月 4 日，以史末资将军为首的协约国代表团抵达布达佩斯，要求匈牙利实行威克斯的通牒，遭到匈牙利苏维埃政府的拒绝。之后，协约国秘密计划入侵匈牙利。4 月 16 日，罗马尼亚军队从东面攻入匈牙利境内。不久后，捷克斯洛伐克和法国军队也先后从北面和南面向匈牙利发起进攻。双方兵力差距悬殊，协约国军队有 15 万人，而匈牙利红军还不到 5 万人。

5 月初，匈牙利大片领土被协约国军队侵占。罗马尼亚军队穿过蒂萨河，抵达距离布达佩斯仅 100 千米的地区，苏维埃共和国岌岌可危。5 月 4 日，匈牙利政府向全国发布紧急动员令，宣布布达佩斯为战区，凡是接受过军事训练的无产者立即加入队伍，那些没有接受过军事训练的工人可以到军营接受训练，或者是去修筑工事。在短短几天时间内，红军队伍就增加到了 10 万人，5 月中旬，匈牙利红军向外国干涉军发起反攻，将干涉军赶过了蒂萨河。6 月，匈牙利军队进入捷克斯洛伐克。

红军的节节胜利让协约国感到惊恐。6 月 8 日和 13 日，巴黎和会主席、法国总理克里孟梭以和会名义先后两次向匈牙利政府发出照会，要求红军立即停止进攻，并且撤退到 1918 年 11 月 3 日停战协定规定的军事分界线以内。而作为交换的条件，协约国承诺撤出罗马尼亚军队，并且邀请匈牙利苏维埃政府代表参加巴黎和会。照会还发出威胁，要是匈牙利拒绝了这个要求，那么协约国将会展开全面进攻。

面对协约国的照会，匈牙利党内出现了激烈的争论。原社会民主党人、红军总司令贝姆主张接受协约国提出的要求，而萨穆埃里等人则强烈反对，但是这部分人只是少数。库恩为避免政府在这个时候出现分裂的局面，于是决定向原社会民主党人妥协。6 月 14 日，苏维埃代表大会通过决议，同意接受协约国的照会。6 月下旬，红军开始撤退。但是协约国却没有履行之前的诺言，罗马尼亚军队仍旧驻留在匈牙利境内。与此同时，国内反革命分子借机在各地发起叛乱，苏维埃后方出现危机。

匈牙利政府发现自己被欺骗后，不顾当前的形势，于 7 月 20 日再次发起进攻。最初几天军队进展顺利。后来，红军总参谋长儒利耶叛变，将红军的作战计划出卖给敌军，导致红军节节败退。

匈牙利摄政王霍尔蒂·米克洛什
霍尔蒂在执政期间，对内实行专制独裁，颁布一系列法西斯法令；对外投靠纳粹德国，于 1944 年 10 月被迫退位。

1919 年 8 月 1 日，罗马尼亚军队逼近布达佩斯。这时，匈牙利苏维埃政府宣布辞职，右翼社会民主党人佩德尔立即组建工会政府。新政府成立后，立即取消了革命法庭，并解散了红色警卫队，释放监狱中的反革命分子，下令抓捕共产党人。8 月 4 日，罗马尼亚军队进入布达佩斯。6 日，组建才几天的佩德尔政府被解散。

反动政府成立后大肆迫害革命者。包括萨穆埃里在内的 5000 多人被杀害，有 4 万多人被关进监狱。库恩等人革命者被迫逃往国外。匈牙利苏维埃共和国仅存在了 133 天，就被帝国主义抹杀了。1920 年 3 月，原奥匈帝国的海军上将霍尔蒂·米克洛什担任匈牙利摄政王，在匈牙利建立了独裁政权。

共产国际的成立

第一次世界大战爆发后，第二国际破产，俄国十月革命胜利后，各国纷纷建立无产阶级政党。在此形势下，需要建立新的国际组织。1919 年 3 月，在列宁的领导下，国际共产主义代表在莫斯科召开会议，通过了一系列纲领性文件，宣告第三国际（又称共产国际）成立。

各国工人阶级政党的建立

第一次世界大战爆发之后，第二国际的各国社会民主党领导人在国会中竟然投票支持对战争拨款，支持资产阶级政府加入帝国主义战争。这说明社会民主党已经转变成了社会沙文主义政党，第二国际也宣告瓦解破产。此外，这场帝国主义之间的战争也导致资本主义内部的各种矛盾变得更加紧张。推翻资产阶级统治，实现无产阶级专政的时机已经到来。为了实现革命目标，国际工人运动急需成立新的国际革命组织。

第三国际纪念碑模型
俄罗斯艺术家塔特林设计了第三国际纪念塔，此塔未能最终建成，其模型由木材、铁、玻璃制成，现收藏于圣彼得堡俄罗斯国家博物馆。

　　1914 年 11 月，俄国社会民主工党（布尔什维克）中央委员会的一次会议上，列宁发表了反战宣言，并首次提出要成立新的第三国际。为了创建这个组织，列宁进行了大量的工作。

　　在第一次世界大战爆发时，某些欧洲国家的社会民主党内部也出现了一些反对战争的左派力量，例如德国的斯巴达克派、波兰社会民主党的左派、保加利亚的紧密派等等。但是，这些左派分子的立场不够坚定，在思想上并没有与右派彻底划清界限，在组织内还与中派或者是右派同在一党内。为了支持各国左派的发展，列宁相继出版了《第二国际的破产》《帝国主义是资本主义的最高阶段》《国家与革命》《无产阶级革命和叛徒考茨基》等著作。在这些著作中，列宁批判了第二国际的修正主义思想，阐明了无产阶级革命和无产阶级专政的思想学说。1915 年 9 月在瑞士齐美尔瓦尔德、1916 年 4 月在瑞士昆塔尔，列宁先后主持召开了社会主义者第一次和第二次代表会议。在大会上，列宁与各国左派分子建立了联系，并且和他们组成了齐美尔瓦尔德左派。

　　俄国十月革命的胜利大大鼓舞了各国左派分子的信心，推动了第三国际的发展。1918 年，德国、匈牙利、波兰、芬兰、奥地利、阿根廷都建立了共产党。在苏俄侨居的各国左派社会党人也在布尔什维克的支持、帮助下成立了共产主义组织。

共产国际成立

1919 年 1 月，苏俄布尔什维克以及波兰、匈牙利、奥地利、芬兰等 8 个共产党和共产主义组织的代表在莫斯科召开会议，大会通过了《告世界共产主义组织和左派社会党人书》，希望各国能派代表前往苏俄，商议建立共产国际的问题。许多国家的工人政党对于这个号召进行了积极的答复。但是帝国主义国家对苏俄实施封锁和进行武装干涉，使得能够前往莫斯科的仅有德国、奥地利等少数国家的共产党代表。参加会议的代表大多数是侨居苏俄的各国共产党人。

1919 年 3 月 1 日，各国代表进行了一次预备会议，就这次会议是否确定为共产国际成立大会的问题进行了商议。德国共产党代表认为出席这次会议代表人数太少，当前很多国家还没有建立共产党，因此持否定态度。最后，预备会议决定只进行了代表会议，并制定了行动纲领。

1919 年 3 月 2 日，在莫斯科克里姆林宫召开了世界各国共产党和左派社会民主主义组织的第一次代表会议。列宁在会上致开幕词。随后，德国、英国、芬兰、瑞士、法国、匈牙利、荷兰等各国代表在会上作了报告。他们分别叙述了各国工人运动的开展状况以及苏俄革命的胜利对本国所产生的影响。

3 月 4 日，列宁在会上作了《关于资产阶级民主和无产阶级专政的提纲与报告》。当时在很多国家的工人运动中，还存在着赞成或反对无产阶级专政问题的争论。考茨基等人极力斥责专政从维护民主的名义来反对无产阶级革命。列宁深刻地指出，社会民主主义者所歌颂的那些民主，只维护资产阶级的民主，实际上是资产阶级专政。现在他们斥责一般专政，实际上就是反对无产阶级专政。列宁指出，新的共产国际的根本任务就是要在各国实现无产阶级专政。3

列宁与共产国际代表
列宁出于世界革命的考虑，认为需要形成国际共产主义运动，才能保卫红色政权，打破国际反动势力的围困。

月4日，奥地利代表团、瑞典代表团先后抵达莫斯科，并了出席会议。

当晚，代表们就是否成立共产国际问题再次进行了商讨，最后决定将这次代表会议确定为共产国际成立（第一次）代表大会。35 个组织的 34 名有表决权的代表和 18 名有发言权的代表出席了成立大会。会上一致通过了布哈林起草的《共产国际行动纲领》和托洛茨基起草的《共产国际致全世界无产者宣言》，号召"全世界的无产者，在工人苏维埃的旗帜下，在夺取政权和实现无产阶级专政的革命斗争的旗帜下，在第三国际的旗帜下联合起来"。

大会还在莫斯科设立了领导机构。由苏俄、德国、奥地利等国共产党各派出一名代表组成执行委员会。由执委会选举产生执行局，选出的成员是列宁、季诺维也夫、普拉廷、托洛茨基和拉科夫斯基。3 月 6 日，列宁在会上致闭幕词，共产国际成立大会宣告胜利结束。共产国际的成立，开创了国际共产主义运动的新阶段。

共产国际第二次代表大会

在共产国际成立的同时，1919 年 2 月 3—10 日，社会民主党右派领袖在瑞士伯尔尼召开了社会民主党代表国际会议。来自 26 个国家的 102 名代表出席了这次会议。这次会议决定恢复第二国际（伯尔尼国际），并选举来自瑞典的布兰廷、英国的韩德逊、比利时的胡斯曼组成执行委员会。

共产国际成立后，各国的革命运动不断发展。苏俄粉碎了白卫军叛乱和外国武装的干涉，取得了战争的胜利。1919 年春，匈牙利和德国的巴伐利亚地区曾一度成立了苏维埃政权。同时，欧美以及亚洲许多国家也相继出现了大规模群众运动。1919 年，荷兰、丹麦、保加利亚、墨西哥、美国先后成立了共产党。1920 年，西班牙、印度尼西亚、伊朗也先后成立了共产党。

随着共产主义运动的不断高涨，法国、意大利和美国社会党、德国独立社会民主党、英国独立工党纷纷表示要退出第二国际，申请加入第三国际。此外，一些国家的共产党人在组织上才脱离社会民主党不久，还没有彻底消除机会主义的影响。因此，在国际共产主义运动中出现了右倾改良主义的危险。与此同时，也出现了"左"倾宗派主义倾向的危机。在德国、英国等许多欧洲国家内，一些共产党人憎恨右倾机会主义，但是走向了"左"的极端。他们既反对第二国际的投降主义，也反对参加议会斗争，反对在改良主义的工会里工作，甚至

共产党人集会
1920 年 7 月 19 日共产国际第二次代表大会开幕式在彼得格勒举行。

反对在任何情况下的妥协。此外，他们还反对机会主义的领导和纪律，也反对革命的领导和纪律。这种"左"倾宗派主义倾向又使党脱离群众从而陷入孤立无助的境地。

为了使年轻的共产党人认清这种错误，1920 年春，列宁著成《共产主义运动中的"左派"幼稚病》一书。列宁在这部著作中总结了俄国的革命斗争经验，并指出布尔什维主义的成长是在反对右倾机会主义和"左"倾教条主义的斗争中实现的；如果不克服"左"倾错误，那么革命就不能取得胜利。

列宁还批判了"左派"共产主义者的错误言论。他认为将领袖、政党、阶级、群众完全对立起来是非常荒唐的。针对"左"倾分子反对在工会里工作，不参与议会斗争的言论，列宁认为共产党人只不过是无产阶级的一小部分，还有很多的非党工人在反动工会里面。因此，共产党人一定要参加这些工会，努力团结这些工人。关于议会斗争，列宁反对将其捧得过高；但是，议会在群众中是有一定影响的；无产阶级应该利用议会来揭露敌人的阴谋，宣扬共产党的路线纲领。列宁的这部著作促进了各国共产党的健康发展。

1920 年 7 月 19 日，共产国际第二次代表大会在彼得格勒举行。7 月 23 日到 8 月 7 日，大会移到莫斯科继续进行。有 37 个国家的 217 名代表出席了这次大会。与上次不一样，参加这次大会的代表绝大多数代表来自国外，是一次真正的国际大会。会上列宁作了《关于国际形势和共产国际基本任务的报告》。列宁在文中指出，世界各国资本主义制度正在遭受巨大的革命危机，

季诺维也夫
季诺维也夫，全名格里哥里·叶夫谢也维奇·季诺维也夫，共产国际执行委员会首任主席、苏联共产党早期领导人。

各国共产党人应该将反机会主义的斗争继续坚持下去，同时也要注意纠正"左"倾错误。

大会通过了《共产国际的基本任务》等决议，强调各国应该迅速准备发动国内战争，率领工人夺取政权，建立无产阶级专政。列宁更进一步提出了《民族和殖民地问题提纲初稿》，作了有关报告；大会通过了《关于民族与殖民地问题的补充提纲》。列宁认为要区分压迫民族和被压迫民族，支持那些被压迫民族起来斗争，使各民族向各国的共产者靠拢，为推翻地主资产阶级统治团结起来进行革命斗争。

大会也通过了列宁起草的《土地问题提纲初稿》。列宁指出，广大劳动人民只有与无产阶级团结在一起，才能推翻地主资产阶级的压迫；各国共产党要区分地对待不同阶层的农民大众。第二次代表大会通过了列宁制定的参加共产国际的"二十一个条件"。条件规定，凡是加入共产国际的党必须宣传无产阶级专政的思想；彻底与改良主义和中派分子划清界限；支持殖民地半殖民地人民的民族解放斗争；保卫苏维埃俄国。参加共产国际的党还必须依照民主集中制原则成立，必须遵守共产国际的纲领，并取名为共产党。

大会还通过了《共产国际章程》，指出共产国际属于世界性的共产党，各国共产党都是它的支部。世界代表大会是它的最高机关，每年召开一次；大会闭会期间，执委会成为其管理机构；在执委会内，俄共（布）有 3 名代表有表决权，10 个至 13 个最大的支部各有一名代表有表决权。大会还选举产生了执委会和执委会执行局，季诺维也夫为主席。第二次代表大会顺利完成了成立共产国际的工作。

共产国际第三次和第四次代表大会

共产国际第二次代表大会闭幕后，各国陆续出现了共产党。1920 年，英国、法国、土耳其成立共产党。10 月，德国独立社会民主党出现分裂，大部分左派与共产党合并，德国共产党员人数从 10 多万人增加到了 30 多万人。1921 年，意大利、中国、罗马尼亚、捷克斯洛伐克等国也先后成立了共产党。

共产国际规定了"二十一个条件"后，中派分子无法加入共产国际。1921 年 2 月，中派分子在维也纳召开会议，宣布成立社会党国际工人联盟。参加这次会议的有英国独立工党、法国社会党、德国独立社会民主党、奥地利社会民主党、俄国孟什维克等。来自奥地利的弗·阿德勒被选举为执行局书记。社会党国际工人联盟自称在第二国际和第三国际之间立足，所以被称为第二半国际。

1921 年 6 月 22 日至 7 月 12 日，共产国际在莫斯科召开了第三次代表大会。有 52 个国家的 605 名代表出席了这次大会。此时欧洲无产阶级革命高潮已接近结束，各国斗争遭受挫折，大会就是在这样的形势下召开了。大会上，托洛茨基作了《世界经济危机和共产国际的新任务》的报告，指出世界各国的资产阶级正加紧对无产阶级发动进攻，共产党当前的任务是防御性斗争。此外大会还着重对斗争策略问题进行了讨论。

1921 年 12 月，根据第三次代表大会决议精神，共产国际执委会通过了《工人统一战线提纲》。提纲指出，所有愿意参加反抗资本主义斗争的工人，无论是哪个工会或党派，都应该团结在一起，统一行动。共产党在与第二国际和第

托洛茨基
列夫·达维多维奇·托洛茨基，原名列夫·达维多维奇·勃朗施坦，曾任苏共中央政治局委员、苏联红军最高统帅。

二半国际合作达成协议时，应坚持自己在思想上、政治上和组织上的独立性。

1922年1月，第二半国际执行局呼吁举行一次世界工人代表大会，商讨工人阶级如何反对资本主义的统一行动问题。为此，执行局还分别给第二和第三国际执行局写信，提议三个国际先召开一次代表会议。4月2—5日，在柏林举行了联席会议。共产国际有12人参加会议，分别是布哈林、拉狄克、蔡特金等人；第二国际有17人，分别是王德威尔得、麦克唐纳等人；第二半国际也有17人，为阿德勒、龙格等人。

会议最后三方达成协议，决定成立由三方派代表组成的委员会筹备世界工人代表大会。5月，筹备委员会召开了第一次会议，但因产生分歧而终止了。三个国际建立统一战线的尝试宣告破产。1922年5月21—25日，第二国际和第二半国际联合在汉堡举行会议，建立了统一的社会主义工人国际。会议选举韩德逊为主席，阿德勒出任书记。

1922年11月5日至12月5日，共产国际先在彼得格勒，后来在莫斯科举行了第四次代表大会。有58个国家的408名代表出席了这次大会。在大会上，列宁作了《俄国革命五周年和世界革命的前途》的报告。他要求各国共产党总结前期斗争的经验，发挥创造性，不要教条地学习布尔什维克的经验，掌握革命工作的组织、方法和内容，为革命高潮的到来做好准备。会上还讨论了统一战线问题，并提出了"工人政府"的口号，认为可以成立形式多样的工人政府，包括与社会民主党建立联合政府等，以此来争取建立无产阶级专政。大会同时要求东方各国共产党在争取民族解放斗争中，建立反对帝国主义的统一战线。

1919年至1923年的这段时期，是共产国际活动的初级阶段，在它的帮助下，各国革命分子相继成立了共产党，推动国际共产主义运动在世界各国的发展。

03

帝国主义新秩序
——二十年的休战

    1918年第一次世界大战结束后，英国、法国、美国等战胜国相继召开巴黎和会和华盛顿会议。列强为实现各自的利益，建立了凡尔赛–华盛顿体系，形成新的帝国主义国际关系。通过这个体系，战胜国通过不平等条约宰割和奴役战败国，加剧了二者之间的矛盾，为后来的冲突埋下了隐患。

新秩序的建立

为了调整一战后列强之间的关系和重新安排世界秩序，战胜国分别召开了巴黎和会和华盛顿会议。这两个会议重新划分世界霸权和势力范围，确立了战后帝国主义国际关系的新秩序——凡尔赛－华盛顿体系。这个体系未能消除帝国主义之间的矛盾，反而加深了战胜国与战败国之间的矛盾，因此是个不稳固的体系。

巴黎和会

1919 年 1 月 18 日，巴黎和会开幕，20 多个战胜国阵营的国家出席了这次大会，苏维埃俄国则被排斥在和会之外。大会由英、法、美、意、日五个主要战胜国的政府首脑和外长组成的领导机构主持，因此又被称为"十人会议"。实际上和会被英、法、美三国所操纵，英国首相劳合·乔治、法国总理克里孟梭和美国总统威尔逊，为了各自算盘而举行会议，就和会的重大问题进行商议。克里孟梭被推选为和会的主席。

在战胜德国及其同盟国后，战胜国着手制订解决战后问题的计划。德国被认为是这场世界浩劫的罪魁祸首，如今只得任凭征服者使唤；德国的那些盟国也是同样的下场。英、法、美、意、日等帝国主义国家各怀鬼胎，想着如何在有利自己的情况下瓜分胜利果实。战胜国之间钩心斗角，既彼此利用，又相互争夺。

帝国主义所谓的和平，只不过是帝国主义各国实际力量的对比而已。大战结束后，法国成了欧洲最强的军事国家。借着这个威势，法国提出了一个重新瓜分世界的宏大而繁杂计划，目的是将德国肢解，维持自己在欧洲大陆的霸主

法国总理克里孟梭
乔治·克里孟梭是法国近代史上最负盛名的政治家之一。为第一次世界大战协约国的胜利和《凡尔赛和约》的签订作出重要贡献。

地位。法国要求在莱茵河西岸成立莱茵共和国，由法国直接控制；在德国南部成立巴伐利亚国，企图霸占德国的萨尔煤矿，收回普法战争中被德国夺取的阿尔萨斯和洛林，占领德国在非洲和亚洲的殖民地，并要求德国支付巨额战争赔款，法国的这些计划不可能完全实现。战后法国通货膨胀，背负美、英的巨额战债，再加上战后人口锐减，处境十分艰难。这些无疑削弱了法国的地位，迫使它只能向其他盟国让步。

英国的计划是占领德国的殖民地，取得德国在土耳其的属地，解除德国舰队，维持自己的海上霸权。英国强烈反对法国肢解德国的计划，极力在欧洲大陆保留德国的实力，使法德保持均势的局面，使它们彼此牵制。英国能凭借的首先是它在海上的优势。英国海军虽然在战争中损失严重，但是实力仍然首屈一指。当时英国的经济出现了困难，美国和日本在世界市场上占据优势，战后英国沦为美国的债务国。这些情况使得英国政府也很难实现自己的计划。

战后，美国成了欧洲的债权国。战争期间，美国向欧洲各国供应武器、装备、原料和粮食，美国垄断组织自行规定价格，并且通过黄金来支付。因此，战争结束后，美国集中了世界40%左右的黄金储备。美国的计划主要是1918年1月8日威尔逊总统向美国国会提出的"十四项和平条款"。这是称霸世界的计划，只不过披上了和平的外衣。计划的中心条款是成立国际联盟，美国准备通过这个组织来加强自己在国际事务中的影响力。美国并没有直接要求瓜分殖民地，而是提议成立国际联盟委任制度，也就是以国联的名义将殖民地委托给战胜国统治。美国政府还要求海上航行自由、"门户开放"、"贸易机会"均

巴黎和会
1919 年 1 月 18 日召开
的巴黎和会，是帝国主
义安排战后世界秩序的会
议，实质上也是帝国主义
的分赃会议。

等，以便获得有利于自己的经济扩张条件。关于德国，美国也不想过分削弱德国的实力，而是想将德国变为对抗法国、削弱英国的棋子。美国的这些计划也不可能完全实现，它当时的军事力量和它在世界经济中的地位并不相符，而且它的海军吨位及其战斗力远落后于英国，它在欧洲的远征军的实力也不及法国。

意大利也在战胜国之列，当时由于军事以及经济实力上的差距，它只关心自己与协约国签订秘密军事条约时，协约国所承诺给它的领土。

大战期间，日本占领了德国在中国以及太平洋北部的殖民地，极大地扩张了殖民地。日本对于欧洲事务并不关心，它的主要目的就是独吞中国。

凡尔赛体系的建立

巴黎和会实际上就是帝国主义的分赃会议，列强经常因为分赃不均而激烈争吵，甚至以退会来威胁对方。帝国主义列强为了各自利益争吵了 5 个多月。1919 年 6 月 28 日，列强终于达成协议，在凡尔赛宫与德国代表签署了和约，巴黎和会才宣告结束。《凡尔赛和约》内容繁多，共十五部分，在一些部分下面设编、章，总共有 440 条。

《凡尔赛和约》的军事条款规定：禁止德国实行普遍义务兵役制；德国军队只能拥有 10 万名官兵和 36 艘军舰，不得装备军用飞机、坦克以及潜水艇；要求德国将西部边境线上的防御工事拆除，允许东部边境线上的防御工事保留下来。

《凡尔赛和约》的领土条款规定：德国放弃所有殖民地；法国收回阿尔萨斯和洛林；法国可开采萨尔煤矿，期限为 15 年，国联代管萨尔区，期限为 15

《凡尔赛和约》签订现场

《凡尔赛和约》上的条款是帝国主义重新瓜分世界的真实记录。

年，期满后，通过公民投票来决定归于法国还是德国。协约国军队占领莱茵河西岸 15 年，东岸 50 千米之内的区域被划为非军事区域。

和会还确定了德国和波兰的边界，将历来属于波兰的一些地区仍然划给了德国。波兰只是得到了一条狭窄的通海地带。波兰依然没有收回格但斯克，而是成了国联委托管理的"自由市"。此外，比利时、丹麦、捷克斯洛伐克等国也得到了一些土地。总之，德国失去了原有领土的 1/8。

根据和约规定，主要帝国主义国家以"委任统治"的形式瓜分了德国所有的殖民地。英国占有德属东非的大部分地区。英法两国瓜分喀麦隆和多哥。英国自治领南非联邦取得了德属西南非，澳大利亚取得了新几内亚岛的德属部分，新西兰则得到西萨摩亚。日本独占了太平洋上的马绍尔群岛、加罗林群岛和马里亚纳群岛。

关于中国的山东省问题，主要帝国主义在巴黎和会上也争论了数月。世界大战爆发前，德国侵占了中国山东，中国作为战胜国完全有权力收回，但是日本在和会上却要求在和约中规定将德国在山东的特权全部移交给日本。开始时，美国反对日本对山东的企图，它计划通过"门户开放"来制约日本，同时也将自己的势力渗入中国。帝国主义之间的斗争变得更加尖锐，日本威胁拒绝在和约上签字、不参加国联，并和德国联合起来。最终，日本的要求得到了英、法等国的支持，美国也违背其所许下的"援助"中国的诺言。《凡尔赛和约》的规定满足了日本提出的要求。和会的这个决定点燃了中国人民的怒火，中国民众掀起了声势浩大的五四运动，最终中国代表也没有在和约上签字。

关于赔款数额的问题，战胜国没有做出最终的决定。和约的经济条款只是

五四运动中的学生群体

中国在巴黎和会外交的失败是五四运动的导火索，五四运动的发展也促成了中国代表在巴黎和会上拒绝签字，对于废除不平等条约、促进国家外交的兴起和发展具有划时代的意义。

规定：德国应该在 1921 年 5 月 1 日之前付清第 1 期赔款 200 亿金马克。而关于各战胜国如何分配德国赔款问题，以及确定赔款的具体数额问题，都交给了由美、英、法、意等国组成的赔偿委员会负责解决。

《凡尔赛和约》签订后，战胜国又相继与德国的盟国签订了一系列和约。1919 年 9 月 10 日，在巴黎附近的圣日耳曼，战胜国和奥地利签订了和约，和约确认奥匈帝国解体；承认匈牙利、波兰、捷克斯洛伐克、塞尔维亚 - 克罗地亚 - 斯洛文尼亚王国的独立，明确了这些国家的疆界；禁止在语言、种族上有着密切关系的德、奥两国合并。1919 年 11 月 27 日，在巴黎城郊纳伊，战胜国和保加利亚签订了和约。和约规定将西色雷斯割让给希腊，使得保加利亚丧失了爱琴海上的出海口；规定保加利亚赔付的赔款相当于战争爆发前它的国民财富总额 1/4。1920 年 6 月 4 日，在凡尔赛的大特里亚农宫，战胜国和匈牙利签订了和约，和约再次重申了圣日耳曼和约的主要款项。1920 年 8 月 10 日，在巴黎近郊色佛尔，战胜国和奥斯曼土耳其苏丹政府签订了和约，土耳其失去了 3/4 的领土；法、意还在安纳托利亚划定了自己的"势力范围"；并规定博斯普鲁斯和达达尼尔两海峡，不论是平时或是战争爆发时，都应该向各国商船和军舰开放。但是当时土耳其爆发了资产阶级革命，凯末尔领导的土耳其资产阶级政府挫败了这个掠夺性的和约。直到 1923 年，战胜国才和凯末尔政府重新签订了《洛桑条约》。

战胜国和德国及其盟国所签订的这些和约，形成了第一次世界大战后资本主义世界主要地区新的国际关系体系，也就是所谓的凡尔赛体系。这个体系将第一次大战中形成的帝国主义之间的力量对比维持了下来，然而协约国之间却充满矛盾，同时也招来了战败国的仇恨，因此帝国主义之间的矛盾又变得尖锐起来。此外，凡尔赛体系违背了各国人民的根本利益，许多弱国的权益遭到极大的侵害，因此这个体系注定是脆弱、不牢固的。

国际联盟的成立

1919 年 4 月 28 日，巴黎和会通过了《国际联盟盟约》，并被列为《凡尔赛和约》的第一部，后来又被列入对奥地利、保加利亚、匈牙利的各和约，作为各和约的第一部分。

1920 年 1 月，国际联盟正式宣告成立。国际联盟发表声明称，其成立的

目的在于"增进国际合作并维持各国的和平与安全"。《国际联盟盟约》规定了
成员国的责任，任何国家凡是对成员国发起战争，都将被认为是对国联所有成
员国发动"战争行为"，国联的其他成员国应该对其进行制裁，断绝各种商业
上或财政上的来往，甚至组成联合军队，维护联盟盟约。《国际联盟盟约》还
确立了国联委任统治制度，以委托的名义由战胜国统治战败国的殖民地。全体
会员国代表组成的大会和行政院行使国联的行政权，行政院由美、英、法、意、
日 5 个常任理事国和由大会按期选举出来的 4 个非常任理事国组成。此外成立
常设秘书处，经办国联的一切事宜。当时有 45 个国家在《国际联盟盟约》上
签字，战败的同盟国家不允许参加。

国际联盟召开大会
1920 年 1 月 20 日国际联盟正
式成立，主要机构是会员国全
体代表大会、行政院和常设秘
书处。

　　《国际联盟盟约》虽然装模作样地通过了对侵略国实施经济制裁和军事制
裁的条文，但同时又规定大会或行政院的决议需要得到出席会议的全体成员国
同意才能生效，所谓的制裁侵略也就成了空话。国联只是在涉及小国的事情上
施展自己的权力，一旦牵涉到大国，那么就只能由列强来左右了。

　　美国总统威尔逊极力鼓吹建立国际联盟，企图借此来蒙骗世界舆论，以得
到巴黎和会和国联的领导地位，实现其称霸世界的野心。但是在英、法、日等
国的极力反对下，美国的计划失败了。因此，美国国会既没有批准《凡尔赛和
约》，也拒绝加入国联。

　　国际联盟是世界上第一个政治性的国际组织。作为凡尔赛－华盛顿体系的
组成部分，在帝国主义强权政治下，国际联盟实际被英法两国所控制，并成为

1923 年在瑞士日内瓦举行的国际联盟大会

美国所支持的维护它们在战后建立的国际政治经济新秩序的外交工具。第二次世界大战爆发后，国际联盟名存实亡，1946 年 4 月，国际联盟正式宣告解散。

华盛顿会议

凡尔赛体系的诸多条约确立了第一次世界大战后帝国主义国家之间的力量对比关系。但是美国在巴黎和会的外交斗争中并没有实现自己的目的。美国拒绝批准《凡尔赛和约》，这无疑极大地缩小了凡尔赛体系的范围。

巴黎和会并没有解决太平洋地区的问题。关于中国山东问题的条款，又遭到中国民众的强烈抵制。如果不解决远东和太平洋地区的问题，就不能说第一次世界大战列强重新瓜分世界的目的已经实现。美国借着战争提升了自己的经济实力，成为英、法、意各国的大债主。为了夺取远东和太平洋地区的霸权，尤其是夺得在中国的霸主地位，美国与各帝国主义国家展开了斗争。

由于争夺销售市场、投资范围和原料产地，美、英两国的矛盾变得越发尖锐。中国长江流域和华南地区为英国人所控制，美国极力将自己的势力渗入这些地区。在东南亚，美国和英国也存在利益冲突。为了压倒竞争对手，美、英两国展开了海军军备竞赛。1919 年，美国国会批准了 1916 年制定的海军发展计划，决心到 1924 年时将美国舰队发展成为世界上最强大的海军。这无疑是对英国海军赤裸裸的挑战。美国依靠自己在战争中增强的经济实力，在英国的财政出现困难时，不断对英国施加压力。美国人要求英国政府偿还 8.5 亿英镑的战争债务，以此来动摇英国在世界信贷市场上的地位。

此外，美国还反对英日结成同盟。英日的同盟于 1902 年缔结，最初只是以反对俄国为目标，到后期发展成为以反德和间接反美为目标。英日同盟的条约期限为 10 年，并于 1911 年延长了 10 年，到 1921 年期满。战后美国的外交任务之一就是要将这个同盟拆散。因此，英美两国的斗争变得尖锐起来，两者的竞争成了帝国主义之间的主要矛盾。

战后美国和日本之间的矛盾是争夺远东和太平洋地区的利益。大战期间，英法两国被欧洲和近东战事所困扰，美国的目标主要是占领拉丁美洲市场，日本趁这个机会加紧了对中国及太平洋地区的侵略。在巴黎和会上，日本获得了许多利益。日本经济、政治力量的不断增强，使得美国人十分不安。为了削弱日本在中国的势力，1918 年 6 月，美国提出了成立国际银行团的建议以实现对中国信贷的垄断。很显然，美国会在银行团中占据主导地位。当时的中国段祺瑞政府被日本帝国主义所控制，因此断然拒绝了美国的提议。战后，远东地区的市场对美国资产阶级变得越来越重要。1920 年，巴拿马运河正式通航，运河的开通极大地缩短了美国主要港口与远东之间的航程。此后，争夺远东地区尤其是争夺中国的斗争，成为美国对外政策的首要任务。

美国和日本已经开始公开谈论发生军事冲突的可能性。为此，两国都对海军进行了疯狂扩军。美国将海军主力从大西洋调到太平洋。海军基地对于争霸太平洋有着十分重要的战略意义，日本在这方面与其他列强相比处在更有利的地位。日本在远东地区建有一连串的海军基地，南面从中国的台湾开始，到琉球群岛和日本本土，再到北方的南库页岛止。此外，日本占领了太平洋的许多岛屿，可作为其前哨线。这些为日本在太平洋西部奠定了牢固的战略地位。

1921 年，美国通过情报机关得知，日本和英国正在建造一些军舰，军舰的吨位超过美国当时所建造的军舰。美国的财政状况比英、日两国好得多，有能力继续进行海军竞争，但是修建军舰需要时间。此外，美国军舰通过巴拿马运河还有最高额的限制，3.5 万吨以上的船只无法通过运河。美国人知道自己还没有准备好进行战争。在这种情况下，美国政府提议各国召开国际会议，共同商讨远东和太平洋问题。

1921 年 7 月，美国宣布将在华盛顿举行一次国际会议，讨论限制海军军备及太平洋和远东问题，并邀请相关国家参加。美国的这个提议得到了英、法、意、日等国的响应。8 月，美国向与会的相关国家发出正式的邀请书。1921 年 11 月 12 日，会议在华盛顿召开。美、英、日、法、意、比、荷、葡和中国的代表参加了这次会议。美国在这次会议中居于主导地位。会议的议事日程主要是：一、关于海军军备的限制，以及使用新式战争武器的规则；二、关于太平洋问题及远东问题。

华盛顿会议的议事日程里并没有提及英日同盟的问题，但它却是基本问题之一，如果不解决这个问题，"限制"海军军备的协议就很难达成。美国认为当前的首要任务是解除英日同盟。英国虽然和日本因各自在中国的势力范围产生矛盾，却不想过分损害日本的利益，因此英国主张以英美日三边协定来替代

华盛顿会议现场
1921 年 11 月至 1922 年 2 月，美国邀请英、日、法、意、比、荷、葡和中国代表在华盛顿召开会议，时称"太平洋会议"，又称"华盛顿会议"。

英日同盟，以维护三国在远东的利益。英国这种变相保留英日同盟的企图遭到了美国的拒绝，美国坚持邀请法国加入这个协定。在对德问题以及在争夺远东的问题上法国与英国有很大的矛盾，而法国又负有美国的债务。所以，美国认为将法国拉进这个协定，无疑会增强美国与英日角逐的实力。

1921 年 12 月 13 日，美、英、日、法四国代表签署了《关于太平洋区域岛屿属地和领地的条约》，通称《四国条约》。条约规定，各缔约国尊重彼此在太平洋地区岛屿属地和领地的权利，当这种权利遭受"任何国家侵略行为"的威胁时，缔约各国应该进行协商，就所要采取的措施达成协议。条约同时还规定，这个条约批准生效后，英日同盟就宣告解体。《四国条约》的签订是美国获得的又一个胜利，它通过这个条约成功拆散了英日同盟。

在华盛顿会议上，美国提议裁减海军军备。英国受到财政困难的制约，只能同意这个建议。在商讨具体方案时，日本反对美国提议的美、英、日主力舰10：10：6 的比例，而是坚持 10：10：7 的比例。美国随即威胁日本说，如果日本继续坚持的话，那么日本每建造 1 艘军舰，美国就建造 4 艘军舰。日本只能被迫接受，但是附有一个条件，即美国不能在太平洋上建造海军基地。在英国的支持下，美国又提出了裁减陆军的问题。美国想削弱日本在中国的势力，而英国则想动摇法国在欧洲和远东的势力。但是这个提议遭到了法国、日本、比利时和意大利的反对，这个问题也就不了了之。关于潜水艇和空军的限制问题，最终也没能达成协议。在英美的双重压力下，法国只得同意了给它限定的海军吨位。

1922 年 2 月 6 日，经过将近 3 个月的激烈争执后，美、英、日、法、意五国代表签署了《美、英、法、意、日五国关于限制海军军备条约》，通称《五国海军条约》。条约规定，各国的主力舰吨位比例为 5：5：3：1.75：1.75。在美国的极力争取下，各国最终接受了禁止建造排水量超过 3.5 万吨的主力舰。

《五国海军条约》的签订，意味着英国只好放弃了所谓"双强标准"的政策，即放弃建造相当于世界上其他两支最强大的舰队总和的舰队。但是英国坚决反对裁减巡洋舰，一定程度上保持了自己的海军优势。日本也遭受了一定的打击和限制，但是它得到一项补偿：禁止其他各国在距离日本 5000 千米至 6000千米以内的范围内建造海军基地。这个规定相当于剥夺了美国在菲律宾、关岛和阿留申群岛修建海军基地的权利，为日本海军称霸远东地区创造了有利条件。

中国军阀政府因为受到国内人民反帝斗争的压力，在华盛顿会议上提出了一些正当要求：取消《凡尔赛和约》上关于中国山东的条款，要求废除日本"二十一条"，中国拥有财政和关税自主权，撤销帝国主义列强在中国的治外法权和"势力范围"，废除列强在华的"租借地"，外国军警撤出中国等。然而日本在参加华盛顿会议前提出了参会的条件：会议不能讨论既成的事实或是属于各国事务的问题。日本企图将中日间的各种问题压下来，使其无法通过会议解决。因此，对中国问题华盛顿会议只是进行了一般原则的讨论，由中日代表在会外对具体问题进行交涉，而英美代表只是以"调解"的身份参与。由于美日之间存在利益矛盾，美国也支持中国政府的一些反对日本的要求。

1922 年 2 月 4 日，中日两国代表在华盛顿签订了一份协议，规定中国恢复对山东的主权，日军撤离山东，并归还胶济铁路，但是中国要用铁路产值赔偿日本。日本在形式上放弃了"二十一条"。1922 年 2 月 6 日，中、美、英、法、日、比、意、荷、葡在华盛顿会议上签订了《九国关于中国事件适用各原则及政策之条约》，通称《九国公约》，公约声明尊重中国的主权与独立和领土与行政的完整，遵守"在中国之门户开放，或各国商务实业机会均等"的原则。这个原则被列入公约，意味着中国的主权被列强粗暴地侵犯了。《九国公约》的签订，实际为帝国主义列强谋划掠夺中国提供了保证。《凡尔赛和约》修改关于山东问题条款和签订《九国公约》，意味着美国外交的胜利和日本外交的失败。

美国提出的"门户开放"政策，实际上是帝国主义列强共同掠夺中国的代名词，同时也是美国企图依靠自己的经济优势实现独占中国的幌子。第一次世界大战使日本有了独霸中国的机会；《九国公约》的签订，又使中国恢复到了被数个帝国主义国家一齐支配的局面。华盛顿会议是巴黎和会的继续和发展，它在承认美国占优势的基础上，确立了战后帝国主义在远东和太平洋地区的势力范围，巴黎和会和华盛顿会议签订的一系列条约，确立了战后帝国主义世界统治的新体系，即"凡尔赛－华盛顿体系"。

代表中国参加华盛顿会议的三名代表
中国代表利用较为有利的国际形势和列强之间的矛盾，在中国人民的斗争下，迫使日本在山东问题上作出一定程度让步。从左至右分别为顾维钧、施肇基和王宠惠。

战后主要帝国主义国家的发展情况

> 受第一次世界大战的影响，英国和法国的经济由盛转衰，由债权国转为债务国；美国在战争中大发横财，掌握了世界经济霸权；日本由债务国变为债权国，在经济危机下加紧了对外侵略扩张；意大利则受经济危机和革命运动的影响走上了法西斯专政道路。

英　国

第一次世界大战爆发后，英国的自由党、保守党和工党组成了联合政府。大战结束后，联合政府已经不能继续维持下去了。1918 年 12 月，英国举行议会选举。自由党中以劳合·乔治为首的一个派别与保守党结成同盟。为了迷惑选民，拉选票，联盟在竞选纲领中许诺：保证退伍军人有工作，并以优惠条件给他们提供土地；加大住宅的建设力度，稳定工资水平；惩罚德国的战争罪犯。工党在竞选纲领中保证：撤回在俄国的干涉军队，在英国实行土地、铁路和矿山的国有化等。

选举结束后，两党联盟在议会中获得了 707 席中的 484 席。其中自由党劳合·乔治一派获得 136 席，保守党获得 338 席，另外还有其他党派的议员 10 名。也就是说，保守党在联盟当中居于主导地位。工党获得 59 席，拒绝与保守党结盟。自由党阿斯奎斯派只获得 27 席。这次选举的结果表明，自 1830 年以来在英国政治舞台执政时间较多的自由党大势已去。自由党所遵行的自由主义原则，即"自由贸易"和国家不去干涉私人资本家的事务，在垄断组织的统治下，已经失去了意义。自由党不再是英国两大政党之一，工党取代了它的地位。两党联盟推举劳合·乔治山任首相，组成联合政府。保守党人奥斯汀·张伯伦担任财政大臣，温斯顿·丘吉尔则出任陆军大臣一职。

英国在世界大战中战胜了德国这个竞争对手，得到了许多新的殖民地。但是在第一次世界大战中，英国在战场上有 200 多万人伤亡，国民财富损失了1/3，国力开始下降。战后初期，因为人民对日用品需求的增加和企业逐步恢复生产，英国经济出现了短暂的繁荣，工作岗位迅速增加。但是从总体上来看，由于各种原因，战后的英国经济依然困难重重。就在英国努力恢复金本位，并使英镑重新恢复到大战之前的价值时，许多欧洲国家都采取通货膨胀的手段，从而导致英国商品在世界市场上价格高昂，大大减弱了竞争能力。英国的工厂在大战期间没有遭到损伤，但是英国对旧机器更新的速度有些缓慢，与使用较新设备的美、德等国来竞争，显得更加困难。大战期间，美、日抢走了英国的许多市场，加上很多国家都设置了很高的关税壁垒，英国商品的出口大为削弱。

劳合·乔治（左）和温斯顿·丘吉尔（右）
在第一次世界大战期间，劳合·乔治担任军需大臣、陆军大臣等职，于 1916 年 12 月 7 日出任首相，战争结束后仍任首相。温斯顿·丘吉尔出身贵族家庭，是著名的政治家、历史学家、作家、记者，两次担任英国首相。

1919 年，英国的出口总额比战前低了 45%，1920 年比战前低了 30%。从1920 年下半年起，英国出现了经济危机，失业工人不断激增。在战争时期，英国基本没有失业现象，1920 年秋季，虽然有 400 万人复员，但是失业的工人人数仍然不多。到 1921 年 7 月，失业工人达到了 200 万人，约占到了工人总数的 12%。劳合·乔治政府只好下发拨款，救济那些失业工人，并鼓励那些失业工人到海外定居，但是这两项措施并没有取得什么效果。

在战争期间，英国工会得到了迅速发展。1914 年，英国工会会员人数为

414万人，到1920年底，会员人数增加到了832万人，约占工人总数的50%。劳合·乔治的政府刚上任，就面临着不断兴起的工人运动。1919年1月，有着百万会员的矿工工会召开会议，要求增加30%的工资，并实行6小时工作制，实行矿山和地下资源国有化，由工人共同参与矿山管理等。矿工工会的要求被政府拒绝后，矿工工会预定从3月15日起开始罢工活动。矿工工会曾与铁路工人工会、运输工人工会结成"三角同盟"，依照协定，只要矿工举行罢工活动，铁路工人和运输工人也应举行罢工。英国政府感受到了工人阶级力量的压力，于是匆忙成立了一个委员会，责令其调查矿业的具体情况，并于3月20日前提出一份报告书。3月20日，政府被迫同意了报告书中提出的两项建议，即增加20%的工资，将每天工时缩短为7小时。几个月后，政府否决了报告书中提出的关于实行矿山国有化的建议。英国政府在一些问题上作了让步，从而防止了一场计划中的矿业—铁路—运输工人总罢工。

但是，英国工人要求增加工资和缩短工时的斗争依然继续进行。1919年9月27日，上百万铁路工人举行大罢工，要求提高工资待遇。为此，政府迅速组织汽车、货车和飞机服务队来应对。工人斗争持续了一个星期，政府被迫与铁路工人签订协议，答应工人的部分要求。

1919年，工人的罢工斗争迫使资产阶级作了部分让步。有600万工人增加了工资，650万工人每周的工作时间缩短了。英国出现经济危机后，资产阶级立即向工人阶级发起了反击。1920年下半年，英国议会通过了紧急权力法。根据这个法案，政府有权宣布戒严，派遣军队镇压工人运动。

1921年3月，政府提前撤销了在战争时实行的国家对煤炭工业的监督。4月1日，矿主举行同盟歇业，要挟工人降低工资标准。于是矿工再次向运输工人和铁路工人请求支援。4月15日，"三角同盟"声称支援矿工，并举行总罢工。就在工人斗争进入关键时刻，即4月15日（星期五）那天，铁路工人和运输工人的领导人突然宣布停止支持矿工罢工。这天也被人们称作"黑色的星期五"。矿工陷入孤立，斗争坚持了两个半月后宣告失败。在矿工之后，造船工人、建筑工人、机械工人、海员、纺织工人和铁路工人的斗争也相继遭遇失败，这些行业的工人被迫降低了工资。战后初期，英国工人举行的斗争在"黑色的星期五"以后就屡遭失败，然而在当时的工人运动中出现了具有革命倾向的力量。1920年7月底到8月初，英国共产党成立。次年，一些共产主义派别纷纷加入，共产党的队伍不断扩大。

19世纪以来，爱尔兰问题一直是英国政治生活中的主要问题之一。爱尔兰人为了争取独立，屡次发起斗争。1916 年，爱尔兰人举行起义，但遭到英国政府的镇压。第一次世界大战后，爱尔兰人民的民族解放斗争再次掀起高潮。当时，主要由爱尔兰资产阶级领导爱尔兰民族进行解放斗争。在战争期间，爱尔兰解放斗争的领导阶层出现了两个派别：一派只是要求爱尔兰在英帝国范围内取得自治，被称为自治派；另一派则要求建立完全独立的爱尔兰共和国，被称为共和派，共和派与新芬党联合在一起。

1918 年 12 月，在英国议会选举中爱尔兰共和派取得胜利。共和派从分配给爱尔兰的 103 席中获得 73 席，而自治派只获得 7 席。然而当选议员的共和派分子却拒绝出席英国议会。1919 年 1 月 21 日，这部分共和派人在都柏林举行集会，宣称自己为爱尔兰的全权议会，宣布爱尔兰共和国成立，脱离英帝国实行自治。新芬党领袖德·瓦莱拉被推选为共和国总统。英国政府迅速调集兵力，企图通过武力来扼杀爱尔兰共和国，增派后援部队进驻爱尔兰，驻扎在爱尔兰的英国军队和警察达 20 万人。1920 年底，英国宣布爱尔兰戒严，整个爱尔兰被英国军事当局控制，广大民众深受白色恐怖之苦。爱尔兰人民没有屈服，通过游击战争反击英国政府的暴行。爱尔兰的民族解放斗争得到了英国本土和侨居美国的爱尔兰侨民的声援。1921 年夏天，英国政府被迫与德·瓦莱拉总统举行谈判，双方进行了一场旷日持久的谈判。

1921 年 12 月 6 日，双方最终达成协议，签订了《英爱条约》。条约规定，爱尔兰建立"爱尔兰自由邦"，但它又是英帝国自治领地；将爱尔兰东北部工业最发达的六个郡——乌尔斯特划入英国版图。条约在爱尔兰议会引起了激烈争论，最

新芬党领袖德·瓦莱拉
德·瓦莱拉早年参加新芬党，1918 年成为新芬党主席。

终以微弱的优势（64 票对 57 票）获得批准。德·瓦莱拉拒绝接受这个条约，在爱尔兰议会进行表决后，他立即宣布辞职。爱尔兰议会于是推选亚瑟·格里菲斯为总统，迈克尔·柯林斯为总理，组成新政府。英军不久后就撤离了爱尔兰。

以德·瓦莱拉为首的共和党人拒绝承认格里菲斯政府，仍然保留自己的军队。1922 年 6 月，爱尔兰政府军炮轰了共和军驻守都柏林的要塞，爱尔兰内战爆发，战火迅速在全国蔓延。1923 年初，共和军精疲力竭，士兵和武器严重缺乏，饱受战火之苦的人民渴望和平。1923 年 4 月，德·瓦莱拉的共和派宣布停止战斗，并将自己的军队解散。战后，爱尔兰的民族独立运动获得了胜利，在爱尔兰南部的 26 郡成立"自由邦"，并享有自治的权利。1937 年，爱尔兰"自由邦"才宣布为独立共和国，但是仍然留在英联邦内。

1922 年，劳合·乔治政府的内外政策遭遇困境，使得保守党内反对与自由党联盟的势力开始抬头。它们对政府在 1921 年 12 月签订的《英爱条约》十

《英爱条约》签署现场

1921 年 12 月 6 日，爱尔兰代表团成员在伦敦出席《英爱条约》签署仪式。从左到右为亚瑟·格里菲斯、埃蒙·达根、迈克尔·柯林斯（前排坐者）、罗伯特·巴顿（后排站立者）、厄斯金·黎尔德斯、乔治·加文·达菲、约翰·沙特尔。

分不满，不满意政府对工人做出的微小"让步"，并主张施行高压政策。1922年 10 月，保守党举行会议，决定退出联合政府。因此，劳合·乔治政府宣布辞职，由保守党组成新政府。保守党在议会所占的席位只是多数，却不是大多数，因此决定在 11 月 15 日进行新的选举。在这场选举中，各党派单独进行竞选。保守派在选举中大获全胜，获得了 347 席；自由党阿斯奎斯派获得 60 席；自由党劳合·乔治派获得 57 席；工党也获得了很大成功，得到了 142 席，首次成为议会当中最大的反对党。

1922 年 10 月至 1924 年 1 月，保守党人安德鲁·博纳·劳和斯坦利·鲍尔温先后出任首相。保守党政府施行保护关税和帝国优先权的政策，又企图恢复干涉苏维埃国家的政策。保守党政府的这些政策不得人心。在 1923 年 12 月的大选中，保守党的议席从 347 席降到了 259 席；工党的议席则升到 191 席。在自由党的支持下，工党首次组成工党政府。

法　国

不像英国只有两个主要的资产阶级政党轮流执政，法国的政党很多，各党之间争斗不止，政局经常动荡不安。从大战开始一直到 1919 年 11 月，法国被一个称为"神圣同盟"的政党联盟所统治，但是各届内阁不断发生分裂。1917年 11 月克里孟梭组建内阁时，在 3 年的时间内法国政局已经更换了五届内阁。

第一次世界大战结束后，法国作为战胜国从德国手中收复了阿尔萨斯和洛林，获得了萨尔煤矿区的 15 年开采权，获得了非洲和叙利亚的委任统治地，并获得了德国的巨额赔款和煤炭供应。这些为法国战后经济的恢复和发展提供了很好的条件。但是法国在战争期间付出了惨重的代价。这场战争主要在法国本土进行，在战场上阵亡的士兵达 140 万人，再加上失踪和被俘的人数，法国损失的人数依照比例计算超过了其他交战国，法国北部和东部的工业区在战争中变成一片废墟。1 万家工厂企业被破坏，30 万栋房屋被摧毁，约有 2 万平方千米土地因为遭到破坏而无法耕种。法国资产阶级利用这种情况，大肆宣传狂热的复仇主义，企图借机向德国索取巨额赔偿，削弱德国，以实现其称霸欧洲大陆的目标。

克里孟梭采用了这样的对外政策。为了使法国在巴黎和会上保持争夺战利品的优势地位，法国将军队复员工作拖后了一年。为了维护法国垄断资本在俄国的投资，掠夺俄国的财富，它积极策划入侵苏俄。1918 年 11 月，英法远征军的舰队驶进黑海，在俄国南部敖德萨和塞瓦斯托波尔登陆。而在国内，克里孟梭政府实行通货膨胀、增加赋税的政策，将战争损失和复兴经济的重负全都压在广大劳动人民身上。

　　法国政府实行的内外政策，引起了民众的强烈反抗。法国军队中出现了支持十月革命、反对武装干涉苏俄的运动。1918 年 12 月，法国远征军在敖德萨等地登陆后不久，便拒绝与已经参与革命的俄国士兵交战。1919 年 4 月，停靠在黑海的法国军舰爆发了水兵起义。4 月 20 日，停泊在塞瓦斯托波尔的战列舰"法兰西"号和"让·巴尔"号上升起了红旗，水兵要求将军舰驶回法国，其他法国军舰纷纷起来响应，法国政府只能作出让步，决定在 5 月 1 日前将法国舰队全部撤出黑海。

"让·巴尔"号

　　战后初期，法国无产阶级的革命斗争也在不断发展。工人要求实行八小时工作制，增加工资，承认工会的权利，并停止对苏俄进行武装干涉。1919 年春，当法国反动法庭宣布杀害经济学家饶勒斯的凶手、沙文主义者维兰无罪时，巴黎 30 万工人于 4 月 6 日举行了示威游行，抗议法庭的判决，并高喊"打倒克里孟梭政府！""处死维兰！"等口号。工人们不断起来罢工，要求缩短工作时间。迫于革命运动的压力，4 月 23 日，法国议会通过了实行八小时工作制并且不减工资的法律。但是，罢工和示威游行的浪潮并没有因此低落。1919年5月1日，巴黎50万人走上街头举行示威游行。法国所有大工业中心的工人纷纷举行24小时的罢工活动。巴黎工人与反动警察爆发了武装冲突。6月后，罢工活动蔓延至全国。据统计，1919年，法国爆发了2200次罢工，有116万人参加了罢工。法国无产阶级革命进入新的阶段，无产阶级需要成立一个马克思主义的政党。1920年12月，左派社会党人与右派及中派分子分裂，主张加入共产国际，并成立了法国共产党。

1919年11月，法国举行大选。选举之前，克里孟梭领导的执政联合阵线——神圣同盟分裂为右翼的国民联盟和左翼联盟。国民联盟的主要代表人物为克里孟梭、米勒兰、普恩加莱、白里安。左翼联盟主要由赫里欧领导。选举结束后，国民联盟获得大多数议席，左翼联盟获得少数席位。1920年1月，举行总统选举，克里孟梭在选举中失利，国民联盟的领袖之一、前社会党人米勒兰出任政府首脑，9月接任总统。1921年至1924年，白里安和普恩加莱先后组阁执政。

法国总统米勒兰
1885年，米勒兰作为社会党人被选入众议院，不久成为社会党左派领袖，于1920年当选法国总统。

国民联盟执政期间，法国政府不断迫使德国支付战争赔款，并支持波兰向苏维埃俄国发起进攻。在内政方面，其政策主要是加强对工人阶级的"管束"，并取消了八小时工作制，给企业主补贴恢复生产的资金。

法国工人阶级没有停止与资产阶级的反动政策的斗争。1920年2月，巴黎—里昂—地中海铁路线的铁路工人举行罢工活动，超过 25 万人参加了这次活动。罢工者要求贯彻八小时工作制、增加工资、承认工会的权利，实行铁路国有化。铁路公司的资本家以解雇工人来进行反击。政府模棱两可答应进行调停后，铁路工会竟然让铁路工人复工。4 月，政府并没有兑现之前的承诺，铁路工会撤换了领导中的妥协分子，新上任的领导宣布铁路工人再次举行罢工，法国总工会立即发布支持总罢工的号召。5 月 1 日，铁路工人开始罢工。不久，矿工、海员、码头工人、五金工人、运输工人、电气工人等先后参加了罢工，参加者达 150 万人之多。

政府采取镇压和以军队替代罢工工人的手段来对付工人的罢工运动。5 月 20 日至 22 日，法国总工会召开会议，会上主张停止罢工的一派占据上风，于是总工会号召工人复工。19 万铁路工人继续坚持罢工，陷入孤立境地，因为工会的革命领导人被捕，直到 5 月 29 日才结束罢工。在政府的支持下资本家开始了反攻，2 万多铁路工人遭到解雇。在这以后，工人的斗争逐渐变成反抗资产阶级进攻的防御斗争。

德　国

1919 年 1 月 19 日，一月起义失利后，德国举行了国民会议选举，德国共产党拒绝参加这次选举。在这次选举中，社会民主党得到了大多数选票，获得 421 个议席中的 163 个。独立社会民主党只获得 22 个席位。2 月 6 日，在魏玛召开了国民会议。当天，工兵苏维埃中央执行委员会和人民全权代表委员会宣布将权力全部移交给国民会议。

2 月 11 日，国民会议推选艾伯特为总统。由于社会民主党在国民会议中没能取得多数席位，无法单独组织政府，于是联合民主党和人民党共同组阁，谢德曼出任总理。1919 年 6 月，谢德曼因拒绝在《凡尔赛和约》上签字，宣布辞职。社会民主党人鲍尔接任总理一职，并派外交部长米勒抵达巴黎签署和约。7 月 9 日，国民会议通过了《凡尔赛和约》。

1919 年 7 月 31 日，国民议会批准了新宪法。8 月，艾伯特总统签署命令，新宪法生效，即《魏玛宪法》。《魏玛宪法》规定德国为共和国，中央政府与各邦的关系，仍旧实行联邦制，但是各邦的权力比帝国时期减弱了许多。中央政府掌管了外交、国防、财政、关税、邮电等事务。各邦有自己的议会和政府，负责管理本地区的行政、教育、警察等事务。德国的立法机构主要由两院组成。参议院由邦选派的代表组成，主要起咨询作用，但是各项立法必须得到它的批准。不过，只要国会有 2/3 的人同意，即使参议院不同意，仍然可以通过一项法律。德国国会由年满 20 岁的公民选举产生。国会负责立法和决定预算，有权对他国宣战和媾和。政府总理和部长对国会负责，如果无法取得国会信任，就要辞职。总统通过全体公民直接选举而产生，任期为 7 年，连选后可以连任。国家总统有权利任免总理，解散国会。

　　《魏玛宪法》在许多方面比之前的帝国宪法有很大的进步，资产阶级在德国政治生活中的作用越来越大。但是，它依然没有彻底消除德国地主贵族的势力和影响。

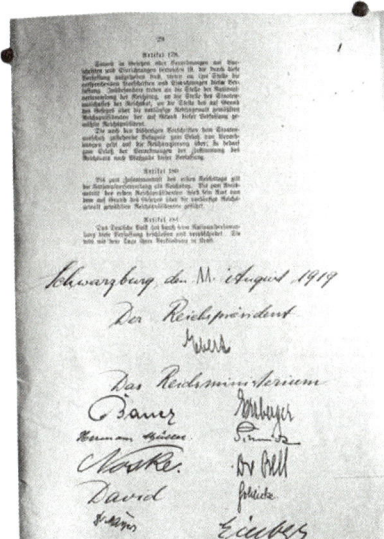

《魏玛宪法》
《魏玛宪法》是德国历史上第一部实现民主制度的宪法，是现代宪法的标志之一。

　　在召开魏玛国民会议期间，德国无产阶级为了成立苏维埃政权而继续战斗着。1919 年 1 月 10 日，不来梅宣布建立社会主义共和国，成立了由共产党人、独立社会民主党人和士兵代表组成的人民全权代表委员会。1 月底，政府调集军队前去镇压，不来梅共和国孤军奋战，2 月 4 日被政府扼杀。2 月下旬，鲁尔地区和中部的哥达、爱尔福特等城市的工人先后爆发了总罢工，要求立即实行社会化政策。政府采取了软硬兼施的手段，一边要求国民会议批准关于社会化的法令，一方调集军队镇压各地的工人抗议。

3月3日，在柏林苏维埃的号召下柏林工人举行罢工。当天，《红旗报》发表文章，要求立即取消国民会议，苏维埃执掌一切权利。当天晚上，工人占领了不少警局，并砌起街垒抵抗反动武装的反击。但是双方力量悬殊，3月16日，柏林工人起义失败，1000多人在起义中被害。

4月13日，在共产党的领导下，慕尼黑工人举行武装起义，并夺取了政权。共产党人和独立社会民主党左翼分子联合组成政府，成立了巴伐利亚苏维埃共和国。共产党人列威纳出任政府首脑。在极为困难条件下，新成立的苏维埃政权实行了一系列革命措施。苏维埃将3万名工农子弟武装起来，成立了红军和赤卫队，并建立了肃反委员会。它制定了工人监督企业的制度，并将银行、铁路收为国有。4月中旬，政府派遣10多万军队向巴伐利亚苏维埃共和国发起进攻。在这危急时刻，社会民主党人宣布拒绝与共产党合作，导致革命力量被削弱。5月1日，政府军队攻入慕尼黑。列威纳等几百名共产党人和平民被残忍杀害，6000多人被逮捕关进了监狱。巴伐利亚苏维埃共和国保卫战最终失败，德国十一月革命也宣告结束。

魏玛共和国成立后，以前的德国官僚机构、司法系统、警察系统并没有被破坏，而是保留了下来；虽然军队裁减了，但军官还是由原来的人员组成。共和国受到来自反动和保守势力的压力。

根据《凡尔赛和约》，德国军队的人数要从40万人减到10万人。1920年初，驻守在波罗的海沿岸的5万德军奉命返回，军官们获悉裁军的消息后，十分不满，纷纷起来抵制。同时国内的军官也要求保持军队现状。3月13日，埃

卡普政变

卡普政变全称"卡普－吕特维茨政变"，是一场企图推翻魏玛共和国的政变，导火索是魏玛政府签署《凡尔赛和约》。

尔哈特海军旅和另外几支部队在冯·吕特维茨将军的率领下攻占了柏林政府区，并推举东普鲁士的地方长官卡普为政府总理，卡普政变爆发。

就在暴动者往柏林迫近时，政府要求国防军立即出兵前去镇压，但是遭到了国防军军务局长塞克特少将的拒绝。在此情况下，总统艾伯特、总理鲍尔等政府人员仓皇逃到了斯图加特。与此同时，柏林工人发动了罢工，切断了柏林与外界的通信和交通联系，导致柏林的经济、生活陷入瘫痪状态。3月15日，工人总罢工蔓延至全国。叛乱分子得不到任何支持，仓皇出逃。3月17日，卡普政变以失败而告终。

在凡尔赛会议上，列强并没有确定德国的赔款总额。1921年4月27日，赔偿委员会将德国赔款的数额定为1320亿金马克。德国应该从1921年5月1日起每年赔付20亿金马克，并在66年之内全部付清；在1921年5月31日前首先支付10亿金马克。5月5日，协约国向德国发出最后通牒，限其在6天之内接受这个方案，否则协约国将派兵攻占鲁尔。5月11日，德国政府接受了赔偿委员会的这个方案，并按时交付了首笔赔款10亿金马克。

虽然德国政府表面上接受了这个方案，实际上却通过各种手段来拖延或抵制，例如政府以填补财政赤字为由滥发纸币，在国内引起恶性通货膨胀，从而以财政破产为理由拒缴赔款。此外，在德国赔款问题上法国和英国也有着很大的矛盾。法国的态度十分强硬，坚决要求德国履行协约国的赔款方案，希望通过德国的赔款来补充国内经济所需要的资金，并在经济上削弱德国，从而独霸欧洲。英国则表示德国可以削减一定数量的赔款，使德国可以恢复经济，扩大英德之间的贸易，最终目的是使德国不会被过分削弱，从而与抗衡法国。

1922年7月12日，德国要求延期交付已经到期的1921年赔款金额。对此法国表示坚决反对，英国则同意了德国的要求。1923年1月9日，赔偿委员会以多数票通过，确认德国故意违背履行赔偿的义务。1923年1月11日，法国、比利时派遣军队攻占鲁尔，3月，占领军达到了10万人。1月13日，德国政府宣布实行"消极抵抗"政策，停止支付赔款，并向各级官员发出指示，让他们拒绝服从占领军的命令，禁止铁路员工往列车上装运运往法国和比利时的货物。所有的矿山和工厂全都停工停产。为了补偿工厂企业的损失，政府向它们发放巨额贷款，但是贷款的绝大部分都落入了资本家口袋里，只有一小部分是用来支付工人工资。

法国、比利时占领鲁尔以及德国的"消极抵抗"，导致德国经济陷入崩溃的境地。企业停工，工业产量急剧下降，大批工人因此失业。德国国内通货恶性膨胀，马克严重贬值。1923 年 1 月，1 美元约合 18000 纸币马克；到 8 月，1 美元约合 460 万纸币马克；10 月 21 日，官方公示的外汇牌价是 1 美元约合 400 亿马克，而在民间的市场上，要 600 亿马克才能够换到 1 美元。300 多家造纸厂和 2000 多架印刷机夜以继日地为国家银行印制钞票。工资的提高远远落后物价的飞涨，人们存在银行的钱一下子就化为泡影。与此同时，大资本家却趁机向国家银行大肆贷款，用以套购外汇和进行货币投机，然后再拿已经严重贬值的纸币马克去支付银行贷款，给广大群众带来灾难的通货膨胀反而成了大资本家发财致富的途径。德国企业失去了自己重要的能源和原料产地，要继续维持下去是无法做到的。更严峻的是，8 月 12 日至 14 日，德国发生了几乎席卷全境的总罢工，大约有 300 万工人和职员参加了这次罢工运动。8 月 12 日，迫于总罢工的压力，古诺政府宣布下台。

魏玛共和国时期贬值的马克
由于德国要支付巨额战争赔款，魏玛共和国只能大量印钞、借债支付赔款，马克因此大幅贬值。

　　8 月 13 日，德意志人民党领袖施特雷泽曼出任总理。9 月 26 日，为了防止德国经济彻底崩溃，为了阻止革命形势的继续发展，施特雷泽曼政府正式宣布停止"消极抵抗"。

　　1923 年秋，德国的革命形势再次兴起。在萨克森和图林根，社会民主党和共产党联合起来，在议会中占有多数。10 月 10 日和 10 月 16 日，在萨克森和图林根相继建立了由两党联合执政的政府。自 1918 年革命以来，德国政党和议会史上从未有这种情况出现。总统艾伯特非常惊慌，宣布德国进入"非常状态"，他引用《魏玛宪法》第 48 条，派遣国防军立即向萨克森和图林根采取军事行动。10 月 29 日，国防军进入萨克森的首府德累斯顿，占领邦政府。11

月 13 日，国防军占领了图林根。同年 10 月，汉堡也爆发了无产阶级起义。工人们与政府军警进行了 3 天的英勇斗争，最终因势单力薄被政府军残酷地镇压了。汉堡工人起义的失利，标志着德国 1923 年革命斗争的结束。

鲁尔危机爆发期间，德国的右派势力不断起来活动。11 月，德意志民族社会主义工人党首领希特勒在慕尼黑发起了一次政变。德意志工人党创立于1919 年，该党是以工人群众为基础的、富有民族主义色彩的反犹主义的小党。同年 9 月，希特勒加入，不久后就成为该党的领导人之一。1920 年，德意志工人党改名为德意志民族社会主义工人党（简称纳粹党）。1921 年 7 月，希特勒被选为纳粹党主席，并在党内开始了独裁统治。同年，希特勒成立纳粹党的准军事组织——冲锋队。1923 年 1 月，法、比两国军队攻占鲁尔地区，很快德国就爆发了恶性通货膨胀。希特勒认为夺取政权的时机已经出现。1923 年11 月 8 日晚，他利用巴伐利亚邦长官在慕尼黑一家啤酒馆里集会的机会，率领一批冲锋队员冲进了集会现场，图谋推翻政府。但是当时纳粹党的力量还十分薄弱，大资产阶级和保守派势力并没有把他们放在眼里，这次暴动很快就被镇压下去了。希特勒被逮捕，后被判刑 5 年，但是一年后就被假释出狱了。

暴动发生前的啤酒馆集会
希特勒主导的这次暴动又称"啤酒馆政变""希特勒暴动"。

1925 年 2 月 28 日，艾伯特去世。3 月至 4 月，德国选举新的总统。在第一轮选举当中，7 名候选人没有 1 人的得票在一半以上。

杜伊斯堡市长、民族人民党的雅雷斯得到的选票最多，其次是普鲁士邦总理、社会民主党的布劳恩。根据宪法的规定，进行了第二轮选举。中央党领袖威廉·马克斯得到了社会民主党、民主党的支持，各右翼政党则主要支持兴登

保罗·冯·兴登堡像

兴登堡在任职期间积极复活德国军国主义，公开支持保皇组织，于 1933 年任命希特勒为总理。

堡元帅。台尔曼为共产党的候选人。4 月 26 日，选举结果产生，兴登堡最终以 1465 万票当选德国新总统。马克斯获得 1375 万票，台尔曼仅获得 193 万票。

兴登堡是一个旧军国主义分子，第一次世界大战时，曾任德军东线总司令，德军最高统帅部成立后实际上由他负责指挥德军的行动。德国战败后，他就退隐了，等待时机东山再起。兴登堡当选为总统，表明军国主义和帝国主义在德国复活。德国政府在解除"消极抵抗"的策略后，首先对货币进行了整顿。1923 年 11 月 15 日，德国发行了新的货币 ——"地产抵押马克"，1 个"地产抵押马克"可以换取 1 万亿纸币马克。总值 32 亿金马克的全国土地和工业为新货币的担保，新货币因此得到了民众的信任，起到了很好的稳定经济的作用。1924 年 8 月 29 日，德国国会批准同意了道威斯计划。此后，大量的外国贷款开始流入德国的国有和私有企业。

随着外国资本的大量输入，德国的经济开始复兴。从 1924 年 9 月 1 日到 1931 年 6 月 30 日，德国支付的赔款总额为 110 亿金马克，相当于 26 亿美元。但是，在 1924—1930 年，外国（主要是美国）给德国的贷款总额为 250 亿金马克，大大超过了它的赔款总额。

此外，德国还对产业实行"合理化"。德国除了从美国那里得到了大量的资金外，还引进了一些先进的科学技术和高效率的科学管理方法。其中对装配线的使用就是改革的举措之一。产业的"合理化"导致工人被剥削程度不断加强。比如在莱茵河的褐煤开采中，1924 年第一季度平均每个矿工的产煤量约为 336 吨，到 1925 年最后一个季度时，每个矿工的产煤量提高到了 700 吨。在经济复兴的同时，德国垄断资本的势力也得到了极大的加强。1925 年 12 月成立的法本化学工业公司和 1926 年 1 月成立的联合钢铁公司，是两个典型的例子。法本化学工业公司几乎垄断了德国的合成炸药和人造纤维、颜料的生产，联合钢铁公司则控制了德国石煤和大约 50% 的生铁以及大约 40% 的钢的产量。垄断资本在控制德国的经济命脉的同时，对政治生活的影响也是越来越大。

美　国

在第一次世界大战中，美国是战争的获利者。战争是在美国之外进行，美国本土没有遭受到欧洲各国所遭受的战争惨祸。此外，美国垄断资本向各个交战国提供武器，从而获得大量利润。美国在战争中大约有 35 万人伤亡，只

20 世纪初的美国
1902 年完工的电熨斗商务大
厦是纽约第一座摩天大厦，坐
落于曼哈顿岛第五大道。

占大战期间伤亡人员总数的 1% 左右。战争加大了对军火的需求，美国的工
业因此得到了迅速发展。1914—1916 年，美国的工业产品总产值从 240 亿美
元左右增加到了 620 亿美元左右。以后的两年内，美国的工业产量始终维持
在 1916 年的水平之上。大战结束后，美国由一个债务国转变成了一个债权国。
大战前，美国欠欧洲各国的债务约为 55 亿美元；大战后，欧洲各国反而欠美
国 100 亿美元的战争债务。美国直接用于战争的经费在 350 亿美元左右，而美
国垄断资本家在战争中所获取的利润要比这个数目多很多。战争后美国集中了
世界 40% 左右的黄金储备。19 世纪末之前，美国在世界政治中的地位并不突
出；第一次世界大战后，美国一跃成为帝国主义列强的首席大国，有着举足轻
重的地位。

战争让垄断资本家取得了巨额利润，但是给民众带来了苦难。财富逐渐集
中到了一些家族手中，只占全国人口 2% 的最富有阶级占有了 60% 的国民财富，
而占全国人口 65% 的贫困阶级只占有 5% 的国民财富。据当时美国劳工统计局
的估计，1919 年底，美国一个工人家庭如果要维持正常的生活水平，一年需
要花费 2262 美元，而当时绝大多数工人的年收入仅为 1367 美元，两者的差额
约为 900 美元。工人阶级的生活状况不断恶化，400 万军队复员后导致失业人
数不断增加。战后，许多企业主不断侵犯工人权利，增强了美国无产阶级起来
斗争的信念。

1919 年，美国出现了 3000 多次罢工，有 400 多万工人参加了罢工。1919
年 9 月到 1920 年 1 月，10 个州 50 个城市的 36 万多名钢铁工人举行了大罢工，

美国工人运动领导者威廉·福斯特
威廉·福斯特出生于美国波士顿的贫苦家庭，艰难的
童年生活激发了他强烈的阶级意识。

参加罢工活动的工人人数占到了钢铁工业总人数的95%。钢铁工人工会书记威廉·福斯特是这次罢工活动的领导人。罢工活动提出了工人的集体谈判权、八小时工作制和增加工资等要求。威尔逊政府宣布"开放工厂制"为合法，并派遣大量军队、打手到各个城市镇压工人罢工，工人们进行了不屈的反抗。结果在冲突中有22名工人遇害，几百名工人受伤，数千名工人遭到逮捕。这次罢工成为第一次世界大战后美国无产阶级进行的第一次大规模斗争。

1919年9月，20万铁路工人举行罢工活动，要求政府保障工人最低限度工资标准。普拉姆是铁路工人工会的法律代表，他依据全国铁路在美国参战后由政府统一管理的实际情况拟定了一个计划，即"普拉姆计划"，并向国会提议施行。该计划要求国家通过赎买的方法将铁路国有化，并由铁路工人工会的代表参与铁路的管理工作。威尔逊政府不仅没有接纳这个计划，反而在1920年初批准了一项运输法，规定从3月1日起，由私人公司负责铁路的经营，并禁止铁路工人举行罢工。1919年10月至11月，50万煤矿工人进行罢工，要求提高工资待遇。威尔逊政府调集兵力进行镇压，矿工联合会主席约翰·刘易斯出卖工人利益，选择向政府投降，并要求煤矿工人立即停止罢工。罢工工人并没有因此停止罢工，仍然英勇地抗争，最终获得了罢工活动的胜利，工资待遇提高了27%。

美国无产阶级在与资产阶级进行斗争的同时，也关注着苏俄的发展，并表示了国际主义的同情。他们反对外国干涉军入侵苏维埃俄国。1921年，在苏俄发生饥荒时，美国无产阶级纷纷成立了援俄委员会，捐款捐物支援苏俄。1919年秋，随着工人运动发展和工人团体中左派力量的不断增强，美国成立了两个共产党，次年建立了统一的共产党。

鉴于美国国内局势的动荡，威尔逊政府利用美国参战后颁布的《间谍活动法》和《煽动叛乱法》，不断镇压革命工人和进步人士，将他们监禁起来或是驱逐出境。

1920 年 11 月，美国举行了战后的首次总统选举。表面上民主党和共和党的竞争是为了维护不同利益的两派，实际上都是为了维护美国垄断资产阶级的利益。在选举之前，同年 8 月，国会批准通过了第 19 条宪法修正案，规定妇女也享有选举权，大大增加了选民的数量。最后，选举结果产生，民主党遭遇失利，共和党人哈定当选美国新一任总统。哈定获得了 1600 万票，民主党候选人柯克斯仅获得 900 万票，社会党候选人尤金·德布斯获得 92 万票。

在美国进入经济危机之时，共和党人政府开始上台。1921 年，美国工业生产的开工率还不足 60%，有 550 万工人失业。因为农产品价格的跌落，大批农民破产并失去土地。5 月，美国总统签署了紧急关税法，提高了农产品以及食糖的进口税，同时禁止进口德国颜料。同年 9 月，在这个关税法的基础上，美国政府颁布了相关法案，将关税税率提高到史无前例的高度。美国政府实施这个保护关税法，目的是助力国内的工业生产。但是美国的关税限制了欧洲工业品进入美国市场，欧洲各国也减少了对美国农产品的购买。美国的农产品生产过剩，价格持续下跌。

随着经济危机的不断加深，美国民众的生活状况不断恶化。1922 年 4 月至 9 月，60 万矿工举行大罢工，抗议减少工资；同年 7 月至 9 月，40 万铁路工人同样为了抗议降低工资而举行了罢工。工人的这些罢工都遭到失败。

1921 年 5 月，为了限制外国人涌入美国，美国政府颁布了移民法，规定外国每年移居美国的人数不得超过该国于 1910 年在美国移民总数的 3%。第一次世界大战前，美国资本家是欢迎各国移民的，由于大量的移民为他们提供了廉价的劳动力；在战争期间，有百万欧洲人想离开已是满目疮痍的国家。而现在，美国已经表明自己不再欢迎那些来自旧大陆的战争难民了，从一个大陆前往另一个大陆的大规模移民潮逐渐结束了。

在对外政策方面，哈定政府坚持反对苏维埃俄国的态度，阻止美国企业与苏维埃国家进行交易。关于德国问题，美国试图恢复德国的军事和经济实力，以此来牵制英法和防御所谓的"共产主义的威胁"。在哈定政府任期内，美国正式结束了对德国的战争状态。1921 年 8 月，美国分别与德国、奥地利、匈牙利签订了和约。

日　本

日本通过明治维新，国力日渐强大。日本先后与中国和俄国爆发战争并取得胜利，吞并朝鲜半岛，并攫取了中国部分领土，一跃成了支配东亚和太平洋地区的帝国主义国家。中日甲午战争后，日本与西方列强重新签订了条约，废除了从前签订的条约中加在日本身上的许多不平等条款，但是日本的关税自主权等条款还没有去除，日本修改条约的目标还没最后完成。

1910 年 7 月，日本政府向相关国家发出照会，将于一年后废除已经到期的通商航海条约。从 1911 年 2 月开始，日本先后和各国签订了新的通商航路条约，真正实现了关税的独立自主以及法权上的独立平等。但是，此时的日本还无法和西方列强相比较，它的资本实力还比较薄弱。由于重税、高额佃租和低工资，导致占国民大多数的工人和农民十分贫困，国内市场也是十分狭小。此外，数目庞大的军费和统治殖民地所需的费用，使得国家的财政濒临破产的边缘。1914 年，日本的外债接近 20 亿日元，超过同年税收额的 6 倍，就连支付利息也十分困难。

第一次世界大战后，日本侵占了中国和太平洋地区的许多领土，成为日本经济腾飞的基础。1915 年下半年，日本的商品输出不断增加，大战期间它的出口总额达到了 14 亿日元。1914 年，日本的黄金储备仅为 3.5 亿日元，到 1919 年底，已经超过了 20 亿日元。日本从战前的债务国转变成了债权国，贷给英、法、俄（十月革命前）的债款总额为 5 亿日元。同样，世界大战也促进

三井纪念美术馆
三井纪念美术馆，前身为三井文库别馆，是日本旧财阀三井家族为了收藏和展示珍贵藏品而设立的私立美术馆，其藏品皆为日本屈指可数的文化遗产。

了日本工农业的发展。1914 年到 1919 年，日本工业生产量增加了 5 倍以上，工业总产值在国民生产总值所占的比例从 44％增长到了 56％；农业产量也增加了近 3 倍，但是农业总产值在国民生产总值所占的比例由 45％降到了 35％。

随着经济的发展繁荣，日本出现了资本的积累和集中以及大产业资本和大金融资本的结合，以三井、三菱、住友、安田四大财阀为首的金融垄断资本逐渐控制了日本的国民经济。

日本资产阶级的政治地位随着经济势力的发展而得更加牢固。1918 年，与日本垄断资本有着紧密联系的原敬政府上台执政。在巴黎和会上，原敬政府获得了原德国在太平洋的殖民地以及在中国山东的各种特权，并且在中国大肆扩张势力，派军队入侵苏维埃俄国。为了筹措战争和武装干涉的费用，日本只能通过加重赋税和加强剥削广大劳动者的方法来筹集资金。

虽然日本的经济有了迅猛的发展，但是，劳动人民的生活却愈加艰苦了。随着物价的不断暴涨，劳动人民的工资不断下降。资本主义的急剧发展使得非农业人口不断激增，对大米的需求也是水涨船高。但是政府为了保护地主的利益，却拒绝免收关税、自由输入外国的大米，对于地主和米商的奇货可居，也没有实行统制政策。从 1918 年春起，大米的价格节节攀升。工人在当时所拿到的实际工资，只有 1914 年时的 61％。劳动人民的生活陷入困境，大米问题导致了大规模群众运动的爆发，这就是日本历史上的"米骚动"。

1918 年 7 月，富山县鱼津町的渔民妇女，因大米价格暴涨，阻止本县所产大米装船运往外地。这个消息传开以后，富山县其他地方发生了反对官吏和商人的示威游行，要求政府降低米价、进行救济。

一战后的日本人民

一战后日本财阀资本不断扩大，日本人民生活状况却日益恶化，日本的经济、政治处于危机四伏之中。

从 8 月 3 日开始，很多地方的群众和警察爆发了冲突。从 8 月 9 日起，示威游行活动席卷日本各大、中城市。9 日，京都和名古屋两大城市爆发了市民动乱，京都市郊出现了大骚动，前后历时 4 天，最后遭到了军队的野蛮镇压。17 日，山口县的宇部镇和北九州的几个煤矿工人举行罢工，一些煤矿工人坚持抗争了一个月。米骚动持续了一个多月时间，大约有 1000 万人参与，发生起义的地方主要是日本西部生产大米的地区。米骚动是一起突然爆发的没有计划和组织的起义，它表明了战后日本国内阶级矛盾的尖锐化。米骚动极大地震动了日本社会各阶层，广大民众开始认识到了自己的力量。

为摆脱经济和政治上的困境，原敬政府实行了一些细微的改革。1919 年 2 月至 3 月，日本通过了一项改革法，将选民的财产资格由年缴所得税 10 日元下降为 3 日元，这样选民人数就由 150 万增加到了 300 万。

1920 年，日本爆发经济危机。1921 年，日本工人生产力大幅度下降。与 1919 年比较，造船业的生产减少了 88％，机器制造业生产减少了 56％，进出口额减了 30％—40％。1922 年，日本的失业人数超过了 128 万人。在经济危机爆发期间，工人阶级陆续开展了一些斗争，但是由于没有健全的组织，没有革命政党的领导，大都以失败而告终。1921 年，日本成立劳动总同盟，它的成立促进了日本工人运动的发展。同年，日本成立了几个马克思主义小组和共产主义团体。1922 年 7 月 15 日，日本共产党在非法的情况下成立了，成为共产国际支部，主要领导人为片山潜、渡边政之辅、德田球一、市川正一。

1923 年 9 月 1 日，日本关东地区发生大地震。据估计，有 190 万人受灾，14.2 万人遇难，损失达 65 亿美元。政府利用这个紧张局势，加紧了对革命组

关东大地震

1923 年 9 月 1 日，日本关东地区发生了 8.1 级强烈地震。地震造成约 14.2 万人伤亡，还导致震后霍乱流行。

织的迫害。1923 年，日本的共产党员几乎全部遭到逮捕。

经历了 1920 年的经济危机和 1923 年的关东大地震后，日本经济遭到空前的打击。日本垄断资本家将中国看作是他们复兴的重要市场。大战期间，日本在中国进口贸易中占有很高的比例。1919 年，日本在中国进口贸易比例达到了 36%。随着中国民族资本轻工业的不断发展，加上英美等国带来的压力，1923 年，日本在中国进口贸易中所占的比例降到了 22%。但是，日本统治阶级仍旧没有放弃侵略中国的企图。需要日本选择的是通过使用武力扩张的策略，还是采取经济侵略的策略。

意大利

在欧洲帝国主义列强当中，意大利的国力一向贫弱。第一次世界大战后，意大利国内政治、经济生活中固有的矛盾不断加剧，也使它与欧洲列强之间的斗争更为激烈了。

战后，意大利陷入了政治动荡、经济萧条的局面，导致阶级矛盾不断尖锐激化。此外，意大利作为战胜国，战后却没有获得什么好处，引发了民众的不满情绪，使得统治阶级选择了与法西斯运动相结合的道路，导致意大利出现了世界上第一个法西斯政权。

战后初期，意大利陷入了严重的财政经济危机之中。当时意大利的国民总收入年仅 200 亿里拉，而在大战期间，其战费支出高达 650 亿金里拉（相当于1459.36 亿里拉）。其中外国债款为 200 亿里拉，国内债款为 350 亿里拉。因战争而欠下的巨额债务使得意大利战后通货膨胀，物价飞涨，引起了严重的金融混乱和财政崩溃。因为缺乏资金，意大利工业生产举步维艰，很难进行从战时经济向和平经济的转轨。由于工厂设备陈旧，技术落后，产品生产成本高，在市场上缺乏竞争力，使得意大利进出口贸易无法维持平衡，入超严重。由于战争工业的转产，大量中小企业倒闭，失业人数急剧增长，200 万复员军人成为失业大军中的一员。因为通货膨胀和物价上涨，工人阶级的生活水平普遍下降，失业人员更是陷入贫困当中，动荡不安的意大利社会正孕育着尖锐的阶级矛盾和冲突。

1919 年，意大利全国各地发生的罢工活动达 1871 次，有 55.4 万名工人参加了罢工。1920 年，工人运动的声势越来越大，全国共发生了 2070 次罢工活动，参加活动的人数增加到了 231.4 万人。参加罢工的工人要求提高工资和八小时工作制，此外还有 60 万工人进行了占领工厂、成立工厂委员会的斗争。工人运动的兴起鼓舞了广大农民，在农村地区，农民们纷纷进行抗租、抗税斗争，发生了以退伍军人为主的占地运动。到 1920 年 4 月，意大利全境有上百万农民和退伍军人参与了占地运动，将 191 户贵族和大地主的 217 万公顷的土地占领，一些地区的农民甚至夺取了村镇政权，成立了属于农民的组织。工人占领工厂，农民占领土地，意大利统治阶级的政权岌岌可危。

意大利国内阶级矛盾不断尖锐，在巴黎和会上，意大利获得的利益也最少，英法两国在 1915 年为说服意大利加入协约国一方参战而做出的领土承诺也没能实现。这些情况导致了意大利社会各阶层的强烈不满，民族主义情绪不断高涨。民众指责政府无能，希望有一个有魄力的人物和强硬的政府来扭转意大利当前的局势。在这样的背景下，法西斯势力在意大利逐渐兴起，并成为政坛上一支最重要的力量。

1883 年，墨索里尼出生在一个铁匠家庭，早年信仰社会主义和无神论。1900 年，他加入了当时激进的左翼政党意大利社会党。1912 年，他成为社会党的领导成员，并担任了社会党机关报《前进报》的主编。1914 年，第一次世界大战爆发后，因为公开支持政府参战，墨索里尼被赶出了《前进报》，并被社会党开除。1914 年 10 月，他加入了意大利首个法西斯组织——"国际行动革命法西斯"，并在米兰创建了一份右翼干涉主义报纸《意大利人民报》，思想上从极左转向极右。1915 年 1 月，"国际行动革命法西斯"改名为"革命干

墨索里尼
1922 年 10 月，墨索里尼指挥军事组织黑衫军进军罗马，发动暴乱，夺取了政权。

涉行动法西斯",并在米兰成立了全国性的组织,墨索里尼很快就成为该组织的重要成员。1915 年 5 月 24 日,意大利对奥匈帝国宣战,墨索里尼等人应征入伍,革命干涉行动法西斯已经名存实亡,处于解散状态。

1919 年 3 月,墨索里尼等人在米兰成立了"战斗的意大利法西斯"组织,并发表了政治声明和纲领。纲领提出"实行八小时工作制""确定最低工资标准""把工厂或公共事业机构的管理权交给无产阶级的组织""对资本课以累进性特别重税""没收宗教团体的全部财产""实行普选"等激进的社会改革措施。这些改革措施表明,此时的"战斗的意大利法西斯"所代表的是意大利中小资产阶级的利益,希望能成立一个能维护他们利益的政府。

1919 年 11 月,意大利举行大选,法西斯运动的候选人在大选中失败,导致许多人抛弃了这个运动。到 1919 年底,"战斗的意大利法西斯"人心涣散,从开始的 9000 多人衰落到仅有 870 人。

为了东山再起,墨索里尼决定归附统治阶级,改变法西斯运动的政治方向。1920 年 5 月 24 日,"战斗的意大利法西斯"在米兰召开了第二次全国代表大会,重新选出了党的领导机构,通过了新的《法西斯纲领的基本要点》。新纲领在政治、经济以及社会、军事各方面都表明了其向右转的趋向。此后,法西斯运动开始转向反动。在统治阶级的扶持和帮助下,法西斯运动得到了迅速发展。到 1920 年底,"战斗的意大利法西斯"的成员已经发展到了 20615 人。1921 年 5 月底,成员就增加到了 187098 人。

1921 年 11 月 7 日,"战斗的意大利法西斯"在罗马召开的第三次代表大会。在这次代表大会上,"战斗的意大利法西斯"更名为"意大利国家法西斯党",确定了以古罗马的"束棒"为标志的党徽,选举墨索里尼为该党领袖。大会通过了相关纲领,国家法西斯党的目标是抛弃传统的资产阶级议会制国家,恢复罗马帝国的霸业,建立一个对内实行极权统治、对外进行侵略扩张的法西斯政权。这次大会成为意大利法西斯运动发展的一个里程碑。

1922 年 5 月,意大利国家法西斯党的成员达到了 30 余万人。意大利法西斯党从一个不起眼的运动一跃成了拥有武装力量的全国第一大党。随着法西斯运动的不断发展,墨索里尼不甘心当统治阶级营垒中的次要角色,于是开始谋求夺取全国政权了。

罗马代表大会结束后,墨索里尼开始了夺取全国政权的准备工作。他将法西斯党各级组织全部军事化,实行党员皆兵;以支持政府恢复秩序为幌子,进行恐怖活动,不断夺取各地政权。在做了这些准备后,墨索里尼决定进军罗马,

墨索里尼统治下的意大利傀儡国王 ——埃马努埃莱三世

第一次世界大战爆发后，埃马努埃莱三世支持主战派，大战结束后，他对法西斯运动的滋生与泛滥采取容忍态度。

取代中央政府。1922 年 10 月 27 日，3 万名法西斯行动队员组成进军队伍，兵分三路向罗马进军，法克特总理要求国会立即颁布全国戒严令，但是遭到国王的拒绝，法克特政府被迫下台。29 日，国王埃马努埃莱三世授权墨索里尼出任总理，负责组阁新政府。31 日，墨索里尼成立第一届法西斯政府，法西斯党最终如愿上台执政。

在法西斯政府执政初期，法西斯党在议会中只有 35 个席位，社会党和人民党在议会中占有 43.2％的席位。在 14 名内阁成员中，法西斯分子为 4 人。这说明法西斯党虽然攫取了全国政权，但它还没站稳脚跟，还处在议会制下孕育发展的过渡时期。

为了使法西斯党在国家政权中获得绝对控制，墨索里尼一方面努力改善与垄断资产阶级之间的关系，废除累进税法，通过各种方式向大资本家提供资金，帮助他们摆脱战后出现的经济危机，以得到资本家的支持；另一方面，加强对党政大权和法西斯武装的控制，将党派武装和 4 万名皇家卫队全都解散，建立由他直接控制的国家安全志愿民兵，并成立党的最高领导机构 ——"法西斯大委员会"。为了让法西斯党在议会成为多数，1923 年 11 月，墨索里尼迫使议会通过了新选举法，将其他党派兼并。新选举法规定，凡是某党所得选票占总票数的 1/4 以上，就可以在议会中拥有 2/3 的议席，并组织内阁。这个法案的通过确保了法西斯党对议会的全面控制。

　　1924 年 4 月，国家法西斯党通过各种恐怖手段和舞弊行为，在全国大选中获得了 65％的选票。各个政党和广大民众对法西斯为非作歹的行为表示了强烈不满。统一社会党总书记、众议员马泰奥蒂在议会上揭露和斥责了法西斯党在选举中所犯下的暴行，结果在 6 月 10 日被法西斯分子杀害。法西斯党的罪恶行径在意大利引起了强烈不满。意大利民主派的 150 名议员成立了"亚文丁联盟"，一齐退出议会，要求墨索里尼政府下台，并呼吁国王立即解散议会。意大利民众掀起了反对法西斯的运动，法西斯政权处于危急境地。墨索里尼一边否认政府与该案有关联，并下令逮捕嫌疑犯，以平息众人的怒火；一边则努力取得王室和教廷的支持，加紧对其他政党进行反攻的准备。

　　1925 年 1 月 3 日，墨索里尼在议会上公开表示要通过武力来镇压反法西斯的活动，随后在全国范围内展开一场大规模恐怖行动，抓捕所谓的"危险分子"，查封和解散其他非法西斯团体。墨索里尼还连续几次对内阁进行改组，将政府中不是法西斯党的大臣全都排除出去，使得意大利彻底废除了议会民主制，实现了法西斯一党专政。1925 年 1 月，墨索里尼实现了法西斯一党专政后，又颁布相关措施，不断攫取权力，加紧完善法西斯的极权体制。

1927 年，意大利独裁者墨索里尼（骑在马背上）向法西斯党支持者致敬。

　　从 1925 年 5 月起，法西斯政权颁布了一系列法令，为墨索里尼实行独裁统治提供了法律保护。1925 年 5 月 16 日，颁布了《反秘密团体法》，宣布在全国取消集会和结社自由；6 月 20 日，颁布《法西斯新闻检查法》，取消言论自由；12 月 24 日，颁布《政府首脑及阁员职责与特权法》，授予墨索里尼独裁权，要求内阁大臣和副大臣听从墨索里尼的命令；1926 年 11 月 26 日，颁布《国家防御措施法》，宣布除了国家法西斯党之外，取缔意大利所有政党；1928 年 12 月 9 日，颁布《法西斯大委员会权力法》，规定由墨索里尼担任政府首脑和法西斯大委员会主席。

　　到 1929 年 4 月，墨索里尼作为政府首脑，同时兼任内阁 13 个部中的内政、外交、陆军、海军、空军、职团、殖民和公共工程 8 个部的大臣，集党权、政权和财政经济大权于一身。墨索里尼控制了意大利的各个方面，成了意大利的最高主宰者。法西斯在意大利的极权统治已经得到确立和巩固。

国际关系的再调整

　　凡尔赛－华盛顿体系的建立，使世界局势得到了暂时的缓和，但是这个体系主要是为了维护战胜国的利益，损害了战败国的利益，从而影响了列强之间的关系。为缓和各国之间的关系，恢复世界经济，各国政府希望召开国际会议，通过谈判解决凡尔赛体系遗留下来的问题，以调整国际关系。

德国赔款问题

　　一战结束后，战败国德国与以法、英为首的战胜国之间的矛盾成为欧洲的主要矛盾。德国虽然战败，但是它并不甘心居于战败国地位，而法、英、美等战胜国对德国所采取的不同态度，反映了列强为了争夺欧洲霸权的微妙关系和斗争。

德国赔款问题成为战后欧洲各国首先要解决的矛盾。在巴黎和会上各国虽然通过了关于德国赔款的协议，规定德国必须在 1921 年 5 月 1 日前交付 200 亿金马克的赔款，并成立了赔款委员会解决赔款的具体问题，但是对赔款的总额、赔款的方式、赔款期限以及各战胜国之间如何分配赔款等重要问题并没有具体规定，导致德国赔款问题成为战后最为复杂的国际问题之一。战后帝国主义列强围绕着赔款问题展开了斗争。

法国一直以来就是德国的宿敌，它希望能从德国手中榨取最大可能的赔款，以此来削弱德国，另一方面则是希望通过赔偿弥补自己在战争中的庞大损失，恢复自己在欧洲的大国地位。英国坚持自己的大陆均衡政策，它也希望得到德国的赔款，但不愿意过分削弱德国，希望德国能恢复一定的经济，这样既可以为英国商品提供较好的市场，同时又可以通过德国制衡法国，使欧洲大陆保持均势。

美国反对向德国索取高额赔款。美国担心德国经济如果因为赔款而解体的话，将无力支付赔款，那么英国和法国就会以此作为借口不向美国偿还战时所欠下的债务，美国商品在欧洲的市场也将会因此受到影响。英、法、美三国都希望依照自己的意愿去解决德国赔款问题，力图将德国赔款问题的主动权掌握在自己手中。

根据《凡尔赛和约》，由英、法、意、比各派出一名代表组成赔款委员会，委员会设在巴黎，法国代表出任主席。法国实际上掌握了德国赔款问题的主动权。因为依照规定，委员会主席可以在表决均数的情况下作出最后的裁决。1920 年，赔款委员会规定了德国的赔款分配比例，法国为 52%，英国为 22%，意大利为 10%，比利时为 8%，剩余的 8% 在希腊、罗马尼亚、南斯拉夫、日本、葡萄牙等国间分配。1921 年 4 月，赔款委员会作出规定，德国的赔款总额为 1320 亿金马克，合计 330 亿美元，包括了《凡尔赛和约》中规定的在 1921 年 5 月 1 日前应支付而还未支付的 200 亿金马克。1921 年 5 月 5 日，赔款委员会向德国发出最后通牒，要求德国于 5 月 12 日之前作出承诺，在 66 年内偿还全部债务，并从 1921 年 5 月 1 日起，每年支付 20 亿金马克和出口商品价值的 26%，可以通过现金和实物来支付第一次偿付 10 亿金马克必须在 5 月 31 日前交清。要是德国不同意，协约国就立即出兵攻占鲁尔。

战后的德国满目疮痍，百废待兴，无法支付巨额赔款。虽然德国政府被迫接受了赔款要求，并在 1921 年 8 月交付了 10 亿金马克，但是德国已无力支付余下的赔款。1922 年，德国发生了灾难性的通货膨胀。同年 7 月，德国政府以此为借口，要求延期支付全部赔款。英国表示支持德国的要求，并提出了允许德国延期 4 年交付赔款，将赔款总额减为 500 亿金马克的建议。法国则强烈反对英国的建议。因此，英法之间的分歧不断加深，德、法间的矛盾也不断激化，法国计划付诸武力。

1923 年 1 月 11 日，法国全然不顾英国和美国的反对，以德国不履行赔款义务为由，联合比利时，调集 10 万军队攻占了德国的鲁尔工业区，造成 20 世纪 20 年代欧洲最为严重的冲突事件。法国攻占鲁尔的目的，不仅是通过武力胁迫德国履行赔款义务，还要将鲁尔生产出来的煤、焦炭、生铁和洛林的铁矿石相结合，使其成为世界最大的钢产国，巩固自己在欧洲的军事和经济领导权。

法比两国在鲁尔地区实行军事管制，接管行政权，占领了矿山、企业和铁路，并派法国人进行管理。占领当局在占领区和非占领区设立关卡，征收关税，对不服从者进行镇压，经常与当地的居民爆发流血冲突。成百上千的民众被关进监狱，大约有 15 万人被逐出了占领区。

就在法、比采取军事行动后，德国古诺政府在美英两国的支持下，实行"消极抵抗"政策，抗议法、比违反《凡尔赛和约》。德国立即召回了驻法、比大使，并停止支付所有赔偿。同时命令鲁尔地区官员拒绝执行占领当局的所有

格拉德贝克

格拉德贝克，位于鲁尔工业区，在 1873 年第一个煤矿开放之前是一个小乡村。此后，它迅速发展，其经济几乎完全依赖煤炭。

命令，鲁尔区的工厂、企业全部停工，国家赔偿企业主的损失，国家救济失业工人。在德国政府的支持下，鲁尔地区的地方官员拒绝执行占领当局的命令，煤矿工人也进行怠工或罢工活动，铁路工人拒绝给占领者运送煤炭，经过德国通往法、比的铁路全都瘫痪了。占领当局在占领区的种种行动，导致鲁尔危机不断加剧。

鲁尔危机导致冲突各方陷入了经济、政治的空前危机。在德国国内，因为实行"消极抵抗"政策，使得占德国煤、生铁和钢产量80%以上的鲁尔地区成了"工厂的坟墓"，直接导致德国的工业生产下降了一半，资本大量流失，通货膨胀令人咋舌，马克如同废纸。大量中小企业破产，许多人多年的积蓄化为泡影。500万工人失业，人民生活十分困苦，不断出现罢工浪潮，社会秩序动荡不安。在这种情况下，德国再次出现了革命危机，导致坚持"消极抵抗"政策的古诺政府下台。

1923年8月13日，施特雷泽曼政府宣告成立。完成组阁后，为了解除革命危机，新政府宣布停止"消极抵抗"，然而工人还在继续斗争。10月，萨克森和图林根等地区建立了工人政府，汉堡工人的总罢工演变成了武装起义。德国出现的革命危机给德、法两国的政府造成了严重威胁。

通货膨胀
1921年7月14日，魏玛共和国恶性通货膨胀危机期间，人们聚集在一家银行前。

　　法国 3 在占领鲁尔的过程中也没有捞到一点好处。由于鲁尔地区实行"消极抵抗"，法国从鲁尔进口的煤和焦炭不但没有增加，反而减少了，以致法国的生铁产量下降了 35%，经济遭受严重损失。此外，法国也为占领鲁尔支付了高达 10 亿法郎的占领费，加重了财政负担，法郎也因此贬值了 25%。普恩加莱政府因为实行冒险政策，结果一片强烈谴责声中下台了。

　　鲁尔危机后，英、美两国担心危机会导致德国经济陷入崩溃，出现革命危机。因此，英、美两国分别向德国和法国施加压力，要求它们尽快结束鲁尔危机。英、美两国向法国发出照会，声称如果法军不从德国撤兵，英、美在赔款问题上将不再支持法国。为了胁迫法国撤兵，在法国财政出现危机时，英、美趁机在金融市场上大量抛售法郎，使得法郎贬值，加剧法国的财政危机。与此同时，英国也要求德国立即停止实行"消极抵抗"政策。

　　在英、美两国施加的压力下，法德两国政府不得不放弃原来所坚持的立场和策略。1923 年 9 月，德国停止了"消极抵抗"。两个月后，法国同意由两个国际专家委员会来重新研究德国赔款问题，这为美国插手赔款问题提供了方便。

道威斯计划

　　协约国赔款委员会一直被法、比所控制，英、美两国一直对此颇有不满，希望有机会插手德国赔款问题。1922 年底，美国国务卿休斯就曾建议成立专家委员会研究赔款问题，英、德当即表示赞同，法国则强烈反对。鲁尔危机后，法国迫于形势只好改变之前的态度，为了获得美国贷款，接受了美国的建议。

　　1923 年 11 月 30 日，赔款委员会决定成立由美、英、法、比、意五国代表参与的两个专家委员会，一个主要负责解决稳定德国金融、平衡德国预算问题，一个则负责明确德国外流资金数目和返回路径。这两个委员会的核心工作是重新审核德国的赔款问题。就这样，美国逐步掌握了德国赔款问题的决定权。

　　1924 年 1 月 10 日，以美国银行家道威斯为首的专家委员会在伦敦开始工作。4 月，委员会提出了关于解决德国赔款问题的报告。同年 8 月，同意赔款的各协约国代表在伦敦召开了国际会议，正式通过了专家委员会提出的关于德国赔款问题的报告，也就是"道威斯计划"。

　　道威斯计划的主要宗旨是稳定德国的金融秩序，振兴德国经济，并在此基

道威斯计划签订现场
道威斯计划的签订与实施，反映了美国的巨大影响力，使美国政府越发看重美国经济力量的影响和金融杠杆的有效性。

础上取得赔款。而确定赔款数目时应该考虑到德国经济所能承受能力。计划中还规定，美、英等国向德国提供 8 亿金马克的贷款，以帮助德国恢复经济，稳定金融秩序。道威斯计划没有对德国赔款的总额作明确规定，只是规定实行计划的第一年，即 1924—1925 年度的赔款额为 10 亿金马克。以后每年逐年增加，五年后增加到每年 25 亿金马克。德国工业企业和铁路的利润，以及关税和日用品的间接税是支付赔款的主要来源。道威斯计划还规定，由以美、英为首的协约国赔偿事务总管负责监督德国的财政经济状况。计划还要求德国经济应该恢复统一，任何国家不能阻碍德国经济的发展，这就要求法、比两国立即从鲁尔撤军。德国同意了道威斯计划，德、法双方也达成了协议，法、比两国在一年内从鲁尔撤军。1924 年 9 月 1 日，道威斯计划正式实施。1925 年 7 月，法、比履行协议，军队撤出鲁尔。

鲁尔危机的结束以及道威斯计划的实行，对德国和法国以及战后欧洲各国关系均产生了较大影响。在道威斯计划实行的 15 年里，德国从美国和英国那里获得的贷款达 200 多亿金马克。这一时期，德国赔付的款数仅为 110 亿金马克。德国获得了大量贷款，德国经济开始复兴。1927 年，德国的工业生产水平恢复到了战前水平。1929 年，德国经济超过了英、法两国，成为欧洲重要的经济强国。德国经济的崛起，为其政治上的复兴以及最终撕毁《凡尔赛和约》打下了经济基础。

与此同时，因《凡尔赛和约》而获得的欧洲霸权地位的法国遭到了严重打击，鲁尔危机也表明法国无法独自承担维持欧洲和平、稳定的重任。此外，道威斯计划的实行又让法国失去了赔款委员会的主动权，又将德国赔款问题的控制权拱手交给了美英两国，使得法国在欧洲的国际地位再次跌落。

　　与法国不同，美国和英国在鲁尔危机和道威斯计划中获得了不少好处。德国获得大量贷款，美元大量流入欧洲，加强了美国对欧洲的经济渗透，提升了美国对欧洲国际事务的影响力。英国成功实施了联合美国打击法国、扶植德国的欧洲均衡政策。道威斯计划实行后，德国所承受的压力得以减轻，经济得到复兴，欧洲的紧张局势出现了缓和的迹象。

杨格计划

　　道威斯计划的实施，缓解了因为赔款问题而引起的法德矛盾以及欧洲的紧张局势，但是该计划并没有完全解决赔款问题。各国仍在努力解决德国赔款问题的纠纷。道威斯计划只是规定了每年的赔款数额，但是没有明确规定总赔款数额，在赔款操作程序上也存在一些技术性的问题。德国在支付赔款时，还需支付数目不菲的贷款利息，这同样是一笔不小的数目。

　　1928 年，德国以经济困难为理由，要求对道威斯计划进行修改，美国表示支持。1929 年 2 月，组成了以美国金融家欧文·杨格为首的新专家委员会，商讨德国赔款问题。同年 6 月，委员会制定了新的赔款方案，即"杨格计划"。1930 年 1 月，海牙会议批准了该计划。计划规定，德国的赔款总额为 1139 亿金马克，比原定的总额减少 20%，需在 59 年内还清；每年支付的金额为 20亿金马克；每年赔款金额的 1/3 为无条件必须支付的款项，剩余部分如遇到困

欧文·杨格

美国总统胡佛
胡佛总统执政时期正处于美国社会自由资本主义向垄断资本主义过渡时期，他在谋求新的资本主义秩序的过程中作了积极的贡献。

难的条件，可以延期 2 年支付，付清赔款的最终年限为 1988 年。此外，计划还取消了赔款委员会，取消了协约国对德国的财政经济监督。由美国操纵的国际结算银行负责办理赔款的一切结算事宜，赔款必须使用外国货币来支付。

杨格计划仅实行了一年，就爆发了经济危机。1931 年 6 月，德国出现严重的经济危机，陷入困境，德国政府向美国政府发去信件，声称德国出现财政困难，无力还债，请求延期支付赔款以及其他债务。美国政府担心德国的经济崩溃会影响到欧洲政治经济秩序及美国在欧洲的利益，因此，美国总统胡佛政府照会各协约国，宣布从当年的 7 月 1 日开始，延期一年偿付赔款及一切政府之间的债务，但是其他国家所欠美国的债务不能取消，这就是"胡佛延债宣言"。同年 7 月 23 日，主要协约国及德、意、日等国在伦敦举行会议，会上通过了延期一年偿付债务的决定。

但是，随着经济危机的不断加深，德国的财政状况持续恶化。英国经济学家沃尔特·莱顿对此做了一个报告，认为德国的巨额赔款必然会损害到德国的财政稳定。一个由银行家组成的国际专家委员会也认可了这个报告。1932 年 6 月，相关各国在瑞士洛桑举行会议，再次讨论德国的赔款事宜。会议决定将德国的赔款总数削减到 30 亿金马克，但通过这个协定的前提条件是必须妥善处理好协约国之间的债务问题。由于美国国会通过决议，反对以任何方式取消或削减所欠美国的任何债款，这个协定终没有获得通过。在这之后，德国就没有再支付赔款，各国也没有去谈论偿还债务问题，关于赔款和战债问题也就不了了之。

德国赔款问题是 20 世纪 20 年代国际社会最重要、最复杂的问题之一。围绕这个问题，帝国主义之间、协约国与德国之间在冲突中进行协商，因此一而再再而三地对《凡尔赛和约》进行了调整和补充。调整的总方向是减轻对德国的经济惩罚，扶植德国复兴，打击战后初期法国在欧洲的霸权。在这样的局势下，德国得以逐步摆脱《凡尔赛和约》的束缚，经济实现了振兴，为其最终通过武力挣摆脱《凡尔赛和约》创造了条件。

《洛迦诺公约》

1925 年 10 月 5 日，在瑞士小城洛迦诺，德、比、法、英、意、波、捷七国代表召开了国际会议。10 月 16 日，参会各国草签了"最后议定书"和另外7 个条约，以及"关于国际联盟盟约第十六条给德国的集体照会"。其中最重要的是《德国、比利时、法国、英国和意大利相互保证条约》，即《莱茵保安公约》。此外，德国分别和比、法、波、捷签订了仲裁条约，法国分别和波、捷签订了相互保证条约。这些文件总称为《洛迦诺公约》。

《洛迦诺公约》的主要内容是：①根据《莱茵保安公约》，德法、德比间的边界领土维持现状；双方不得互相攻击和侵犯，而且在任何条件下都不能诉诸武力；双方应通过外交途径及和平方法解决彼此间的争端；各方应遵守《凡尔赛和约》关于莱茵非军事区的规定，1924 年在伦敦会议上通过的"道威斯计划"依然有效；作为该公约的保证国，英、意两国有承担援助被侵略国的义务；允许德国加入国际联盟。②根据德国和比、法、波、捷分别签订的仲裁条约，规定缔约双方保证往后如果产生争端，在正常的外交方式无法和平解决时，应经过仲裁法庭和国际相关机构来解决。然而在德波、德捷条约中，双方并没有对各国间的边界问题做出任何规定和保证。③根据法波、法捷彼此签订的保证条约，规定若缔约国一方遭到德国的侵略，彼此应相互给予支援和帮助。

各国在会议上对是否允许德国加入国际联盟的问题进行了激烈讨论。英法两国希望通过国联来制裁德国，防止德国与苏联相互靠近，以便往后在可能发生的对苏战争中迫使德国参与对苏联的制裁，因此要求德国无条件加入国联，以此作为签订《莱茵保安公约》的先决条件。但是德国加入国联的根本目的是要修改《凡尔赛和约》，重新恢复自己的大国地位，获得完全的自由，所以拒绝无条件担负国联盟约第十六条关于会员国应参与制裁侵略者的义务，以避免介入往后国联可能以苏联"侵略"为借口进行反苏干涉，从而损害自身的利益。

英、法虽然将签订《莱茵保安公约》放在第一位，但德国坚持不妥协的态度使得英、法最终对德国的要求作了让步。英、法、比、意、波、捷六国草签了"关于国际联盟盟约第十六条给德国的集体照会",允许每个会员国"应在符合本国军事情况和在本国地理形势的范围内"履行第十六条的义务,这实际上允许德国有条件、有保留地加入国际联盟。1925 年 12 月 1 日,各国在伦敦正式签订了《洛迦诺公约》的各项文件。

《洛迦诺公约》签订现场
此公约的签订使欧洲国际关系进入了相对稳定时期。

《洛迦诺公约》的签订,是协约国在政治上正式承认了德国作为一个平等国家的前提下,再一次对凡尔赛体系进行调整。它暂时解决了欧洲的安全问题,缓和了协约国特别是法国和德国的关系,使欧洲进入了一段相对稳定的时期,为继续实行"道威斯计划"和 20 世纪 20 年代中后期德国资本主义经济的发展创造了有利条件。因此,"洛迦诺精神"在国际上一度成为和解和安全的代名词。

《洛迦诺公约》的签订,使德国在不必承担新义务的情况下实现了主要外交目标。德国不仅摆脱了战败国身份,获得了与法国平等的地位,为收复莱茵兰创造了条件,而且成功地拒绝了对波、捷边界给予保证,为以后向东侵略埋下了伏笔。《洛迦诺公约》作为"道威斯计划"在政治上的继续,是德国在欧洲恢复政治大国地位的第一步。1926 年 9 月,德国正式加入国联,并成为行政院常任理事国,最终重新跻身于西方大国之列。

《洛迦诺公约》的签订,是战后英国实行均势外交的成果。英国以担负最小义务的办法取得了欧洲的安全，并成为德法两国之间的仲裁者，使自己在欧洲的政治生活中处于支配地位，在某种程度上达实现了压制法国、扶持并制约德国、分裂苏德关系的目的。但是随着德国经济实力的不断增强，依靠《洛迦诺公约》建立起来的欧洲均势格局终将被打破，德国日益成为英国在欧洲的主要对手。1936 年 3 月 7 日，纳粹德国在莱茵非军事区重新进行武装的举动，彻底将《洛迦诺公约》撕毁。

《非战公约》

鲁尔冒险的失败，"道威斯计划"的实行及《洛迦诺公约》的签订，使得法国在欧洲的地位被极大地削弱了。

与此同时，以英法为首的国际联盟所进行的宣扬维护和平和保与安全的裁军活动，也由于列强在立场上的分歧而没有取得实质性的进展。随着德国实力的不断崛起，法国感受到自己的安全保证问题仍旧没有得到完全解决。在欧洲局面一时胶着的情况下，法国政府决定争取美国的支持，巩固自己在欧洲日益衰微的地位。

1927 年 4 月 6 日，时任法国外交部长的白里安在巴黎举行的纪念美国参加第一次世界大战十周年的庆祝大会上，发表了一封致美国民众的公开信，颂扬法美之间的友谊，提议两国缔结一项永不交战的条约。同年 6 月，白里安在和美国国务卿凯洛格会面时，正式提出了缔结法美双边友好条约的草案，提议两国发表公告谴责并放弃战争，和平解决彼此间的所有矛盾。然而凯洛格觉得白里安的建议只是美法防御条约的翻版，对美国而言没有太大的价值，反而会使美国卷入法国在欧洲的纠纷之中，这是美国不想涉及的；但是如果直接拒绝这个建议，又会有损于美国的和平形象。因此，凯洛格拖延回复，最后决定将这项双边友好条约变为多边非战公约。这样一来，既可以保证美国在欧洲的投资安全，又能削弱国联的影响，提高美国在国际上的地位。1927 年 12 月 28 日，凯洛格答复白里安，表示希望先由美、法、英、德、意、日六国签署一个多边非战公约，然后再邀请其他国家加入这个公约。

美国的答复有违法国的初衷，这让法国感到失望。后来，两国又进行了多次磋商，仍没能获得一致意见。在此种情况下，1928 年 4 月 13 日，美国单方面向英、德、意、日四国发出了内容相同的有关美法双方就此问题的外交来往

《非战公约》签署
美国总统卡尔文·柯立芝（左坐）在华盛顿特区签署《凯洛格－白里安条约》。

信件，争取这些国家的支持。德国得到该信件后，庆幸针对自己的法美协定未能达成，率先表示拥护美国的主张。英、意、日在原则上虽然表示认同，但是提出了有权对涉及自己利益的地区实行"自卫权"的保留条件。各国经过反复的磋商，最终统一了意见。

1928 年 8 月 27 日，德、美、比、法、英、意、日、波、捷等 15 个国家的代表在巴黎签订了《关于废弃以战争作为国家政策工具的一般条约》，即《非战公约》，又称《巴黎非战公约》或《白里安－凯洛格公约》。公约的主要内容是：缔结各方"谴责通过战争来解决国际纠纷，并在它们的彼此关系上，废除战争作为实行国家政策的工具"；缔约各方之间"在可能发生的一切冲突或争端时，无论其性质或起因如何，只能够通过和平方法进行处理或解决"；其他还未加入本公约的各国都可以加入。1929 年 7 月 24 日，公约正式生效，到 1933 年时，共有 63 个国家加入了这个公约。

《非战公约》的条文是冠冕堂皇的，它实际上对摒弃战争、维护和平没有规定任何明确的责任，也没有要求各国为此而做出任何切实的牺牲；它既没有涉及举世瞩目的裁军问题，也没有制定实行公约的步骤及制裁违约国的举措等。因此，在当时的国际政治局势下，《非战公约》只不过是一纸原则声明而已。

然而《非战公约》作为当时世界上绝大多数国家签订的一项国际条约，仍旧是一个重要的国际文件。它首次正式阐明了在国家关系中放弃以战争作为实行国家政策的工具，从而为国际法奠定了互不侵犯原则的法律基础，成为第二次世界大战后国际军事法庭审判德、日战犯的重要法律依据。

04

大国争斗之外：一战后觉醒独立的亚非民族国家

　　一战后，帝国主义列强的力量遭到削弱，同时无产阶级运动在各国兴起。在俄国十月革命的影响下，亚非各国不断掀起民族解放运动高潮，沉重打击了帝国主义的殖民统治，与西方无产阶级革命一起成为反对帝国主义统治斗争的重要组成部分。

❦

中　国

　　第一次世界大战后，中国虽然是战胜国，但是作为协约国的一方并没有让中国获得多大好处，战后的中国危机重重。1921 年中国共产党成立以后很快成长为进步力量的领导者，不过外国侵略势力继续加紧对中国的入侵，日本更是先后发动"九一八事变"和"七七事变"，大举入侵中国。在民族危亡的紧急时刻，中国共产党和国民党政府捐弃前嫌，实现第二次国共合作，建立了抗日民族统一战线，集中力量共同抗日。

新文化运动和五四运动

　　辛亥革命失败后，中国出现了帝国主义操纵下的军阀统治的局面。北洋军阀中的皖系和直系军阀，以及盘踞各地的军阀之间为了各自利益混战不止。1917 年 7 月，孙中山领导了护法运动，这次运动是辛亥革命的一部分，也是资产阶级倡导革命的尾声。1918 年 5 月，护法军政府进行了改组，孙中山辞去了大元帅职务。1919 年 2 月，南北政府宣布议和，这只不过是军阀之间的暂时妥协而已。

　　在半殖民地半封建的中国，各种矛盾不断激化，尤其是封建主义与人民大众的矛盾、帝国主义与中华民族的矛盾不断深化，新的更大规模的革命高潮即将到来。

　　随着中国民族工业的发展和帝国主义在华企业的不断增多，中国工人人数由第一次世界大战前的 100 万增至战后的 200 万。为了维护自己的利益，工人不断起来罢工，因此工人罢工的次数逐年递增。1915 年为 8 次，1916 年为

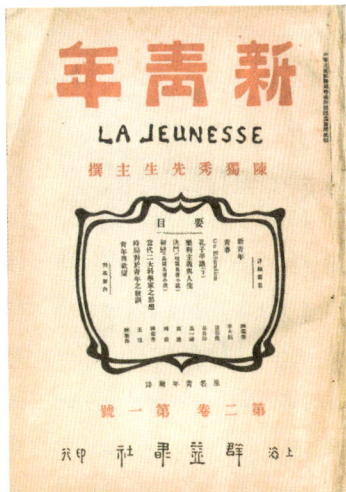

《新青年》封面
1915 年 9 月 15 日，陈独秀在上海创办综合性的文化
月刊——《青年杂志》，1916 年 9 月 1 日出版第二卷
第一号改名为《新青年》。

16 次，1917 年为 23 次，1918 年增加到了 30 次，1919 年的前 4 个月为 19 次。
面对帝国主义列强以及军阀的压迫，一些爱国知识分子、小资产阶级和工人、
农民纷纷起来抗争。积贫积弱的中国正孕育着一场剧烈的社会变革。

在这场中国现代社会政治变革中，文化斗争成为变革的先导。1915 年 9
月，《新青年》在上海创刊，标志着中国反封建文化运动的开始。《新青年》发
起了新文化运动，它的宗旨是在中国宣传倡导科学、民主和新文学，反对以
"三纲五常"为中心的儒家伦理学说，反对将孔教列入宪法。自此，它成为革
命阶级反对封建和宣扬民主的革命刊物。

提倡白话文和文学革命的运动在中国不断深入。1917 年 1 月，胡适发表
了《文学改良刍议》；2 月，陈独秀发表《文学革命论》；1918 年 5 月，鲁迅发
表了《狂人日记》。1917 年 1 月，蔡元培出任北京大学校长，他"循思想自由
原则，取兼容并包主义"，聘请持不同观点思想学者任教，使北京大学成为传
播新文化的一个重要阵地。

在俄国十月革命的影响下，中国一大批知识分子接受了共产主义思想，成
为马克思列宁主义的传播者。第一次世界大战结束后，中国的爱国民主运动在
俄国十月革命后进入高潮。

1919 年 4 月 30 日，协约国集团在巴黎召开和平会议，中国作为战胜国之
一参加了这次会议。在和会上中国代表提出废除外国在中国的势力范围、撤退
外国在中国的军队和取消"二十一条"等正义要求。但巴黎和会拒绝了中国代

五四时期学生发表演讲
五四运动是中国人民彻底的反对帝国主义、封建主义的爱国运动。

表提出的合理要求，竟然决定将德国在山东强占的领土、铁路、矿山及其他特权转让给日本。巴黎和会的这个无理决定传到国内后，遭到了中国民众的强烈反对。北京学生群情激奋，学生、工商业者、教育界人士和许多爱国团体纷纷通电，斥责日本的无理行径，并且要求中国政府坚持国家主权。

5月4日，北京大学等13所院校的3000多名学生在天安门前举行集会和游行示威。学生们打出"外争国权，内惩国贼""拒绝在巴黎和约上签字"和"抵制日货"等口号，并要求惩办交通总长曹汝霖、币制局总裁陆宗舆、驻日公使章宗祥。学生游行队伍移至曹宅，痛打了在曹家做客的章宗祥，并火烧曹宅，引发"火烧赵家楼"事件。随后，军警对这次活动进行了镇压，并逮捕了32名学生代表。

在北京学生运动的推动和鼓舞下，天津、上海、济南、武汉、长沙等地的学生及在日本、法国的留学生，也纷纷举行了爱国的群众运动。由于学生运动的影响不断扩大，北京军阀政府对学生抗议活动进行了镇压。5月19日，北京各校学生同时宣告罢课。6月3日，北京军警逮捕爱国学生170多人，激起全国各界人士的愤慨，也因此引发了新一轮的大规模抗议活动。

从6月5日开始，中国工人在上海、京汉铁路上的长辛店、京奉铁路上的唐山，以及杭州、九江、天津、济南等地，举行了政治大罢工，以响应学生。各地的工人罢工对扩展运动和争取胜利起了关键作用。上海商界宣布罢市，全国22个省150多个城市也举行了罢工活动。在这样的形势下，中国外交代表拒绝在巴黎和会上签字，五四爱国运动的直接目的得以实现。

中国共产党的成立和第一次国内革命战争的失败

五四运动后，随着新文化运动的不断发展，逐渐形成了中国历史上的第一次马克思列宁主义思想运动。马克思列宁主义与日益高涨的工人运动相结合的条件已经成熟。1921 年 7 月 23 日至 8 月初，在共产国际的帮助下，中国共产党在上海和浙江嘉兴举行了第一次代表大会。大会还选举产生党的领导机构——中央局，陈独秀被选为书记。中国共产党第一次全国代表大会的召开，宣告了中国共产党的正式成立。

中国共产党成立后，将工人运动作为自己的中心工作。从 1922 年 1 月至 1923 年 2 月，中国共产党领导的中国工人运动掀起了第一次罢工高潮。1923 年 6 月，中国共产党召开了第三次全国代表大会，确定了统一战线的方针。1924 年 1 月，中国国民党召开第一次全国代表大会，孙中山在大会通过的宣言中将旧三民主义改造为新三民主义，将此作为与中国共产党合作的共同纲领。

国共双方建立革命统一战线后，革命运动不断高涨。随着革命运动的高涨，军阀内部不断分化。1924 年 10 月，直系将领冯玉祥发动了北京政变，推翻了直系军阀政府，驱逐清逊帝溥仪出宫。以此为契机，全国各地开展了国民议会运动和废除不平等条约运动。

第一次国共合作的建立推动了全国革命形势的发展。1925 年 5 月 30 日，五卅运动在上海爆发，并很快席卷全国，推动了省港大罢工，促成广东革命根据地的统一。五卅运动为北伐战争准备了群众基础，将国民革命推向高潮，从而揭开了 1925—1927 年国民革命的序幕。

陈独秀
陈独秀是新文化运动的发起者，是中国共产党早期主要领导人。

北伐战争纪念馆
北伐战争纪念馆位于广东省韶关市。孙中山曾在 1922 年和 1924 年两次亲临韶关督师北伐。

1925 年 7 月 1 日，广州国民政府在广州成立，并组建国民革命军。1926 年国民革命军正式北伐。

北伐军出征后仅数月时间就打垮了吴佩孚、孙传芳等军阀部队，歼敌数十万人。从广州到武汉、上海、南京，北伐军占领了大半个中国，在中国革命历史上写下了辉煌的一页。

与此同时，全国各地的工农运动发展得轰轰烈烈。1926 年底至 1927 年初，汉口、九江工人联合学、商各界发动收回英租界斗争。1926 年 10 月、1927 年 2 月和 3 月，上海工人先后进行了 3 次武装起义。湖南、江西、福建、浙江等省的农民运动声势浩大。

就在革命不断深入发展之际，1927 年 4 月 12 日，以蒋介石为代表的国民党新军阀背叛革命，在上海发动反革命叛变。7 月 15 日，汪精卫在武汉对共产党人和革命群众进行了血腥大屠杀。反革命叛变使得反帝反封建的北伐战争夭折，轰轰烈烈的第一次国内革命战争以失败而告终。

第一次国内革命战争失败后，中国共产党人深刻认识到了武装斗争的重要性。为了反抗国民党反动派的屠杀政策，挽救中国革命，1927 年 8 月 1 日，中共前敌委员会书记周恩来领导了南昌起义，打响了武装反抗国民党反动派的第一枪，揭开了中国共产党独立领导武装斗争和创建革命军队的序幕。但是，当时的起义队伍还没有形成创立农村革命根据地的观念，而是挥师南下广东，联合愿意革命的国民党左派，建立革命根据地，进行二次北伐，实行孙中山的"联俄、联共、扶助农工"三大政策，结果遭到失败。

1927 年 9 月 9 日，毛泽东在湘赣边界领导了秋收起义；10 月，起义队伍抵达井冈山地区，创建了中国第一个农村革命根据地。1928 年 4 月，朱德、

井冈山会师

陈毅领导的湘南起义和南昌起义部分部队与毛泽东领导的秋收起义部队在井冈山胜利会师，加强了井冈山根据地的武装力量。此后，革命根据地以井冈山为中心发展成了湘赣边根据地；又从井冈山出发相继开辟了赣南区和闽西区，为中央革命根据地的建立打下了坚实的基础。

在建立井冈山革命根据地后，各地先后建立了革命根据地，例如鄂豫皖、洪湖及湘鄂边区、闽浙赣、左右江等革命根据地。在广东的海丰、陆丰、海南岛，陕西的渭南、华县，四川、江苏、河北等地区，也出现了革命武装或建立了小范围的革命根据地。

随着革命根据地的不断发展，蒋介石集团在 1930 年 12 月至 1931 年 1 月、1931 年 4 月至 1931 年 5 月和 1931 年 7 月至 9 月，向中央革命根据地发动了三次反革命"围剿"。红军三次取得了反"围剿"的胜利，此后中央革命根据地的人口发展到 300 万，红军队伍也发展到了 10 万人，全国革命根据地得到了进一步发展。

1932 年 7 月到 1933 年 3 月，红军粉碎了国民党反动派的第四次"围剿"，全国红军发展到了 30 万人。在这一时期，各地的革命根据地进行了土地革命和政权、经济、文化建设。

1933—1934 年，蒋介石集团对中央苏区发动了第五次"围剿"。由于中国共产党内"左"倾路线的发展，红军第五次反"围剿"失败，被迫放弃中央革命根据地，开始长征，并于 1935 年 10 月抵达陕北。

国共第二次合作和抗日民族统一战线的建立

九一八事变以后，日本帝国主义利用国民党政府的不抵抗政策，加紧侵略华北，中国民族危机空前严重。1935 年 12 月 9 日，北京大中学生在中国共产党的领导下发起了抗日救亡运动，掀起全国抗日救国新高潮。各地工人、学生在中国共产党领导下，纷纷举行罢工、罢课，向国民党政府请愿和示威游行，反对不抵抗政策。由田汉作词、聂耳作曲的《义勇军进行曲》成为当时救亡运动的号角。国内救亡运动的声势一浪高过一浪，"停止内战、一致抗日"的呼声越来越高，全国人民的抗日热情高涨。但是蒋介石集团仍然坚持其"攘外必先安内"的方针，命令张学良的东北军和杨虎城的西北军向陕北红军发起进攻。

1936 年 12 月 12 日，在陕西临潼华清池，张、杨两位将军逮捕了蒋介石，并把陈诚等国民党军政要员囚禁在西安西京招待所，实行兵谏抗日，制造了震惊中外的"西安事变"。在中国共产党、全国人民及张、杨两位将军的共同努力下，蒋介石同意了停止"剿共"政策、联合红军抗日等协议，西安事变最终以和平方式解决。西安事变后，国共双方停止了内战，并促成了国共的第二次合作，建立了抗日民族统一战线。

12 月 26 日，蒋介石被释放返回南京后，背信弃义，扣留了陪同他返回南京的张学良，解除了杨虎城的职务，并通过改编的方式，取消了东北军和西北军。然而，在西安事变中达成的协议及停止内战、一致抗日的承诺，已经公之于世，无法更改。

1937 年 1 月 6 日，蒋介石宣布撤销设在西安的"剿共"司令部。2 月 15

张学良与杨虎城
西安事变后，蒋介石背信弃义，将张学良长期软禁，直至 1990 年才恢复其自由。杨虎城被囚禁 12 年后，于 1949 年 9 月 6 日在重庆惨遭杀害。

日，国民党五届三中全会召开。宋庆龄、何香凝、冯玉祥等人提出了恢复孙中山"联俄、联共、扶助农工"政策及建立抗日民族统一战线的主张；杨虎城等代表西安方面提出了联共抗日方案；汪精卫等则继续坚持"剿共"政策；亲美英派的蒋介石集团倾向于联共抗日，所以在这次会议上确立了停止内战、国共合作和对日抗战的方针。2 月 27 日，中共代表周恩来与国民党代表在西安就国共合作进行会谈。3 月初，双方就国共合作具体问题达成协议。国共两党之间的十年内战终于结束，开始了全国一致抗日的新阶段。

东南亚的一些国家

> 东南亚地区盛产大米和热带经济作物，有着丰富的锡、橡胶和石油等战略资源；中南半岛和东南亚海岛位于东西方海上交通要道上，有着十分重要的战略地位。第一次世界大战爆发后，东南亚地区除了暹罗（今泰国）之外，都已经沦为西方帝国主义国家的殖民地、保护国，列强瓜分了整个东南亚地区。

东南亚殖民地概况

在两次世界大战之间，英国占据了缅甸、英属马来亚、沙捞越、文莱、沙巴和新加坡，总面积达 101 万平方千米；法国占据了越南、老挝和柬埔寨，建立了法属印度支那联邦，总面积为 70 多万平方千米；荷兰占据了印度尼西亚群岛，建立荷属东印度，总面积为 190 余万平方千米；葡萄牙占据了东帝汶，面积为 1.8 万平方千米；美国则替代了西班牙，占据了菲律宾群岛，面积为 29.9 万平方千米。

暹罗（泰国）在名义上虽然是一个独立国家，但是英法私下通过了协议，

泰国曼谷大皇宫
曼谷大皇宫是泰国王室的皇宫，始建
于 1782 年，经历历代国王的不断修
缮扩建，才形成规模宏大的大皇宫建
筑群。

以湄公河河谷为界限，划出了各自的势力范围，暹罗实际成了英、法控制下的半殖民地。

在两次世界大战之间，西方列强将东南亚国家变成了自己的商品市场、原料产地和战略基地。在经济方面，东南亚各国被完全纳入资本主义世界体系，基本完成了向殖民地、半殖民地半封建社会形态的转变；在政治方面，各国虽然有着不同的政治体制，但是都建立了由西方列强直接控制的殖民政权统治机构，总督和高级驻扎官掌握了行政、立法、司法、外交和军事等重要权力。同时，西方各国将一些宗主国的统治方法引入了殖民地，在不同程度上保留和利用当地原有的统治力量，扶植当地的封建势力、部落首领，充当自己的统治工具。西方殖民国家常用的统治手段是建立联邦，以当地人治理当地人，分而治之。例如英国在殖民地施行所谓的宪政改革；美国实行"菲律宾化"，建立三权分立的政治体制；荷兰继续施行所谓的给殖民地以权力和福利的"道义改革"；法国则将自己的殖民政策由"合一主义"转为"联系主义"。西方列强企图通过"让步"的殖民政策，来保持自己在殖民地的地位和特殊权益。

随着资本主义工业的不断发展，前资本主义的自然经济也日益瓦解。一战结束后，东南亚国家的交通迅速发展起来，城市不断兴起，人口数量增多。与此同时，东南亚各国的阶级关系也相应发生了变化，资产阶级、城乡小资产阶级、无产阶级和知识分子迅速成长起来。东南亚的民族解放运动进入了一个崭新的阶段。

在两次世界大战之间，东南亚的民族资产阶级不断发展壮大，出现了许多民族主义政党，比如越南国民党、印尼民族党、缅甸德钦党等先后成立。从 20世纪 20 年代起，特别是 30 年代，随着马克思主义在东南亚各国的传播，印尼、越南、英属马来亚、菲律宾和缅甸等国先后成立了共产党。一战后，东南亚各国不断出现了工农运动和民族解放斗争，其中以越南和印尼的革命运动的发展最为蓬勃。

由于各国的国情和社会之间存在差异，阶级力量的发展状况也大不相同，东南亚各国民族独立运动的发展和其他亚非地区一样，有不同的类型，形成了不一样的发展道路。大多数东南亚国家的民族资产阶级及政党掌握了民族运动的领导权，例如印尼、缅甸、菲律宾、英属马来亚和新加坡等；一些国家则是被爱国王公掌握，比如柬埔寨；只有越南是在 1930 年成立共产党以后，才由工人阶级的政党掌握革命领导权。

东南亚国家的民族独立运动的发展各具特点，相同的是各国在开展独立运动时都经历了激烈的斗争。1926—1927 年，印尼发生了反荷民族起义；1930—1931 年，越南爆发了反法民族解放斗争以及义安、河静苏维埃运动；1930 年，缅甸发生了由萨耶山领导的农民起义，德钦党人领导的石油工人大罢工和反英的学生运动；1935 年，菲律宾爆发了农民起义及在武拉干省成立"共和国"的斗争。与其他东南亚国家不大一样的是，泰国的国家政权一直掌握在王室手里。然而，泰国也进行了一些改革。自从 19 世纪末 20 世纪初的拉玛四世、拉玛五世进行改革后，1932 年在资产阶级政党——民党的领导下，泰国发生了革命性政变，确立了资产阶级的君主立宪政体。一战后东南亚各国民族解放运动的发展，为东南亚国家的独立运动奠定了坚实的基础。

泰国却克里王朝国王、现代泰国的缔造者——拉玛五世
拉玛五世采取西方的模式进行革新运动，史称"朱拉隆功改革"。

越南的社会状况

第一次世界大战期间，虽然越南没有直接加入这场战争，但作为法国殖民地的越南也不可避免地卷入其中。法国利用越南的人力、物力为自己参与战争服务。大战期间，法国从印度支那征调了 10 多万人充当士兵或劳工。与此同时，法国也相应增加了该地区的捐税、殖民贡税和强制性公债。

战争期间，越、柬、老三国提供给法国的公债约为 19.15 亿法郎，此外还有 2 亿法郎的经费。法国作为战胜国之一，获得了新的殖民领地和委任统治地，然而法国经济在战争中遭到严重损失。为了恢复经济、巩固自己在资本主义世界中的大国地位，法国加紧了对殖民地的开发。1921 年 4 月，法国殖民地部部长阿尔贝·萨罗提出了开发各殖民地的计划，其中包括法属印度支那。印度支那联邦殖民当局同意了该计划，并准备实施。

俄国十月革命胜利后，法国财政金融资本失去了俄国这个市场，迫使其将目标转向东方国家，对印度支那进行大量资本输出。1924—1929 年，法国金融资本在越南的投资为 30 亿—40 亿法郎，而在 1888—1918 年，法国金融资本在越南的投资总额仅为 10 亿法郎左右。法国殖民政权不断提高关税率，限制其他国家，特别是中国、日本的商品输入，将越南的外贸限制在法国贸易圈内。法国资本家通过控制越南市场，操纵越南的主要出口商品——煤、大米、橡胶等，每年从中攫取 10 亿多法郎的巨额利润。1924—1929 年，资本主义世界经济进入一个相对稳定的发展时期，法国资本家在印度支那进入了一个"黄金时代"。

战后初期，越南的民族工商业有了一定的发展，形成了资产阶级。20 世纪

驻扎在法属印度支那的法军
法属印度支那是法兰西殖民地在东南亚的一部分，实行联邦制，包括今越南、老挝、柬埔寨，兼领中国广州湾租界。

20 年代，一些越南资本家创办了纺织厂、发电厂、内河轮船公司，开发小矿山，成立了出口贸易商行等。但是，因为受到殖民地和半封建制度的限制，越南民族资本的力量还很薄弱。据统计，1926—1927 年，河内较大规模的企业有 700 多家，由越南人掌握的只有 300 家；西贡有 539 家企业，由越南人经营的仅有 70 家。而越南民族资本中大多数属于中小商业资产阶级。在殖民制度下，小资产阶级遭到殖民主义的束缚，得不到发展空间，他们与殖民制度有着尖锐的矛盾，反抗情绪也越来越高。尤其是小资产阶级中的知识分子，他们接受了西方教育，有着独立和自由的新意识，成为民族运动的积极推动者。

法国对越南的殖民经济开发，在促进越南资本主义发展的同时，也推动了越南工人阶级的成长和发展。一战前，越南工人仅有 10 万人，到 1929 年底时，已有 22 万人。越南的工人阶级主要是破产的农民和城市里的贫民，主要集中在种植园、采矿业。越南工人阶级遭受着各种残酷的压迫，每天劳动的时间通常在 12—14 小时，领着微薄的工资，劳动环境十分恶劣。工人们被剥夺了政治权利，社会保险与他们无关，稍有反抗就被当作非法行为而受到迫害。尤其是那些种植园和矿山的契约劳工，丧失了人身自由，很多人在期满前死于虐待与疾病。越南工人阶级在经济和政治上处在社会的最底层，因此富有革命精神。工人阶级还与大多数的农民有紧密的联系，这为彼此之间联合起来进行斗争提供了有利条件。

法国在进行殖民地开发的同时，殖民当局与越南地主阶级加紧掠夺越南农民的土地。据统计，1930 年间，越南占人口总数 94.8% 的农民占有的耕地仅有 28.5%，而占人口 5.2% 的地主阶级却占有了 59.6% 的耕地。在越南南部地区，土地的集中程度更甚。占南部人口 2.5% 的地主拥有 50% 以上的土地，共有 100 多万公顷的土地被霸占，为南部耕地总面积的 45%。为了发展农业种植园，殖民者使用各种手段来抢夺农民的土地。到 1931 年时，法国地主占有的耕地以及还没开发的土地高达 90 万公顷，其中在南部地区有 60 多万公顷，占越南耕地总面积的 20%。高昂的地租、捐税和高利贷负担，使得越南农民劳累一年，也很难维持三四个月的生活，越南农民阶级承受着殖民者和封建地主的双重压迫。因此，战后法国对越南的殖民经济开发，客观上促进了越南资本主义的发展，给越南社会带来了一些变化。同时由于殖民者与越南封建势力相互勾结，对越南人民进行残酷的经济掠夺和政治压迫，导致民族矛盾和阶级矛盾不断加剧。

胡志明
胡志明长期领导越南无产阶级革命，也是二战后亚洲
反殖民地运动的主要推动者之一。

越南的革命形势高涨

俄国十月革命胜利后，马克思主义传播到了越南，促进了越南民族的觉醒。从 20 世纪 20 年代开始，越南的民族解放运动和工人运动不断发展起来。1923 年后，越南成立了一些具有民族主义倾向的政治组织和政党，例如越南义团、复越会、兴南会、越南青年党和越南独立党。20 世纪 20 年代中期，越南工人运动不断高涨，从自发的经济斗争逐渐演变为自觉的政治斗争，成立工人阶级革命政党成为越南革命发展的首要任务。

胡志明（1890—1969 年）是越南工人阶级政党的缔造者，原名阮必成，曾改名阮爱国，在中国活动期间改名为胡志明。他从 15 岁起就参加了反法活动，1911 年只身前往欧洲寻求救国真理。1917 年，他在法国成立了越南爱国者联谊会。1919 年，在巴黎和会召开期间，代表越南爱国者向和会递交了请愿书要求承认越南民族自决权，恢复越南人民的自由民主权利等八项要求。1920 年，他加入法国社会党，接着前往苏俄，参加了共产国际会议。1924 年底，胡志明担任共产国际东方部委员，并来到了中国大革命的策源地——广州。1925 年，在中国共产党的帮助下，胡志明在广州建立了越南青年革命同志会，并组织共产党员成为该革命组织的核心，同时开办政治训练班，选派革命骨干进入黄埔军校学习，培养革命人才。这些革命骨干回到越南后，深入农村、矿山，组织并发动工农运动。

从 1925 年起，越南人民的斗争热情不断高涨。7 月，越南民族主义领袖潘佩珠在中国上海被法国密探诱捕，并押解回越南，殖民当局最高法院判处其无期徒刑，激起了越南人民的愤怒。人民纷纷起来抗议。在人民的强烈抗议下，法国殖民者只好释放了潘佩珠，并将其软禁在顺化。

1928—1929 年，越南工农运动和革命斗争进入了新的发展阶段，秘密成立了工会。1929 年，越南先后成立了三个共产主义的组织。6 月，北圻的越南青年革命同志会内部的共产主义小组在河内建立了印度支那共产党，中圻的共产主义倾向组织新越革命党改组为印度支那共产联盟。10 月，南圻的越南青年革命同志会改组为安南共产党。然而这三个组织各自进行活动，甚至彼此排斥。1930 年 2 月 3 日，胡志明代表共产国际东方部在香港九龙秘密举行了会议，统一了三个组织，成立了统一的越南共产党。同年 10 月，越南党中央召开第一次会议，会议批准通过了第一任总书记陈富拟定的《资产阶级民权革命论纲》，即《政治论纲》。纲领制定了"打倒帝国主义""摧毁封建制度"的民族民主革命的纲领与路线，并将党的名称改为印度支那共产党。印度支那共产党的建立，标志着越南工人阶级领导的民族主义革命的开始。

1929 年初，资本主义世界爆发经济危机，越南也受到波及。危机持续到了 1935 年，越南的农业首先受到影响。1929—1933 年，越南各地连年出现了灾害和饥荒。大量农民背井离乡，一些较富裕的农民和小地主也处在破产边缘。土地价格急剧下跌，法国种植园主及越南地主借机兼并土地。为了转嫁这场危机，法国往越南大量倾销剩余的商品，导致越南大量企业因此减产或破产，外

越南《人民报》（后改名《无产阶级旗帜报》

贸萎靡不振，市场一片萧条。超过一半的工人失业，百姓的生活持续恶化。然而法国企业和种植园从殖民当局得到了大量贷款和补贴，在维持自己经济地位的同时，还不断向法国国内汇去巨额利润。随着经济危机的不断加剧，社会危机一触即发，越南人民的反法情绪日益高涨。

安沛起义等革命行动

1930 年 2 月 9 日，由越南国民党领导的安沛起义爆发了。起义先是在安沛爆发，不久后临洮、永保和扶翼等地区也相继爆发起义。起义者高喊"将法国强盗赶出越南"的口号。这场起义主要以越籍士兵为主，此外还有一些农民、学生和知识分子参加。但是由于准备不足，没有充分团结群众，尤其是发动广大农民，所以起义在几天之内就被殖民当局镇压了。越南资产阶级领导的旧民主主义革命阶段也宣告结束。

安沛起义失败后，在殖民当局的恐怖政策下，共产党一边着手统一和成立各级党组织，一边动员广大群众进行抗法斗争。

1930 年 2—4 月，南部的富莲种植园、北部的南定纱厂、中部的义安边水火柴厂和锯木厂工人相继进行了大罢工。北部河南省和太平省农民也举行运动，要求分配地主粮食。这些工农运动掀开了越南民族解放运动的序幕。

1930 年 5 月 1 日国际劳动节，一些省市的工人相继进行示威游行，农民发起了抗税斗争。五一劳动节的斗争运动掀起了越南工农运动的高潮。据统计，1930 年 6—8 月，越南共爆发了 121 次斗争，其中工人运动 22 次，农民斗争 95 次，其他阶层的斗争 4 次。其中中部地区的群众斗争最为激烈，共发生了 82 起。

在 20 世纪 30 年代初的斗争运动中，以中部义安、河静两省的革命运动发展最为突出，成为斗争的焦点。从 5 月初开始，在印支共产党的领导下，义安、河静地区的工农群众通过罢工和示威游行的形式，掀起了革命斗争高潮。8 月底 9 月初，许多农民涌进县城，捣毁政府机关，冲进监狱，包围兵营，并惩治了地主恶霸。在斗争过程中，许多地方纷纷成立了农村党支部、农会、妇女会、青年会和自卫队。9 月下旬，义安、河静的一些县和农村的殖民政权被推翻。县里的官员逃掉了，乡长、里长向革命队伍交出了官印，农会成了农村的权力机关。由党支部领导的农会执委会负责管理农村，出现了苏维埃式的工农革命地方政权。

农会执委会对农村进行初步的民主改革：废除各种苛捐杂税，减免地租，取消公债和贷款利息；收回被地主豪强霸占的属于村社的公田、公地，并重新进行分配；成立法庭，惩治反革命人员；建立自卫队，对社会秩序进行整顿。与此同时，农会执委会还组织农民学习文化知识。广大农民的斗争热情不断高涨。义安、河静两省的革命斗争推动了越南各地区人民的反法斗争，同时各地的民众也纷纷起来声援。

不断兴起的农民运动让法国殖民者十分恐慌。为了镇压义安、河静两省的革命斗争，法国殖民者制定了镇压计划，派遣兵力，宣布戒严令，在各地设立军事据点，并利用阮氏政权，在政治上欺骗农民。

法国殖民当局和阮氏政权在义安、河静地区实行一些改良措施，以此来迷惑和瓦解人民的斗争意志。就在反动势力进行反扑时，该地区又发生了灾荒，广大百姓的生活陷入困境。与此同时，在反镇压、抗税和夺粮斗争中，该地区的党委领导犯下了"左"倾错误，一度喊出了"打掉知识分子、富农、地主豪绅"的口号，并且背离了宗教信仰自由政策，扩大了打击面，导致革命队伍出现了分裂。1931 年，设立在西贡的党中央常委机关遭到破坏，陈富和中央常委全都被捕。4、5 月，中圻和义静地区党的领导干部也先后被捕，革命运动失去了领导核心。从 1931 年下半年开始，革命运动逐渐衰微。越南革命力量纷纷转入地下，义安、河静地区的苏维埃政权也被扼杀了。

1931 年下半年后，越南革命运动进入低潮期，但是越南共产党和反法爱国志士依然在坚持斗争。从 1933 年开始，越南革命运动逐渐复苏。1934 年，印度支那共产党在海外成立了党的机构，并计划恢复和统一国内党组织。1935 年 3 月，越南共产党在中国澳门举行了第一次代表大会，选举了新的中央委员会，为进行新的革命斗争做了准备。1936 年，越南爱国民主运动也迅速发展起来了，相继成立了友爱会、读书会、互济会等合法、半合法的组织。这些活动为第二次世界大战时期越南民族解放斗争的发展打下了坚实的基础。

印度尼西亚的社会状况

从 17 世纪初起，印度尼西亚就逐步沦为荷兰的殖民地，到第一次世界大战结束时，已经有 300 多年了。在殖民统治时期，印尼被称作"荷属东印度"或"尼德兰东印度"。18 世纪末，自荷兰东印度公司遭到解散后，印尼直接由

爪哇岛
爪哇岛是印度尼西亚第五大大岛，南临印度洋，北面爪哇海，地理位置优越。

荷兰国王委派的总督管辖。殖民政府以总督为首，下辖西爪哇、中爪哇、东爪哇、苏门答腊、加里曼丹和东部诸岛等六个省区，还有地处中爪哇日惹与梭罗地区的四个公国（土邦）。殖民当局建立了一支陆海空军队，以荷兰军官为核心，征召当地人，组织了一支相当庞大的军事队伍。

1918 年，东印度国民议会正式成立，议员除了荷兰人担任之外，也吸收了一些当地的上层人士为议员。20 世纪初，荷兰政府宣布要在东印度实行"道义政策"，将政府权力逐步移交给当地人，改善殖民地的状况。然而以总督为首的殖民政府大权在握，东印度国民议会如同虚设，总督有权否决议会的任何决议。

从 20 世纪开始，荷兰面临着帝国主义列强的激烈竞争，为了维持自己在印尼的地位，宣布施行"门户开放"政策，允许列强在东印度殖民地自由投资。此后，英、美、日、法、比等垄断资本纷纷涌入印尼。一战前后，印尼出现了以荷兰为主的世界垄断资本共同剥削的情形。

首先进入的是英国资本，与荷兰资本成立了合营企业，对印尼的种植园和采矿业进行了大量投资，投资额仅次于荷兰。此外，美、日两国也加强了对印尼的资本输出。到 20 年代，在印尼的国外资本达到了 60 亿荷兰盾，印尼各生产部门被外国洋行和大银行所控制，外国资本操纵了印尼的经济命脉，列强从印尼攫取了巨额利润。1929 年，外国垄断资本在印尼的企业利润率达到了 30%—40%，一些甚至高达 170%，印尼每年被列强掠夺的利润高达 15 亿荷兰盾。

当时印尼的陆地面积为 190 多万平方千米，此外还有 6000 多个可以居住的岛屿，是世界上最大的群岛国家，有着 6000 多万人口和 100 多个民族，各个岛屿和地区之间的发展十分不平衡，宗教、语言和民族问题也十分繁杂。为了更好地进行统治，荷兰殖民者在维护总督集权统治的前提下，保留各土邦王公的特权，并扶持印尼封建贵族、地主、奴隶主以及各地酋长，以此巩固自己的统治。

随着外国资本的不断输入，一些具有资本主义性质的大种植园、采矿企业、铁路和轮船等运输公司建立起来。外国资本一方面破坏了印尼原来的自然经济，一方面也促进了印尼资本主义的发展。

印尼民族意识的觉醒

战后，印尼民族资本企业得到了一定的发展。据统计，1925 年，爪哇岛上雇佣工人在 6 人以上的企业有 5175 家，由印尼当地人经营的仅 865 家。印尼的民族企业主要经营花裙、编织、制鞋和卷烟等行业，规模很小，发展十分缓慢。此外，印尼还出现了一些从事零售贸易的商人，其中部分是华侨、华人商人。随着工厂企业的不断发展，印尼的工人阶级也发展起来，主要集中在外资企业、矿山和运输部门。到 20 世纪 30 年代，印尼除了拥有数百万的农业种植园工人之外，产业工人也达到了 50 万人。

伴随民族资本主义的发展，印尼出现了一些民族知识分子。他们中的大部

普兰巴南寺庙群
位于日惹东北 16 千米处，记录着印尼人祖先的灿烂文化。

分人主要来自地方官吏和没落贵族家庭，与殖民者和封建势力有着紧密的联系，但是他们又遭受殖民者的种族歧视和压迫，强烈要求发展印尼的民族经济和文化，提高印尼人在社会上的地位。此外，一些土生白人及知识分子同样遭到了歧视和不公正的待遇。

从 20 世纪初起，印尼民族逐渐觉醒，出现了一些民族主义组织。1908 年 5 月 20 日，医生胡索多在中爪哇的日惹成立了印尼第一个民族主义组织——至善社，该组织的宗旨是在法律准许的情况下，发展文化教育，实现印尼"农业、畜牧业和商业的发展"，"技术和工业的进步"以及"土著艺术和科学的振兴"。到 1909 年，至善社成立了 40 个分社，会员达 1 万人，有力地推动了民族主义运动的发展。

1911 年，印尼花裙业商人在中爪哇梭罗成立了"伊斯兰商业联盟"。该组织最初的宗旨是以伊斯兰教为旗帜，维护印尼民族工商业者的利益，抵制华侨、华人商人的竞争。1912 年，该组织进行了改组，改为"伊斯兰联盟"，成为印尼民族资产阶级的政治组织，由民族主义活动家佐克罗阿米诺托担任主席，总部设在泗水。"伊斯兰联盟"的斗争目标是成立印度尼西亚人的自治政府。到 1918 年，"伊斯兰联盟"发展成了一个拥有近 39 万人的政党。此外，其内部也分出了一些派别。

1912 年，土生白人知识分子在万隆建立了"东印度党"，并喊出"东印度是东印度人的"的口号，要求在印尼生长的各民族人民一律平等。但是不久后该党就被迫解散了。

1914 年初，荷兰社会民主党党员斯内夫利特（笔名马林）等人到达印尼宣传马克思主义。5 月 9 日，他们和印尼的一些进步知识分子，在泗水建立了"东印度社会民主联盟"。这是印尼第一个宣传马克思主义的组织，并第一次明确提出"争取印尼独立"的纲领。这个组织在纲领中还提出了以社会主义思想教育群众，建立工会和农民合作社等要求，为印尼共产党的成立做了政治、思想和组织上的准备。

第一次世界大战和俄国十月革命的胜利，促进了印尼工人运动的发展及共产党的成立。1918 年，印尼各地参加罢工的工人有 7000 人，1919 年时人数增加到了 6.6 万。1919 年，工人运动联合会在日惹成立，有 22 个公会加入联合会，会员超过 7.2 万人。印尼工人运动不断高涨，迫切需要成立一个工人阶级的革命政党，领导工人进行斗争。1920 年 5 月 23 日，东印度社会民主联盟召开第七次代表大会，会上通过决议，将联盟改组为东印度共产主义联盟，司马

马林
荷兰社会民主党党员斯内夫利特，笔名马林。

温被推选为联盟主席，并在同年年底加入了共产国际。1924 年，东印度共产主义联盟改称为印度尼西亚共产党。

1920—1923 年，印尼的罢工斗争掀起了高潮。1922 年，东印度总工会宣告成立，在第二年领导了爪哇铁路工人大罢工，参加罢工的有 1.3 万名工人，其中有部分为欧洲籍工人。殖民当局调集军警对罢工游行进行镇压，司马温也被驱逐出印尼。在工人进行罢工运动的同时，农民运动也逐渐兴起。因为伊斯兰联盟规定其成员不得加入其他政党，结果联盟内的共产党人纷纷退出，另外组成了红色伊斯兰联盟，并吸收广大农民加入。1924 年，红色伊斯兰联盟进行了改组，改称人民同盟，成员有 3 万人之多，其中大部分是农民。在印尼共产党的领导下，人民同盟在各地不断开展农民运动。

20 世纪 20 年代，亚洲各国的民族解放运动掀起高潮，鼓舞了印度尼西亚人民的斗争热情。在革命运动日趋高涨的形势下，荷兰殖民当局加紧了对革命运动的镇压。他们将参加罢工的工人解雇，逮捕抗争的农民，关闭进步的学校，取缔出版、集会等民主自由权利，对共产党和工会领导人实行监禁或流放。此外，殖民当局还在农村成立恐怖集团——"绿色同盟"，以此来对抗人民同盟。荷兰殖民者的残酷镇压使得他们和印尼人民的民族矛盾越发尖锐，革命起义一触即发。

在工农革命运动日益高涨的形势下，印尼共产党领导对革命力量的估计过于乐观。1924 年底，印尼共产党特别代表大会认为进行武装起义的时机已经成熟，并提议成立苏维埃共和国。1925 年 12 月 15 日，印尼共产党在距离日惹不远的布兰班南召开了紧急代表会议。会上通过了关于立即进行武装起义的决议，并成立了起义委员会，以准备和领导起义。

印尼民族大起义

　　印尼共产党计划在 1926 年 6 月 20 日发动起义，但丹·马拉卡等领导人反对起义，并另外成立了印尼共和党，导致印尼共产党陷于分裂状态，被迫推迟发动起义。1926 年 11 月 12 日，爪哇的雅加达和万丹率先发动起义。当天晚上，雅加达起义农民朝市区发起进攻，攻占监狱，占领电话局，捣毁警察署。万丹的起义农民将残暴的梅尼斯区区长打死，摧毁了一座铁路桥，并占领了拉甫安车站，以此来切断殖民者的运输线。

　　起义的浪潮迅速扩散到勃良安、万隆、梭罗、北加浪岸和谏义里等地区，斗争持续到 12 月上旬。苏门答腊按原计划应与爪哇一齐发动起义，但由于爪哇起义发动后，印尼共产党中央的大多数领导人被捕了，苏门答腊起义委员会未能接到发动起义的指示，因此直到 12 月中旬时才决定发动起义。1927 年 1 月 1 日，苏门答腊的沙哇仑多煤矿区率先发动起义，起义者与殖民军战斗了 12 天后失败。各地的起义在坚持了一个月后也被殖民军镇压了。

印尼民族解放纪念碑

　　印尼民族大起义使荷兰殖民当局震惊不已，促使其对起义活动进行残酷的镇压。印尼共产党被定性为"非法"组织，许多进步工会和人民同盟也被解散了，近2万多人遭到逮捕，部分领导者被殖民当局处以绞刑，4000多人被杀害或被判监禁，1000多人被流放。

　　印尼民族大起义失败的原因，一方面是敌我之间力量对比过于悬殊，起义条件还未成熟；另一方面是印尼共产党还处于成长阶段，还未成熟，未能团结广大群众，建立统一的反荷战线。此外，党内出现分裂也是起义失败的重要因素。在发动起义时，缺乏对队伍的统一领导，爪哇和苏门答腊未能按计划一齐行动，导致起义斗争只持续了两个月就被荷兰殖民者扼杀了。

　　民族大起义失败后，印尼共产党深受打击，被迫转入地下。印尼革命运动一时陷入了低潮，但是殖民者的暴力无法阻止印尼人民继续进行民族独立运动。

　　1927年7月4日，以苏加诺为代表的民族主义者在万隆建立了"印度尼西亚民族联盟"，第二年，该组织又改名为"印度尼西亚民族党"，苏加诺任主席。这是一个代表印尼民族资产阶级利益的政党，主要成员为中小资产阶级知识分子、中小职员，此外还有一些手工业者、工人和农民。它提出了实现民族独立的纲领，反对与荷兰殖民政府进行合作。1927年12月，苏加诺领导成立了印尼民族政治团体协商委员会，委员会由印尼民族党、伊斯兰联盟、至善社、巴巽丹协会、苏门答腊同盟、巴达维亚人联合会、印尼研究会等政党、团体联合组成，成为印尼民族统一战线组织，苏加诺被推选为主席。

　　1928年10月，印尼各族青年在雅加达举行了第二届代表大会，大会通过

"印尼国父"苏加诺
苏加诺出生于东爪哇，是苏腊巴亚的土著贵族。

了《青年誓词》，决定以象征勇敢和纯洁的红白旗作为印度尼西亚国旗，还首次奏起了青年作曲家苏普拉特曼谱写的《伟大的印度尼西亚》。

在这一时期，印尼民族政治团体协商委员会公开要求殖民当局废除契约工人刑罚条例，释放政治犯，取消禁止公务员参加政党的禁令等非民主的法令。出于对民族运动的恐惧，荷兰殖民当局下令镇压苏加诺领导的民族党的活动。1929 年 12 月 29 日，荷兰殖民当局逮捕了苏加诺，宣布民族党为非法组织。

1930 年 8 月 18 日至 9 月 29 日，殖民法庭对苏加诺进行审讯。在法庭上，苏加诺发表了著名的辩护词——《印度尼西亚的控诉》，通过大量的事实揭发和控诉了殖民主义的罪恶，并表达了印尼人民要求实现民族独立的坚强信念。殖民法庭不顾国内外舆论的压力，仍然判处苏加诺 4 年徒刑。

印尼民族党被宣布为非法组织后，宣告解散，党组织也一分为二。党内的领导人沙尔多诺成立了"印度尼西亚党"，沙里尔和哈达成立了"印度尼西亚国民教育党"。1931 年 12 月 31 日，苏加诺提前获释出狱，努力使两党重新统一，但未能成功。他加入了印度尼西亚党，并担任该党主席，继续开展争取民族独立运动的斗争。在这之后，印度尼西亚党不断发展壮大，到 1933 年时，已有 71 个支部，2 万多名党员。

1933 年，"七省号"军舰印尼水兵起义事件爆发，成为当时印尼人民反荷斗争的一起重大事件。起义原因是荷兰殖民当局连年降低水兵的待遇，导致军舰水兵的不满，于是起来反抗。1933 年 1 月，泗水港的海员举行罢工，被派往苏门答腊的"七省号"军舰水兵在海上宣布起义，印尼水兵联合一些荷兰军官夺取舰只，并返回了泗水。殖民当局立即派飞机前去轰炸，派遣舰队进行堵截，舰上官兵伤亡惨重，被迫投降，水兵起义最终失败了。

镇压水兵起义之后，荷兰殖民当局加紧了对印尼民族主义政党的镇压。1933 年 8 月，苏加诺再次被捕，并被流放到了弗罗勒斯岛，后来又转移到了苏门答腊的明古连。次年 2 月，印尼国民教育党也被荷兰殖民当局禁止活动，哈达、沙里尔等人被捕。

20 世纪 30 年代后期，日本法西斯侵略活动日益猖獗。1935 年 4 月，印尼共产党领导人慕梭从国外秘密回国，恢复党的组织。1937 年，在共产党人的建议和领导下，沙里弗汀成立了公开的群众性组织——印度尼西亚人民运动党，开展反对当时企图称霸东亚的日本帝国主义的活动。

1939 年 7 月，印尼人民运动党和其他民主政党建立了统一战线，组成了"印度尼西亚政治联盟"。联盟的目标是团结各阶层、各党派，争取实现印尼的自决，实现全国政治、经济和社会民主的统一，产生由民主选举的议会，实现印尼与荷兰协调一致，建立反法西斯统一战线。1939 年 12 月，印尼政治联盟在雅加达召开了印尼人民代表大会，讨论成立议会。大会通过决议，以印尼语为国语，红白旗为国旗，《伟大的印度尼西亚》为国歌。大会要求成立国民议会，但是当时的荷兰政府拒绝了这个要求。

印度：非暴力不合作运动

第一次世界大战爆发后，英国强行将印度拖进了战争的深渊，给印度人民带来了沉重的苦难。大战期间，印度有 150 多万人被征调到西欧和中东战场作战，有 10 万多人伤亡。大战还加重了印度人民的经济负担。印度在战争期间被迫承担了高达 1 亿英镑的军费，仅次于英国。此外，英国还向印度强制征调了大量的粮食和物资，其中有 369 万吨各种物资以及 500 万吨粮食。数额庞大的军费和无偿供应的粮食、物资，使得印度在战后几年里的债务高达 78 亿多卢布。大量粮食的外运使得原本就缺粮的印度粮食价格大涨。

此外，赋税不断攀升导致大量农户破产，劳动人民承受着沉重的重担。1918—1919 年，印度发生了大饥荒和流感，1200 万印度人被夺去了生命，占当时印度人口的 5%。印度人民与英帝国主义之间的矛盾不断激化。

1918 年 7 月，英国为了缓和日益高涨的印度民主主义浪潮，发表了由印度事务大臣蒙塔古和驻印度总督蔡姆斯福德联合署名的关于印度政府组织法的"改革方案"。方案的主要内容是：在立法机构方面，在总督下设立两院制的立法机构，总督对立法议会通过的任何决议有否决权。在行政体制方面，实行双头制，在各省的政府里，警察、财政等重要部门及中央政府的各部门掌握在英国人手里，一些次要的部门如卫生、教育部门等交给由英国省督任命的印度厅长去管理。蒙塔古－蔡姆斯福德方案只得到了一部分印度上层分子的支持，依然无法平息印度人民的反英情绪。

此外，让印度人民更加愤怒的是，英国人不仅没有实现大战时承诺让印度实行自治的诺言，反而对印度实施了更为强硬的措施。1919 年 3 月，在殖民当局的授权下，法官罗拉特颁布了一项法案，规定殖民当局有权不经起诉就逮捕任何一个有反英活动嫌疑的人，甚至不经审讯即可判刑或判服劳役；警察有权解散群众集会和示威游行。《罗拉特法》的颁布，激起了印度人民的怒火，

甘地

甘地是印度国父，他的非暴力抵抗成为现代政治学说之一，被称为"甘地主义"。

各地纷纷举行集会、示威和罢工。

这样的局势迫使印度资产阶级政党——国民大会党采取一种较为坚决的策略。当时领导国大党的是印度著名的政治活动家莫罕达斯·卡拉姆昌德·甘地（1869—1948 年）。甘地坚持非暴力原则，提倡采用"非暴力抵抗"的斗争策略。甘地认为，这是印度人民获得解放的唯一正确的斗争方式。除此之外，甘地还十分重视做人民群众的工作，将广大人民群众吸引到民族解放斗争中来，从而扩大了运动的基础，将民族主义运动发展到一个新的阶段。

英国当局颁布《罗拉特法》后，国大党根据甘地的提议，决定于 1919 年 4 月 6 日举行总罢业，号召在这一天全印人民实行斋戒和祷告，进行和平抵制。人民群众响应了号召，4 月 6 日，各地爆发了声势浩大的罢业和示威游行。许多地方的群众在举行示威游行时与警察发生了冲突。英国殖民当局决定采取武力来镇压印度人民的反抗斗争。4 月 10 日，英国当局在旁遮普省的阿姆利则城逮捕了 5 位民族运动的活动家，企图将他们驱逐出阿姆利则城。这引起了群众的抗议，居民要求当局释放被捕者，并与警察发生了武装冲突，一度控制了该城。英国殖民当局派遣戴尔将军率军开进阿姆利则城，实行戒严。4 月 13 日，约有 5 万名群众在当地的一个广场举行抗议集会，抗议英国殖民当局的暴行。戴尔指挥军队包围广场，未发出任何警告就朝手无寸铁的群众开枪射击，制造了"阿姆利则惨案"。英国官方公布死亡人数是 379 人，受伤人数是 1200 人。但是印度政府认为，当场打死约 1000 人，打伤 2000 多人。

　　英国殖民者原本是企图通过阿姆利则大屠杀来恐吓住印度人民，结果却激起印度各阶层人民的反英怒潮。在孟买、加尔各答、联合省、比哈尔等地区发生了焚毁政府机关、邮局、警察局，破坏铁路，炸毁桥梁，颠覆列车，袭击警察和监狱的事件。印度各地以大规模的罢工和起义反抗英国人所犯下的暴行。在纺织中心阿麦达巴，罢工工人不顾甘地的非暴力抵抗的呼吁，进行了英勇的斗争，控制城市两天，号召将英国统治者驱逐出去。1920 年上半年，印度发生了 200 次工人罢工活动，150 万人参加了罢工。规模最大的一次是印度孟买 20 万纺织工人举行的总罢工，这次罢工斗争持续了一个多月。在这一时期，马克思列宁主义在印度得到传播。1920 年初，印度也成立了共产主义小组。

　　群众的反英斗争行动冲破了非暴力抵抗的范围，在人民群众斗争高涨的形势下，国大党提出了领导革命斗争的主张，试图将群众的革命斗争控制在非暴力的范围里。

　　1920 年秋，国大党在加尔各答举行了国大党特别会议，在这次会议上通过了甘地的"非暴力不合作"计划，希望通过这个运动实现印度自主的目的。在这个计划中，甘地规定运动采取循序渐进的方式：一、所有印度人放弃英国政府授予的爵位、封号和名誉职位；二、罢课、离职，抵制法院和政府机关，抵制英国商品，不买英国布；三、拒绝纳税。

　　国大党领导的不合作运动得到了印度各阶层人民的热烈响应。不久后，国

贾利安瓦拉巴格大屠杀纪念馆
阿姆利则惨案，又称"贾利安瓦拉巴格大屠杀"，因为惨案发生在贾利安瓦拉巴格广场。

大党改组成为群众性的政党，除了中央领导机构之外，在印度各地分设了支部。不合作运动在各地迅速开展起来了。各地纷纷举行群众大会，国大党的活动家们在会上对群众发表演说。许多人放弃了政府机关的工作，抵制法院，学生罢课，工人罢工，有的地方公开焚烧英国货。许多地方的人民拒绝交纳租税。

在这一阶段，除了工人持续举行罢工斗争之外，农民运动也迅猛地开展起来。1921 年 3 月，在旁遮普省信奉锡克教的"阿卡利"派教徒，要求锡克教财产归全体教徒所有，教团由选举产生，反对上层阶级加在他们身上的剥削，矛头直指锡克教上层人士。"阿卡利"运动发展迅速，这是一次迅速转为具有反帝性质的斗争运动。直到 1923 年初，英国殖民者对举行运动的教徒进行逮捕和屠杀，残酷镇压了这场运动。1921 年 8 月，南印度马德拉斯省马拉巴尔海岸地区的伊斯兰教农民发动了"莫普拉起义"，反对印度教徒地主的压迫和剥削。起义者在占领地区建立了"哈里发王国"，这场武装斗争持续了半年多。1921 年，在北方的联合省，农民袭击当地的地主庄园、抢夺粮食、拒绝交纳地租，持续不断的农民斗争发展成为农民起义。在奥德地区，农民成立了"农民反对地主协会"，取名"爱卡"，意为"团结"。1922 年 2 月至 3 月，"爱卡"领导的农民运动发展成了农民战争。英国殖民当局迅速派遣军队，将"爱卡"运动镇压了。

这些农民起义将矛头对准英国人，往往使用暴力的手段，违背了甘地所强调的"非暴力"方式。就在印度民族解放运动发展得如火如荼、英帝国主义万分恐慌之际，国大党及其领导人甘地对农民运动超出了自己所设立的非暴力范围之外而惶恐不安。

1922 年 2 月，联合省的乔里乔拉村农民举行游行示威活动，结果遭到警察的镇压，警察朝示威人群射击。警察的镇压行径引起了农民的愤怒，数千名农民包围了警察所，愤怒的农民放火焚烧了警察所，22 名警察被烧死。这起事件在当时的印度并不罕见，在印度的许多地方甚至爆发过更大规模的冲突事件。但是，甘地认为这一事件表明运动已完全超出国大党控制的范围，若让运动继续下去，将导致更大范围和更大规模的暴力事件的发生。这起事件成为甘地停止运动的理由。

1922 年 2 月 12 日，根据甘地的提议，国大党在巴多利召开会议，通过了决议，对乔里乔拉群众的行为表示遗憾，决定停止不合作运动，停止举行群众大会和游行示威，并要求农民恢复交租纳税。1922 年 3 月 10 日，甘地被英殖民当局逮捕，并被判处六年徒刑。第一次非暴力不合作运动宣告结束，印度的民族主义运动再次走向低潮。

中亚、西亚和北非的一些国家

中亚、西亚和北非在一战之前基本都是西方列强的殖民地。战后，西亚、北非人民都掀起了反抗殖民统治、争取独立自由权力的斗争，不过最终获得独立的地区并不多。在这些地区中，成功获得独立的代表是土耳其，关于土耳其的革命将在下一部分介绍。

阿富汗

19 世纪末，英国占领了阿富汗，迫使阿富汗签订了《甘达马克条约》，阿富汗丧失了外交权，沦为英国的附庸。为抵抗英国的侵略，阿富汗曾先后发动两次反抗英国的独立战争。20 世纪初，以进步的民族主义思想家马赫穆德·贝格·塔尔齐为代表的青年阿富汗派成立。塔尔齐抨击英、俄帝国主义对阿富汗的侵略，并指出只有完全独立才能够让阿富汗走上繁荣富强的道路。阿富汗部分王室、官员及知识分子也受到了青年阿富汗派的影响。国王哈比卜拉·汗的第三个儿子阿曼努拉也深受青年阿富汗派的影响，并成为该派别的政治领袖。

第一次世界大战期间，阿富汗持中立态度，直到英军侵占了邻国伊朗的大片领土之后，阿富汗才深感严重的民族危机。1919 年 2 月 20 日，在贾拉勒阿巴德进行的一次狩猎活动中，国王哈比卜拉·汗不幸遇刺身亡。2 月 28 日，阿曼努拉击败宫内的保守势力，继承了王位。在青年阿富汗派的支持下，阿曼努拉组成了以青年阿富汗派成员为主的内阁。在加冕时，阿曼努拉宣布阿富汗应当成为一个自由和独立的国家，应当拥有主权国家所拥有的一切权利，不承认任何国家对阿富汗的统治。同时，阿曼努拉迅速采取了措施，力求争取早日摆

在阿富汗的英国军队
第一次英阿战争（1839-1842 年）期间在阿富汗乌尔根迪的英国军队。

脱英国对阿富汗的控制。

1919 年 3 月 3 日，阿曼努拉向英印总督发信函，要求英国承认阿富汗的独立地位，要求双方在平等的基础上重新审议英阿之间的关系。4 月，阿曼努拉又向苏俄政府致函，提议两国建立友好的关系。5 月，苏俄政府发表声明，承认阿富汗的独立地位，承诺取消沙俄与阿富汗签订的一系列不平等条约，希望与阿富汗建立睦邻友好关系。然而英国拒绝承认阿富汗的完全独立，并在印度和阿富汗的边境地带调集军队，企图通过武力再次迫使阿富汗屈服。

1919 年 5 月 3 日，英国蓄意制造挑衅事件，在喀布尔西部的开伯尔山口发起了进攻，阿富汗第三次抗英独立战争（又称第三次英阿战争）就此展开。面对侵略者的进攻，阿富汗人民在阿曼努拉的领导下，纷纷起来反抗侵略者。阿富汗军队 4 万人分别在开伯尔山口、加兹尼和坎大哈三个方向英勇抗击英侵略军，在边界地区部族武装的支持下，与侵略者展开了持续近一个月的浴血战斗。

5 月 25 日，在东部战线，一支阿富汗军队突入英属印度西北边省，包围并迫使塞塔尔要塞的英军投降。6 月初，整个战局陷入了僵持状态。英军依靠优势兵力和先进的武器装备，派空军不断轰炸阿富汗首都喀布尔等城市，然而英军在战斗中遭到阿军的顽强阻击，很难进入阿富汗国土的纵深地区。由于阿富汗军民的英勇反抗，加上印度人民反英民族解放运动的高涨和英国对苏俄进行武装的干涉，英军大部分兵力被牵制住了，英军内部也出现了厌战情绪，在此情况下，英国被迫放弃继续侵阿的计划，同意了阿富汗提出的停战谈判的建议。

1919 年 6 月 3 日，英阿双方缔结了停战协定。8 月 8 日，双方签订了初步和约。和约规定：维持阿富汗与英属印度原定边界线，并确定在六个月后再商讨双方关系正常化问题。初步和约签订后，阿富汗在外交上取得了新的成就。1919 年 10 月，苏俄政府正式承认阿富汗独立。1921 年，苏俄、土耳其、伊朗与阿富汗正式签订了友好条约。阿富汗取得了对外关系的自主权。1921 年 11 月 22日，阿富汗与英国正式签订和约。条约规定：英国承认阿富汗完全独立，双方建立正常外交关系和贸易关系。该条约将阿富汗独立以法律的形式固定下来了。独立战争的胜利，使阿富汗成为一战结束后第一个获得政治独立的亚洲国家。

阿富汗取得完全独立后，阿曼努拉对印度、埃及、土耳其和西欧各国进行了访问，前往苏俄进行了考察，然后对阿富汗进行了一系列改革。在政治方面，组建了内阁，加强中央政权，建立立法会议，在中央和地方成立了代议制机构。1923 年，阿富汗颁布了第一部宪法。在经济方面，废除了税卡，对外国商品实行高关税；颁布了《奖励工业法》，宣布承认土地私有制合法化，废除封建徭役制度，将土地税由实物税改成货币税。在文化教育方面，设立世俗学校，成立女子中学，发展教育事业，并鼓励学生到外国留学。同时，开办剧院，发展与其他国家的文化交流。在社会生活方面，颁布新法典，替代伊斯兰教法规，

阿富汗国王、阿富汗民族独立运动领导人阿曼努拉
阿曼努拉在即位加冕的演说中宣布要使阿富汗从英国人的统治下获得完全的独立。

废除多妻制，禁止贩卖、体罚奴婢，禁止买卖妇女，取消妇女外出戴面纱的旧习俗，并对伊斯兰教僧侣和部族领袖的特权进行了限制。

阿曼努拉的改革主要以欧洲国家为模式，在青年阿富汗派的支持和推动下，打击和削弱了阿富汗封建传统势力，加强巩固了中央集权，使得阿富汗的经济和文化事业得到了发展，改革取得一定的效果。

中东委任统治地

第一次世界大战结束后，伊拉克、叙利亚和黎巴嫩等阿拉伯地区的人民等来的不是独立，而是在英、法军事占领下的委任统治制度。这引起了阿拉伯地区人民的强烈不满。

1920 年 3 月 18 日，叙利亚各地区召开了代表大会，宣告费萨尔为国王并组成政府，正式宣布大叙利亚（包括叙利亚、黎巴嫩和巴勒斯坦）独立。

然而，英法两国宣布不承认叙利亚全国代表大会的决议，并于 1920 年 4 月在意大利圣雷莫召开会议，通过了瓜分叙利亚和伊拉克的协议，将当时叙利亚分为巴勒斯坦、黎巴嫩以及现在的叙利亚，叙利亚由法国委任统治。7 月 14 日，法国政府向费萨尔国王发出通牒，要求其无条件承认法国在叙利亚的委任统治，并出兵攻占了大马士革，废黜了费萨尔国王，并于 9 月将叙利亚和黎巴嫩划分为四个区，即大黎巴嫩、阿勒颇、拉塔基亚和大马士革，以便分而治之。

对于法国在政治、经济和社会各方面的压迫，叙利亚人民进行着反抗和争取民族独立的战争。从 1920 下半年开始，叙、黎各地区的反法武装起义从未间断，与此同时，伊拉克地区人民反抗英国占领者的起义斗争也掀起高潮。

1920 年 6 月，起义浪潮在全国各地扩散开来。伊拉克独立捍卫者协会领导人民起义。起义军包围了巴士拉，英国军队被困住，巴格达和摩苏尔等城市也危在旦夕。英国政府迅速派遣军队前去镇压。由于封建主的叛变和英国在各部落间挑起冲突，起义最终被英军镇压了。1921 年 8 月，英国扶持费萨尔为伊拉克国王。次年，英国和费萨尔政府签订不平等的《英伊同盟条约》。条约明确了英国对伊拉克的政治、经济和军事的控制以及英国在伊拉克的特权。条约的签订激起了伊拉克人民的愤怒，人们纷纷起来进行反抗。1922—1928 年，伊拉克人民进行了持续不断的罢工斗争和武装反抗。1932 年，为了缓解伊拉克人民的反抗情绪，英国被迫宣布结束对伊拉克的委任统治。与此同时，英国

费萨尔一世
1921 年 8 月 23 日，费萨尔·伊本·侯赛因在英国的支持下，加冕为伊拉克国王，即费萨尔一世，经他一手建立了费萨尔王朝。

宣布与伊拉克在 1930 年签订的为期 25 年的英伊军事同盟条约开始生效，以继续维持自己对伊拉克的控制。

法国占领军在叙利亚推行各种强制统治措施，激起了广大人民的强烈不满。为了反对法国的委任统治，1925—1927 年间，叙利亚、黎巴嫩人民举行了武装起义。

1925 年 7 月，叙利亚南部山区杰贝尔·德鲁兹省的农民在民族主义者阿特拉沙的领导下举行武装起义，并迅速向北扩散，不久发展为全国范围的大起义。8 月，起义队伍成立了叙利亚国民军，由阿特拉沙担任统帅，并建立了临时革命政府。10 月，北部城市哈马的市民也发起了武装起义。10 月 18 日，起义军占领了大马士革。11 月，起义军几乎控制了叙利亚全境，并建立了政权。叙利亚人民武装大起义震惊了法国政府，它立即从国内和法属摩洛哥调遣数万军队支援叙利亚。法军在集合完毕后，人数达 10 万人，并对起义军基地德鲁兹山区发起了大规模进攻。起义军奋起抵抗法国占领军的进攻，这场战斗持续了一年多。1927 年 7 月，法军攻占了起义军的最后一个根据地库塔森林区，起义斗争被镇压了。

持续两年的叙利亚人民反法大起义沉重打击了法国在叙、黎的委任统治制度。为了防止叙利业人民强烈的独立愿望再次变为革命运动，法国统治者不能沿用以前的殖民统治了。镇压叙利亚大起义后，法国于 1928 年召开了立宪会议，并赋予一些上层人士管理地方的特殊权力，以此来缓解与叙利亚人民的紧张关系。

埃及：一战前后的社会状况

一战爆发前，英国挤掉法国独占了埃及。英国派驻埃及的总领事对埃及实行事实上殖民统治，并控制了埃及的政权、财权和军权。但是，埃及在名义上依然是奥斯曼土耳其帝国的一个行省，埃及统治者仍旧拥有奥斯曼土耳其帝国给予它的封建称号"赫底威"（国王）。

1914 年 12 月，英国政府以奥斯曼土耳其帝国加入同盟国一方参战为借口，宣布埃及脱离奥斯曼土耳其帝国而受其保护，使埃及成为英国的殖民地。战争期间，英国在埃及实行的"保护制度"，其实是在战争状态下的殖民制度。英国企图通过这一制度控制埃及"赫底威"的继承权，将埃及政权攫为己有，在军事上对埃及实行占领和管制。此外，英国还控制了埃及的外交、立法和司法等权，使得埃及进一步殖民地化。

一战期间，英国殖民当局在埃及掠夺战略物资，强征苛捐杂税，有 150 多万人被英军征用参加了战争，其中的 117 万人成为战争中的"劳动兵团"和"运输队"，充当炮灰，承担修道路等苦役。

由于战争，英国商品输入减少，英国需要向埃及订购商品，使得埃及的工商业得到了一定的发展。埃及的资本家利用这个时机加紧了经营商业、参与外国股份公司及土地买卖和集中资本的过程。1916 年，埃及资本家建立了工商业委员会，并向英国提出了取得经济权利的要求。埃及民族资产阶级的力量不

埃及独立运动领袖——扎格卢勒
扎格卢勒出生在埃及的一个伊斯兰教家庭，是第一个成为政府部长的埃及当地人。

断增强，他们对英国殖民当局压制埃及民族工业表示强烈不满。战争给埃及带来的另外一个重大变化是工人阶级力量的日益成长。战争期间工人人数增加到了 10 万，但埃及工人阶级的独立政党还处在形成的过程当中。工人阶级受到了外国和本国资产阶级的双重压迫和剥削，生活十分困苦。埃及的民族资产阶级、工人、农民和知识分子强烈要求摆脱英国的殖民统治，实现民族独立，与英国帝国主义间的矛盾日趋尖锐。埃及民族资产阶级试图使用和平方式来谋求埃及的完全独立。

在第一次世界大战爆发之前，埃及民族主义运动的目标只局限于在奥斯曼土耳其帝国的隶属及英国的保护下实行自治。战后，埃及民族主义运动的目标发生了变化，提出了完全独立和立宪的要求，并号召工人、农民参加这场民族民主运动。在这场运动中，扎格卢勒等人成了独立运动领袖。

扎格卢勒（1857—1927 年）曾在法国巴黎大学学习，取得法学学士学位，担任过报纸编辑，参加了 1882 年的反英起义，出任过埃及教育大臣、司法大臣、立法议会副议长。第一次世界大战爆发后，英国在埃及实行殖民保护制度，他的民族主义思想发生了转变。扎格卢勒认为埃及必须在政治上摆脱英国而完全独立，获取经济自主。他的这个立场，得到了埃及民族政党——民族党和祖国党的支持。

华夫脱运动

1918 年 11 月 23 日，扎格卢勒将立法议会的代表和各爱国阶层的代表组织起来，成立了"埃及代表团"。阿拉伯语"代表团"音译为"华夫脱"（Wafd），因此历史上称其为"华夫脱党"。它的党纲规定：华夫脱党的任务是通过和平合法的手段来取得埃及的完全独立。

扎格卢勒向英国殖民当局提交了《委托书》《向列强的呼吁书》和《向温盖特的要求》三个文件，要求英国撤销战时法令，英军撤离埃及和成立该党立宪的独立埃及政府，并请求派遣代表到伦敦同英国政府谈判。华夫脱党的主张得到了广大群众的支持，该党也成为埃及的全权代表，200 万人在《委托书》上签名。紧接着，签名运动在埃及逐渐发展成了群众性的反英运动。

1919 年 2 月，扎格卢勒发表讲话，强烈要求废除英国在埃及的殖民保护制度，并允许华夫脱党到巴黎和会申诉。随后华夫脱党组织群众进行了集会和示威。3 月 8 日，英国殖民当局逮捕了扎格卢勒等 4 位华夫脱党领导人，并将他们流放到马耳他岛，这一事件成了埃及人民大起义的导火索。

1919 年 3 月 9 日，开罗、亚历山大等城市的大中学校纷纷罢课，举行示威游行，抗议殖民当局的暴行。3 月 11 日，开罗工人进行大罢工，反英斗争迅速发展为全国性的罢工、罢市和罢课。政府机关和司法机关职员也在这一天起来罢工。广大农民也纷纷起来响应，人们切断电线、破坏铁路，修壁垒、挖壕沟，与英国军警发生战斗。3 月 13 日，开罗等城市的示威群众与英军发生巷战，很快转变为武装起义。广大农村普遍开展了游击战，一些参加了一战后返回家乡的士兵投入了战斗。埃及三月起义喊出了"打倒英国占领者""埃及是埃及人的埃及""释放扎格卢勒"等口号。与此同时，华夫脱党在各地成立了民族委员会。在济夫塔和扎加济格，起义者也成立了临时政府。在这场反帝斗争中，信仰基督教的科普特人和埃及人忘记了以往的隔阂，一起参加了开罗的武装起义。英国迅速调集大批军警疯狂镇压埃及人民起义，仅在 3 月就有 3000 多人被杀害，一些村庄也被烧毁。到 4 月中旬，埃及人民起义被英殖民当局残酷镇压了。

在埃及人民不断斗争的压力下，英国殖民当局只好允许扎格卢勒参加巴黎和会。这时的扎格卢勒对美国还存有一些幻想，然而威尔逊却在和会上正式承认了英国在埃及的殖民保护制度。《凡尔赛和约》第 147 条规定，埃及仍旧是英国的保护国。因此扎格卢勒最终也没能参加巴黎和会。在经历了这些事情后，扎格卢勒对列强不再抱任何幻想，决心再次举行反帝群众运动。

与此同时，英国派出米尔纳为首的调查委员会到埃及调查三月起义事件，并制定了"在英国保护下的埃及自治方案"。于是从 1919 年 10 月至 1920 年 3 月，华夫脱党举行了抵制米尔纳调查委员会的群众性抗议运动。1920 年 3 月，调查委员会提出了"米尔纳方案"，其主要内容为：签订《英埃同盟条约》，承认埃及"独立"，但埃及须将外交权交给英国，并同意英国在埃及驻军等。扎格卢勒拒绝了这个方案。1921 年秋，英国又炮制了以米尔纳方案为基础的"英埃条约草案"，这再次激起了埃及人民的广泛抵制和斗争。

1921 年 12 月，英国殖民当局将扎格卢勒和华夫脱党其他领导人逮捕并流放。殖民当局最初将扎格卢勒流放到阿拉伯半岛的亚丁，不久后又转移到了印度洋南部的塞舌尔群岛，最后转移到直布罗陀要塞。殖民当局的这种政治迫害激起了埃及人民的愤怒，反英斗争进一步高涨，各大城市纷纷举行了声势浩大的集会和游行。殖民当局调集大批军警，暴力镇压抗议群众，并没收了华夫脱

以扎格卢勒为首的华夫脱党
华夫脱党是推动埃及国家独立和废除君主制度的政党，又译为"埃及国民党"。

党领导人的财产。1922 年 1 月 23 日，华夫脱党开罗委员会向民众发出号召，抵制英国银行和英国商品。持续 3 年多的华夫脱运动，最终迫使英国殖民当局只得改变其殖民统治方式。

1922 年 2 月 28 日，英国政府被迫发表英埃关系宣言，放弃对埃及的保护，承认埃及独立。但是英国政府提出四项保留条件：一、英国负责埃及的国防；二、控制帝国交通线；三、保护外国人的权益；四、维持对苏丹的统治。

1922 年 3 月 16 日，英国宣布埃及为独立的君主立宪国家。在宣言发表之前，埃及成立了以鲁世迪·帕夏为首的宪法起草委员会。次年 4 月 4 日，埃及正式公布了宪法，宣布埃及是自由独立的国家，实行君主立宪，发展民族资本主义。

由于当时华夫脱党领袖被监禁和流放，宪法起草委员会的大部分成员是与国王关系密切的地主、资产阶级的代表，因此这部宪法比较保守，同时赋予国王较大的权力。国王有对外宣战和媾和的权力，有解散国会、颁布法律和任命内阁的权力。宪法规定每年有 1500 埃镑收入的人才有被选举权，这样就把为民族独立而浴血抗争的工农排除在外。此外，埃及宪法能否生效，要以是否侵犯外国人在埃及已获得的权利为条件。宪法只适用埃及王国，但埃及在苏丹的权利不变。

这部宪法具有民族独立和民主的进步内容，是埃及历史上第一部资产阶级宪法，在埃及历史上有进步意义。非洲现代史上第一个民族独立国家从此诞生了。

埃及建国

　　根据宪法，埃及在 1924 年举行国会大选，华夫脱党在竞选中获胜，刚被释放的扎格卢勒担任独立后的第一任首相，组成新内阁。

　　新内阁成立后面临的首要问题，是如何处理埃及与英国的关系。1924 年 9 月，扎格卢勒在议会发表声明，要求英国政府交出苏伊士运河的控制权，同时要求英国撤走驻埃及的高级专员，并建议两国互派使节。扎格卢勒不顾英国的反对，宣称埃及将履行独立主权国家权利，坚决抵抗外国的干涉。英国工党政府不仅拒绝了扎格卢勒的要求，还迫使埃及国王下诏，免去扎格卢勒的内阁职务。后因人民群众起来抗议，国王只好撤销了诏令。

　　1924 年 11 月，英国保守党政府出动军队占领议会和政府大厦，迫使扎格卢勒辞去首相职务。扎格卢勒内阁虽然只持续了 10 个月，但对内政进行了一些改革，比如实现埃及政府的民族化、反对腐败和发展教育事业等。在 1925 年、1926 年的大选中，华夫脱党接连获胜，扎格卢勒都被推选为议长。1927 年 8 月 23 日，扎格卢勒逝世，埃及各地纷纷举办悼念活动。他树立的民族独立旗帜指引着埃及人民继续进行反帝斗争。

　　从 1923 年以来，华夫脱党在议会一直占有优势。1928 年 3 月 1 日，华夫脱党人占多数的议会，否决了英国政府提出的《英埃条约》。3 月 4 日，组成了以纳哈斯为首相的华夫脱党内阁。新内阁反对英国以保护英侨安全为借口干涉埃及的内政。4 月 30 日，英国向埃及政府发出通牒，要求撤销集会游行的议案。纳哈斯内阁拒绝了英国人的要求，被迫辞职。自由党人马哈茂德出任首

埃及国王福阿德一世
1922 年 3 月 15 日，福阿德在英国的支持下登基成为埃及国王，并用儿子法鲁克的名字命名朝代名称——"法鲁克王朝"，这也是埃及最后一个朝代。

相。1928 年 7 月 19 日，埃及国王福阿德下诏解散议会，并宣布宪法失效 3 年。在这期间国王和内阁控制了立法和行政大权，埃及又恢复了由英国高级专员控制下的国王独裁专制政权。

埃及国王破坏宪法的倒行逆施行为激起了人民的怒火，华夫脱党号召人民起来反抗。从 1928 年下半年到 1936 年 5 月，埃及人民举行了护宪运动。

1928 年 6 月，英国组成麦克唐纳工党内阁，对埃及的政策由高压转为怀柔，并决定缓和与华夫脱党的紧张关系，同意恢复宪法。1929 年底，根据宪法，埃及进行议会选举，华夫脱党在选举中获胜。1930 年 1 月，纳哈斯再次组成华夫脱党内阁。这是护宪运动的胜利。

纳哈斯内阁主张通过谈判方式解决埃及与英国的问题。谈判从 3 月持续到了 5 月，以失败告终。双方谈判破裂后，纳哈斯内阁为维护宪法，草拟了"维护宪法尊严法案"。英国政府立即胁迫国王否决这个法案。6 月 16 日，纳哈斯内阁辞职，亲英的伊斯梅尔·西德基上台组阁。

西德基上台后宣布停止议会活动，并修改宪法。西德基政府的这些反民主措施立即激起了民众的愤慨，掀起了护宪运动的新高潮。从 1930 年下半年，华夫脱党通过议会，提出对政府不信任案，并组织开罗、亚历山大等城市的群众举行抗议示威活动。西德基政府立即宣布全国戒严，并逮捕议员，禁止言论自由。1930 年 10 月，西德基政府宣布废除旧宪法，对宪法进行修改。5 月，华夫脱党人号召抵制根据新宪法举行的议会选举。一些城市爆发了群众性的政治罢工和示威游行。

1933 年 9 月，西德基政府辞职，埃及进入了国王统治时期，宫廷总管易卜拉欣成为政权的实际统治者，英国政府成为其后台。1934 年，华夫脱党喊出了反对英国的口号，同时抗议国王践踏宪法、扼杀民主运动。11 月，英国被迫同意撤销"1930 年宪法"，但是不允许华夫脱党上台执政。1935 年 1 月，华夫脱党举行全国代表大会，提议在恢复"1923 年宪法"、重新举行选举的条件下与英国进行合作。英国拒绝接受华夫脱党提出的条件。11 月 9 日，英国政府发表声明，反对埃及恢复"1923 年宪法"，引发了埃及新的群众性抗议运动。在华夫脱党人的号召下，开罗举行游行示威，全国学生罢课一周，抗议活动持续到 12 月初。

1935 年 12 月 5 日，华夫脱党与另外两个在野党联合起来，建立了抗英联盟。10 日，三党领袖联合上书，要求纳西姆内阁下台，恢复"1923 年宪法"。英国政府陷于孤立状态，不得不让埃及国王下诏恢复"1923 年宪法"和举行直接选举。1936年1月，纳西姆辞职。5月，埃及举行大选。华夫脱党在竞选中提出了改善工人生活、减轻赋税等纲领，获得大多数选票，顺利组成了以纳哈斯为首的新内阁。护宪运动取得了最终胜利。1936年8月，新内阁与英国签订了《英埃同盟条约》，确定了英国在埃及的特权，没能巩固护宪运动的胜利成果。1937年，埃及国王拒绝了纳哈斯提出的新宪法草案，并迫使纳哈斯内阁下台。1938年，华夫脱党在议会选举中失利，从此每况愈下。

　　华夫脱运动是一场爱国民族主义运动，前后持续了近30年。它迫使英国废除了在埃及的殖民保护制度，建立了君主立宪制，促进了埃及资本主义的发展。

摩洛哥：法国、西班牙分别霸占

　　摩洛哥地处非洲大陆的西北角，西面濒临大西洋，北面隔着直布罗陀海峡与西班牙相望，扼守着大西洋－地中海通道，是西欧到亚洲地区最短航线的必经之地，有着十分重要的战略地位。历来是帝国主义列强争夺的对象。

　　作为一个国家，摩洛哥有着1000多年的历史。苏丹是摩洛哥国家领袖，其权力受马赫曾（国务会议）的制约。一些地区由哈里发（苏丹的代理人）、帕夏（省长）、卡伊德（地区长官）、谢赫（部落酋长）负责管辖。摩洛哥国内

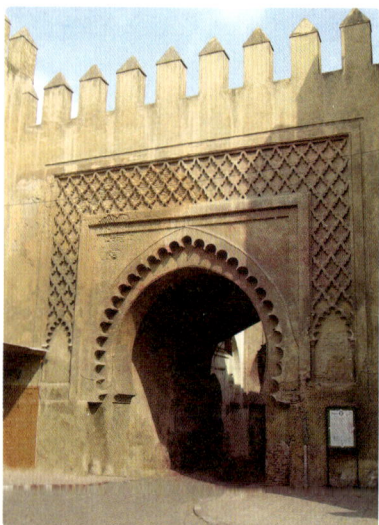

塞马林门
位于摩洛哥非斯的塞马林门（Bab Semarine），
将老城区与宫殿区和现代法式区隔开。

有两种地区：一种是服从中央政府的省；一种是不承认中央政府权力的省。这种省通常处在叛乱状态下。因此，苏丹或马赫曾几乎无法控制摩洛哥全境。

殖民主义列强对摩洛哥垂涎三尺，企图将摩洛哥占为己有。19世纪，列强在摩洛哥进行了角逐竞争，使得摩洛哥先后变成几个帝国主义国家的半殖民地。

20世纪初，法国在与其他帝国主义争夺摩洛哥的斗争中占据上风。1904年4月，英法两国签订协定，英国承认法国在摩洛哥的地位，法国则相应承认英国在埃及的地位。英法两国通过交易，结束了100多年来英法在非洲大陆上的争斗。同年10月3日，法国与西班牙签订协约，私下划定了两国在摩洛哥的势力范围。

欧洲列强背着摩洛哥交易激起了摩洛哥统治者的愤怒，也让德国感到利益受损，德国因此通过外交途径来挑战法国。1905年3月31日，德国皇帝威廉二世访问摩洛哥。威廉二世表示支持摩洛哥独立，公然挑战法国在摩洛哥的影响力。德国的言论惹怒了法国，两国关系一时剑拔弩张。1905年12月，德国调集了后备军队。1906年1月，法国将军队派到与德国接壤的边境。

为了调和德法两国紧张关系，1906年1月16日至4月7日，列强在西班牙阿尔赫西拉斯举行会议，解决德法纠纷。5月31日，德国接受协议：法国撤除部分对摩洛哥实施的管制，但仍然控制战略要地，法国与西班牙维持对摩洛哥警察的控制权。会议暂时解决了摩洛哥问题，但是德国心存不满，并且导致了1911年的第二次摩洛哥危机。最终，德法两国签订条约，德国承认摩洛哥为法国保护国，德国取得了法属刚果作为补偿。

在经历了20世纪初的两次危机后，摩洛哥完全成为法国的保护国。1912年3月30日，法国胁迫摩洛哥苏丹签订"保护"条约——《非斯条约》。条约的主要内容为：继续保留苏丹王位，在法国政府监督下对行政、司法、经济、财政和军事进行改革；法国对摩洛哥领土实施军事占领；摩洛哥签订任何国际性条约，需获得法国的同意；法国在摩洛哥设立总督，监督条约的执行，并负责管理摩洛哥境内所有关于外国人的问题。

条约签署之后，摩洛哥实际上已经成为法国的殖民地。但是法国并不是完全独占了摩洛哥，西班牙在摩洛哥也有势力范围。同年11月27日，法国与西班牙签订协议，协议规定：摩洛哥北部沿地中海平原地区、南面里夫山区归西班牙管辖，但在法律上仍属于"保护国"的领土。摩洛哥北部的重要港口丹吉尔及附近的一些地方为西欧列强共同管理。于是，摩洛哥领土被帝国主义列强分裂为三部分。

尽管法国与西班牙签订了协议，但是法国与西班牙依然存在矛盾。自 19 世纪中叶以来，法国政府的政策是维持自己在地中海西部和大西洋非洲沿岸的优势地位，不希望在马格里布地区出现被另一个列强霸占的国家。西班牙政府则确保自己在摩洛哥的管辖区的自治，努力使其从苏丹的主权下分离出来，企图制造两个摩洛哥，一个为法属摩洛哥，另一个为西属摩洛哥。

一战后，法国和西班牙在自己的辖区内进行"经济开发"。西班牙矿产公司对里夫地区丰富矿产资源垂涎已久，因此，西班牙政府急不可待地想要占领这块地区。

西班牙入侵里夫的失败

西班牙政府任命以残酷而著称的贝伦格尔将军担任驻摩洛哥高级专员。1918 年，贝伦格尔制定了先行占领西部的杰巴拉部落，然后再继续东进征服里夫族部落的军事计划。1919 年 7 月，西班牙征服了西部的杰巴拉人，然后准备向里夫山区进军。

里夫人有 13 个部落，共 50 万人，约占摩洛哥人口的 10％，是北非西北部柏柏尔人中势力最强的支系之一。在里夫人 13 个部落中以贝尼·乌里阿格勒部落最为强大。

乌里阿格勒人与西班牙殖民军交战不久，西班牙人派奸细将酋长阿卜杜勒·克里姆·哈塔比毒死。在这紧急关头，其长子阿卜杜勒·克里姆被部落长老议会推选为军事首领。

阿卜杜勒·克里姆出生于 1882 年，接受过高等教育。1915 年在担任梅利利亚城首席法官时，因为主张摩洛哥独立、反对西班牙而被当局逮捕，1918 年获释后继续担任梅利利亚城法官。其父在获悉西班牙企图进攻里夫的消息后，立即将其召回，共同抵御外敌。父亲遇害后，他决心率领本族人民抗击西班牙侵略者。

面对来势汹汹的敌人，克里姆一方面利用欧洲列强间的矛盾，取得了法国、德国、英国的支持，并从他们那里获得武器装备；另一方面，为了麻痹敌人，他主动要求与西班牙进行谈判，并将西班牙殖民军吸引到里夫山区内，以发挥自己熟悉地形的优势。

1921 年初，西班牙军队依靠武器和兵力上的优势，向里夫山区发起进攻。

阿努瓦勒战役
阿努瓦勒战役是西方国家在非洲
殖民史上空前绝后的一次失败。

6月1日晚上，克里姆率领300多名战士突然袭击了驻扎在阿巴拉村的西军，
经过数小时激战，歼敌400人，缴获了大批武器、粮食和药品等。在西班牙殖
民军中的摩洛哥人雇佣军纷纷归附里夫的军队。之前犹疑不决的里夫人部落也
投奔到克里姆的旗帜下，起义队伍发展到3000人。起义军在阿巴拉的胜利，
揭开了里夫人民起义的序幕。

　　7月21日，里夫起义军乘胜前进，包围了驻扎在阿努瓦勒城的西军。起义
军首先击溃了西军在阿努瓦勒城的外围据点，将其团团包围，然后发起总攻。
西军统帅西尔维斯特自持兵力雄厚，对起义军的军事行动视若无睹。当起义军
兵临城下时，西尔维斯特才仓促应战。这场战斗前后持续了6天，里夫起义军
大获全胜。在这次战役中，起义军歼灭西军14700多人，缴获大炮139门，机
枪400多挺，步枪39000多支，以及大量的弹药和军需品。西尔维斯特全军溃
败，他本人自杀身亡。

　　阿努瓦勒战役的失败，是西班牙殖民战争史上史无前例的一次失败，震动
了欧洲，以致当时的报刊舆论称之为"阿努瓦勒惨剧"。

里夫国家的建立和法、西两国的联手镇压

　　阿努瓦勒战役的胜利，使克里姆赢得了全体里夫人民的信任和拥戴。克里
姆意识到要赶走西班牙殖民者，争取里夫独立，需要巩固各部族的联合。因此，
在阿努瓦勒战役胜利后，克里姆及时地开展民族政权的建设，筹建里夫国家。

　　1921年9月，克里姆召开了起义部落的代表会议。会议决定成立由各部

登上《时代》周刊封面的阿卜杜勒·克里姆
克里姆是里夫共和国的创建者。

落推选的代表组成国民会议，选举阿卜杜勒·克里姆为议长。会议制定并通过了《国家宪章》，又称《民族誓约》，作为里夫民族主义者遵行的行动纲领。

《民族誓约》内容包括：不承认任何损害摩洛哥主权的条约；西班牙必须撤出 1912 年法、西条约签订前不属于其管辖的里夫地区；承认里夫国家的完全独立；建立里夫民主共和政府；西班牙应必须赔偿里夫人民 12 年来蒙受的损失；在平等条件下，与所有大国建立平等友好关系，缔结条约。

1923 年，里夫共和国正式成立，由克里姆领导组建政府。里夫共和国成立后，克里姆进行了一系列政治、经济和军事改革：在政权建设方面，实行立宪政治，制定宪法，建立一个立宪的共和政府。在司法方面，废除习惯法和习惯法庭，实行司法独立和统一的伊斯兰法规。在经济方面，实行统一的税收制度，不得乱征捐税。在军事方面，统一军事编制，建立统一的正规军。在对外关系方面，主张在尊重主权、平等和合作的基础上建立友好关系。这些改革措施的实行，促进了里夫地区各部落间的团结和统一，增强了反抗帝国主义的力量。

西班牙军队的失败和里夫共和国的建立，使控制着摩洛哥南部的法国占领者感到不安。随着克里姆领导里夫人民反抗西班牙侵略斗争的不断胜利，克里姆在整个摩洛哥的影响力不断扩大。法国殖民者担心如果克里姆民族政权继续发展下去，摩洛哥势必会成为第二个土耳其，克里姆将会成为西北非的凯末尔，这是法国殖民当局不希望出现的结果。因此，当里夫人将西班牙人赶到地中海边，法国殖民统治者就迫不及待地对里夫共和国进行干涉。面临法国的军事威胁，克里姆认为里夫小国寡民，不能同时与法国和西班牙两面交战，因此希望与法国通过和平谈判解决问题。但是法国已下决心扼杀里夫共和国，里夫人只能奋起抵抗，对法国的战争挑衅进行还击。

1925 年 4 月，里夫军队迅速南下，击溃法军防线，占领了法军军事据点，收复了被法军占领的里夫的粮仓——韦尔加河谷，并向非斯、塔扎方向的法军展开猛烈的攻势。

随着战事不断深入，法国和西班牙不计前嫌，勾结在一起。双方经过磋商后，在 7 月 25 日签订了《法西临时条约》。条约规定：两国联合起来对付摩洛哥人民，不能独自与里夫共和国讲和。7 月底，法西两国联合起来发动军事行动。法国任命贝当为摩洛哥法军总司令，迅速调集军队。不久后，法军人数增加到了 30 万人，同时又征召了 40 万非洲雇佣兵，组成了一支 70 万人的侵略军，当时的里夫共和国人口仅有 50 万。西班牙也集结了 10 万多人，并由德里维拉首相亲自统率这支军队。

由于双方在军事力量上的差距过于悬殊，战争开始后不久，法、西军队就掌控了战局。同时，法、西侵略者收买拉拢了一些部落酋长，分裂起义阵营。9 月末，西军攻占了里夫共和国首都阿杰迪尔。翌年 6 月下旬，法军将里夫军队司令部所在地塔尔吉斯特团团包围。

里夫共和国的斗争，得到了法国和世界各国的同情和支持。法国工人举行大罢工和示威游行，印度和北非其他地区的穆斯林，纷纷举行群众大会，支持里夫共和国。1926 年 4 月，在世界进步舆论的压力下，法国被迫接受与里夫共和国进行谈判。为了保护里夫军民生命财产，克里姆决定自愿当侵略军的俘虏，要求法国善待里夫国的军民。6 月 27 日，里夫军正式向侵略军投降，包括克里姆在内的 23 人被殖民者流放到了印度洋上的留尼汪岛，新生的里夫共和国被法国、西班牙帝国主义扼杀了。里夫起义是摩洛哥人民争取自身民族解放的一次尝试，里夫起义最终失败了，但却沉重地打击了法国和西班牙在摩洛哥的殖民统治。

土耳其

　　第一次世界大战以后，作为战败国的奥斯曼土耳其帝国更加衰落了，协约国一方趁机加紧对其瓜分的脚步。面临民族危亡的土耳其在以凯末尔为首的民族资产阶级的领导下发动了"凯末尔革命"，最终土耳其共和国从奥斯曼土耳其的废墟上涅槃重生，获得了民族独立。

一战后的土耳其

　　奥斯曼土耳其帝国在第一次世界大战中战败投降，并为此付出了沉重的代价。在战争期间，帝国有 60 万人死亡或被俘，200 万人负伤。战争军费的支出高达 5.8 亿里拉，而战争给整个社会造成的损失达 10 亿里拉。战争结束后，土耳其经济陷入崩溃，负债累累。由于战争的破坏，土耳其的耕地从 6400 万亩减少到 3000 万亩（1 亩 ≈ 0.067 公顷），粮食产量也减少了 1/2，物价则上涨了 15 倍至 20 倍。四年的帝国主义战争给土耳其人民带来了深重的灾难。各种苛捐杂税、强迫供应和强制劳动等重担全都压在广大人民头上。因战争而引起的饥荒和瘟疫使许多人丧命，导致全国人口锐减。战后的土耳其满目疮痍，随处可见饥饿、贫困和死亡的景象。

　　土耳其战败后，民族危机空前加剧。1918 年 10 月 30 日，协约国胁迫苏丹政府签订了瓜分土耳其的《摩德洛斯停战协定》。协议规定：土耳其立即解散军队，交出军舰，开放黑海海峡，并由协约国控制；由协约国军负责管理土耳其的铁路、交通和电信部门；石油产地也交由协约国来管理。协议还规定，协约国在必要时还可以占领土耳其的任何战略要地。停战协定签订后，英国军舰开进海峡，英国最高专员抵达奥斯曼都城伊斯坦布尔。不久，英、法、意派

一战中的土耳其军队
奥斯曼土耳其帝国曾经是
传统的军事强国，拥有一
支非常庞大且骁勇善战的
军队。

遣 10.7 万人的军队占领了土耳其的大片领土，包括了海峡地区、黑海沿岸的重要港口、安纳托利亚东南部和西南部以及铁路沿线的重要城镇。土耳其面临着被列强瓜分的危险。1919 年 5 月 15 日，继英、法等国对土耳其进行军事占领之后，希腊军队在英、法的支持下，侵占了安纳托利亚西部港口城市伊兹密尔（旧称士麦那）以及周边地区。

希腊和土耳其之间的矛盾由来已久，两国之间互相移民，安纳托利亚西部沿海地带有 250 万希腊人在此居住。希腊政府对该地区觊觎已久。在巴黎和会上，希腊要求将安纳托利亚西部沿海地区划归希腊，企图在黑海沿岸成立一个"邦杜斯希腊国家"。为了利用希土之间的矛盾，并从中渔利，英国表示支持希腊占领该地区。在这时期，协约国还谋划在安纳托利亚东部和东北部成立"独立的亚美尼亚国"，在东南部成立"库尔德斯坦"，企图分裂土耳其领土。

战后的土耳其出现了严重的经济危机，工业、农业、交通运输、财政金融和对外贸易都陷入了破产的境地，土耳其民族处于危亡之秋。为捍卫独立和民族生存，土耳其人民掀起了救亡图存的爱国运动。

1918 年 12 月，在《摩德洛斯停战协定》签订后，安纳托利亚东南部德米特约尔的人民率先起来武装抵抗法国占领军。希腊军队入侵安纳托利亚西部后，当地农民纷纷成立了游击队，反抗希腊占领军。广大农民成为反侵略斗争的主力军，从前线归来的退伍军人起到骨干的作用。此外，土耳其工人阶级也积极参与了反抗占领军的斗争。但是当时土耳其工人数量还不是很多，主要集中在占领军控制的伊斯坦布尔、伊兹密尔等西部沿海城市，并且还没形成革命政党，因此没能领导民族解放斗争。

以凯末尔为代表的民族资产阶级兴起

19 世纪末 20 世纪初，土耳其民族资产阶级主要以商业资产阶级为主体。在战争期间，资产阶级得到了较大的发展，它的经济活动从西部沿海的几个港口城市转移到了安纳托利亚地区。大战期间，新兴的民族资产阶级依靠与德、奥匈进行粮食、烟草和棉花等贸易活动，以及经营军需品生产而获得了发展，打破了以往民族资产阶级只是依赖英美垄断资本进行贸易从而得到发展的局面。此外，希腊人、亚美尼亚人资产阶级的经济力量在战争中被削弱甚至消失了，也进一步促进土耳其民族资产阶级的兴起。

19 世纪下半叶开始兴起的土耳其民族意识，在战争结束后民族存亡危急的新形势下迅速发展。面对帝国主义列强的侵略，在国土被瓜分的多难之秋，土耳其各地区的资产阶级、爱国军官和官员以及伊斯兰教的上层分子纷纷成立了民族主义组织。1918 年底，在安纳托利亚东部、伊兹密尔、色雷斯、奇里乞亚等地先后成立了"护权协会"。民族资产阶级及其代表掌握了土耳其民族民主革命运动的领导权。

穆斯塔法·凯末尔是土耳其民族资产阶级的杰出代表和爱国领袖，他领导了土耳其的反帝民族解放战争。在学生时代，凯末尔就参加了反对封建统治政权弊政的秘密活动。1908 年，他参加了青年土耳其党人的革命。一战爆发后，他因为在海峡保卫战中取得胜利，赢得了"伊斯坦布尔救星"的声誉。1916年 4 月，凯末尔被派往俄国，晋升为准将，获得"帕夏"头衔。但是凯末尔反对土耳其苏丹政府跟随德国加入同盟国参加第一次世界大战，同时极力反对德国军事顾问团干预土耳其内政及以恩维尔为首的亲德派的政策。

当土耳其与协约国签订丧权辱国的停战协定之后，凯末尔认为能够挽救土耳其的唯一办法就是开展民族抵抗运动。1918 年 11 月，凯末尔从前线返回了首都，建议议会和苏丹组织一个强硬的民族内阁来对抗协约国。然而他的建议遭到了拒绝。于是他离开被协约国控制的伊斯坦布尔，前往反抗斗争激烈的安纳托利亚。

1919 年 5 月 15 日，希腊侵占伊兹密尔，导致第二次希土战争爆发。次日，苏丹政府授予凯末尔第九军督察使的职务，派他前往安纳托利亚。19 日，凯末尔抵达黑海港口城市萨姆松，来到了安纳托利亚。他了解到了安纳托利亚的反抗占领军的群众斗争，目睹了人民不屈的斗争精神。6 月中旬，他写了一份苏丹报告，强调了土耳其人民的斗争精神，决心与土耳其人民一起为国家的完全

被誉为"土耳其国父"的穆斯塔法·凯末尔
1923 年 10 月 29 日，土耳其共和国宣告成立。凯末尔被选为共和国第一任总统。

独立而斗争，不实现目标，就不离开安纳托利亚。

当时，土耳其民族抵抗运动的首要任务就是将各地分散的民族主义组织联合起来，组成领导民族解放斗争的核心组织。其间，凯末尔发表公告，要求各地军、政机构派遣代表前来参加会议，统一各地护权协会，制定维护土耳其独立及领土完整的纲领。

1919 年 7 月 23 日至 8 月 6 日，在埃尔祖鲁姆，凯末尔举行了东部各省护权大会，会上通过了《护权协会章程》和《告全国人民书》。大会宣布反对外国各种形式的占领和干涉，不接受任何形式的托管和委任统治。大会推选凯末尔为主席，他也正式获得了民族抵抗运动的领导地位。

9 月 4 日至 12 日，安纳托利亚和罗姆里护权协会代表大会在锡瓦斯召开。在经过激烈的争论后，大会否决了支持委任统治的主张，确定了埃尔祖鲁姆大会所通过的民族斗争的纲领性要求。大会还成立了全国性的统一的护权协会，推选凯末尔为委员会主席。这次代表委员会成为土耳其未来民族政权的雏形。大会结束的当天，代表委员会宣布断绝与伊斯坦布尔的所有联系，并要求费里特政府立即下台。大会结束后，凯末尔加紧了对以农民为主体的武装力量的建设，将分散在各地的农民游击队改编为接受统一指挥的正规军——"国民军"。"国民军"的建立，对土耳其民族解放战争的胜利起到了巨大作用。

《国民公约》和《色佛尔条约》

在安纳托利亚民族抵抗运动高涨的压力下，苏丹被迫对政府进行了改组，由阿里·里萨组阁新政府。为了消除护权协会的影响及利用民族主义者内部之间的分歧，新政府在承认护权协会的合法性的同时召开了帝国议会。然而民族主义者在议会选举中得到了 2/3 的议席。

1920 年 1 月 28 日，在伊斯坦布尔召开了奥斯曼土耳其帝国最后一届议会。议会中占多数议席的凯末尔派议员通过了符合民族意愿的《国民公约》。公约宣布：土耳其的领土是不可分割的整体；土耳其享有完全的独立和自由；废除一切阻碍土耳其政治、经济发展的治外法权和各种限制；海峡地区的开放不应使土耳其的领海遭到侵犯；偿付列强的债务不能出卖民族独立自主的原则等等。公约还明确指出：目前维护民族独立和主权的斗争是土耳其获得生存及继续生存的首要条件。

《国民公约》得到议会通过后，苏丹政府和协约国震惊不已。3 月 16 日，协约国军队在伊斯坦布尔登陆，占领了电台等部门。苏丹政府下令解散议会，抓捕和驱逐民族主义派议员，并宣布凯末尔运动为"叛乱"，军事法庭缺席判处凯末尔死刑。与此同时，苏丹政府组成"讨伐军"，企图通过武力扼杀民族抵抗运动。

面对苏丹政府和协约国的威胁，4 月 23 日，以凯末尔为首的代表委员会在安卡拉召开了新的国民议会——大国民议会，成立了国民政府。凯末尔出任临时总统、国民军总司令，伊斯梅特出任国民军参谋长。

大国民议会以凯末尔的名义给列宁写了封信，希望苏俄政府支持土耳其的民族斗争。5 月，安卡拉政府派代表团前往苏俄。6 月，苏俄发表声明，承认土耳其国民政府，并在军事和经济上支援安卡拉政府。

1920 年 6 月，希腊军队在英国的支持下在安纳托利亚发动进攻，侵占了巴勒克西尔、布尔萨等地区。8 月 10 日，苏丹政府同协约国签订了奴役性条约——《色佛尔条约》。该条约将列强瓜分土耳其领土通过法律的形式确定了下来。根据这个条约，黑海海峡地区将实行"国际化"，成立国际海峡委员会并由列强负责管理。土耳其的领土被列强侵占后只剩下安纳托利亚境内安卡拉与黑海之间的一块土地，只占原有国土的 1/5。条约还规定，列强恢复在土耳其的领事裁判权和国债管理局；成立由英、法、意三国代表组成的特别财政委员会，负责控制土耳其的海关、税务以及其他财经大权。协约国集团胁迫土耳其签订这个奴役性的条约，激起了广大土耳其人民的愤慨。

在人民的大力支持和苏俄的援助下，凯末尔领导的国民军利用英、法、意等国之间的矛盾，很快击垮了苏丹政府支持下的"哈里发军"。1921 年，国民军集中兵力同希腊军进行了殊死斗争。7 月，希腊军向国民军发起进攻，逼近距离安卡拉仅 50 千米远的地方。8 月，凯末尔下令国民军在萨卡里亚河东岸修筑防御工事，并向全国发起动员令，号召土耳其人民起来抵抗外国侵略军。双方在萨卡里亚展开了激烈的战斗，土耳其士兵用鲜血和生命挡住了敌人凶猛的进攻。在这场战役中，1.5 万名土耳其士兵在战斗中牺牲，在经历了 22 个昼夜的浴血奋战后，国民军粉碎希腊军进攻，彻底扭转战局。

凯末尔革命的最终胜利

萨卡里亚战役的胜利提升了土耳其在国际上的地位。1921 年 10 月 20 日，法、土两国签订了《安卡拉条约》，法国承认大国民议会政府，并承诺在两个月内撤走在安纳托利亚东南部的军队。当年秋天，意大利也撤走了在安纳托利亚西南部的军队。在此情况下，英国只能改变支持希腊的立场，转而采取了"中立"态度。

1922 年，形势不断向土耳其有利的方向发展。8 月 26 日，经过一段时期的调整后，土耳其国民军向希腊军发起了总攻势，一举击垮了希腊占领军，并将希腊军总司令特里库皮斯等将领俘虏。9 月 9 日，国民军光复了士麦那。18 日，国民军将希腊占领军全部赶出了安纳托利亚。10 月初，土军西线司令伊斯梅特与英、法、意代表在穆达尼亚举行了停战谈判。10 月 11 日，谈判双方签订了停战协定。土耳其收复了东色雷斯，大国民议会和国民政控制了伊斯坦布尔及海峡地区。土耳其苏丹穆罕默德六世见大势已去，仓皇逃到了英国军舰上。1922 年 11 月 1 日，土耳其大国民议会公开宣布废黜苏丹制，结束了奥斯曼皇室长达 600 年的封建统治。

土耳其取得独立战争的胜利后，废除了列强奴役土耳其的《色佛尔条约》。1922 年 11 月 20 日，英、法、意、希等国与土耳其在瑞士洛桑召开会议，解决关于土耳其和约问题，美国派也观察员出席了会议。苏俄等黑海沿岸的国家也应邀派代表参加，商讨关于海峡的问题。洛桑会议历时 8 个月先后进行了两个阶段，各国经过一番激烈的争论和谈判后，最终于 1923 年 7 月 24 日签订了

英、意、法等国代表在洛桑会议期间合影

《协约和参战各国对土耳其和约》，简称《洛桑和约》。《洛桑和约》废除了《色佛尔条约》中的不平等条款，确立了土耳其从黑海到爱琴海的界线，土耳其收复东色雷斯和伊兹密尔地区，亚美尼亚和库尔德斯坦少数民族地区仍然归属土耳其；废除了列强在土耳其的领事裁判权和财政监督权，取消了赔款，土耳其拥有海关自主权。

当日，英、法、意、日、希、罗、南、保、土九国签订了《海峡公约》，公约规定不论是在和平时期或是战争时期，黑海海峡海上和空中都有通过的安全自由；海峡地区实行非军事化，并由参会的国家组成海峡委员会进行监督。

《洛桑和约》的签订，成为土耳其人民在军事胜利后在外交战线上的又一个重大胜利，有力地打击了帝国主义国家瓜分土耳其的阴谋。1923 年 8 月 23 日，土耳其大国民议会通过了《洛桑和约》。10 月 2 日，协约国军队从伊斯坦布尔撤离。10 月 6 日，土耳其国民军开始进驻伊斯坦布尔。10 月 29 日，土耳其共和国宣告成立，土耳其资产阶级革命取得了胜利。

05

资本主义世界的经济危机和政治危机

　　1929 年美国爆发了资本主义历史上最大的一次经济危机，并迅速蔓延到了英、法、德等主要资本主义国家，席卷了整个资本主义世界。经济危机加深了资本主义各国的社会危机。为了转移这场危机，资本主义国家加紧对国际市场和殖民地、半殖民地的争夺，导致各国的矛盾和摩擦日趋尖锐，加剧了世界局势的紧张。

1929—1933 年：世界经济大萧条

20 世纪 20 年代中期，各国资本家为了获取更大的
利润，盲目扩大生产，结果与国际、国内市场相对稳定
的容量产生尖锐矛盾，最终导致危机爆发，出现了全球性
的经济大衰退。这场世界性的经济大萧条比以往任何一次
经济衰退所造成的影响都严重得多。为了应对这场危机，
美国施行罗斯福新政，用国家手段缓解危机带来的影响。

有史以来最严重的经济危机

资本主义国家在第一次世界大战后经历了 1919—1920 年的短暂经济危机，
从 1924 年起进入了相对稳定时期。各国资本家为追求利润，不断扩大投资，
使资本主义世界的生产水平继续快速增长。

但是，由于生产社会化与生产私有制之间的矛盾，经济的繁荣并没有使
广大人民富裕起来，相反，加剧了贫富差距。例如美国，1920—1921 年，工
业总产值增长了约 50%。全国人口平均年收入从 635 美元增长到了 693 美元，
提高了 9% 左右。当时，全国的收入大部分集中在有产者手里，这部分人只
占总人口的 1%，其平均年收入从 7492 美元增长到了 13114 美元，提高了近
75%。这样一来，劳动人民的购买力并没有提高很多，生产的产品超过了市场
的需求，生产相对过剩的现象越来越突出。

此外，在经济繁荣时期，许多企业的开工也严重不足，大批工人失业。
1921—1929 年，美国每年失业的人都在 200 万人以上，其他资本主义国家的
失业率也居高不下。大量失业人员的存在必然降低社会购买力，为危机的到来
准备了条件。

排队领取免费食物的人民群众
1931 年大萧条时期，美国芝加哥的失业者在黑帮头目阿尔·卡彭的咖啡馆领取免费食物。

20 世纪 20 年代经济的繁荣，出现了地产和股票投机狂热，增加了金融市场的不确定性。1928 年 8 月末，美国股票市场的平均价格比 5 年前涨了 4 倍。这种疯狂的金融投机行为加剧了货币和信贷系统的崩溃。

这一时期资本主义市场相对稳定，各资本主义国家认为资本主义危机已经结束，资本主义制度有着一个明朗繁荣的未来。经济繁荣的假象掩盖了背后的危机。

这场危机最终爆发了。1929 年 10 月，美国纽约股市暴跌。10 月 23 日，股票市价急剧下跌，华尔街上空笼罩着惊慌的气氛。由于投机者们蜂拥着努力在股价跌得更低之前卖掉手中的股票，出现了空前强烈的抛售风，加剧了股市的下跌。仅 10 月 24 日这天，就发生了 1200 万笔交易，导致股价开始惨跌。然而，这仅仅是灾难的开始。

10 月 29 日，股价再次狂跌。大户不顾行市高低，大量抛售手中的股票，一天之内抛售了 1640 万股，创下了股票买卖纪录。11 月，50 种主要股票平均价格下跌了近 40%，一些主要股票的价格缩减超过 2/3。在股价大崩溃的头一个月就有 260 亿美元在股市中化为泡影。无数美国人眼睁睁看着自己一生的积蓄在几天之内化为乌有。但这只不过是大萧条的开始。

美国股票市场的崩溃宣告了资本主义世界经济危机的到来。危机从纽约证券交易所起源，并迅速波及了美国的商业、工业和农业，然后迅速蔓延到整个资本主义世界。

1929—1933 年，这场经济危机持续了四年，1932 年是这场危机的顶点。经济危机导致整个资本主义世界的工业生产下降了 44%。经济危机使资本主义各国的工业产量倒退到了 19 世纪末的水平，资本主义世界贸易的总额减少了 2/3。

经济危机同样沉重打击了那些工业不发达国家。由于贸易需求锐减，这些国家的主要出口商品——原料和食品的价格暴跌。1932 年，世界市场的橡胶价格比 1925 年到 1929 年的平均价格下降了 93%，糖的价格下降了 74%，丝的价格下降了 75%，黄麻的价格下降了 62%。

经济危机严重破坏了世界经济之间的联系。大萧条期间，资本主义国家之间的贸易额下降 66%，倒退到 1913 年的水平之下。经济危机也使资本主义国家之间的矛盾不断激化，引发了资本主义国家间一连串的关税战、倾销战和货币战。资本主义国家在国际市场展开了一场激烈的商战。

1931—1932 年，有 76 个国家提高了关税率，限制通过外汇来购买外国商品，实行限额进口或是直接禁止进口的政策。随着世界贸易联系的破坏，资本主义国家的金融秩序也陷入了混乱的状态。1931 年秋，英国放弃了金本位，英联邦诸自治领以及斯堪的纳维亚国家的货币也紧随英镑贬值。1933 年春，美国放弃金本位，引发了新一轮的通货膨胀浪潮。不久后，56 个国家货币也相继贬值。

这场经济危机的强大破坏力，是资本主义世界没有经历过的。危机所造成的物质损失，不亚于第一次世界大战造成的损失。美、德、法、英在这场危机中共有 29 万家企业破产。资本主义世界失业工人达到了 3000 多万，美国的失业人口达到了 1700 多万，几百万农民破产，大量无业人口流离失所。

经济危机使劳动人民的生活状况大大恶化，引起了资本主义各国的政局动荡。大量失业工人和破产农民的生活陷入困境，食不果腹，颠沛流离。他们没

美国经济大萧条时期的"倒牛奶事件"

1929 年美国经济大萧条，乳制品产量过剩，大量牛奶滞销。很多农场主为了保证利润，宁愿把牛奶倒进密西西比河，也不愿意低价卖出。

有钱去购买生活品，但是垄断资本家为了维持物品的价格，将大批商品销毁了。美国资本家把玉米和小麦当柴火烧，把棉花埋到地里，把牛奶倒入河中；英国资本家把整船的水果倒进海中。残酷的现实迫使广大人民只能进行斗争，阶级矛盾变得尖锐，以致各国的政治危机不断爆发。

经济危机和政治危机使各国垄断资产阶级如履薄冰，寻找解决办法。德国、日本先后建立了法西斯专政，并进行疯狂的扩军；美国实行新政，国家对经济进行干预。但是，这些办法都无法彻底消除资本主义的必然产物——经济危机，以及伴随而来的政治危机。1933 年，在资本主义各国的努力下，资本主义世界勉强度过了这场危机，但各国经济仍处于萧条境地。

美国的罗斯福新政

1929—1933 年史无前例的经济危机，沉重打击了美国经济。危机期间，美国数以万计的工厂破产停工，工业总产值比 1929 年减少了 46%，煤产量减少了 41%，生铁产量减少了 79%，钢产量减少了 76%。

到 1933 年 3 月，美国失业人数达到了 1700 万人。广大失业者失去了生活所需的物品，陷入困境。失业者因为没有住所，于是在工业中心附近搭建起了一些临时住房。美国城市里出现了用废物搭建起来的贫民窟，被人们称之为"胡佛村"。一些幸运的人有工作可做，可是有些人一周往往只能工作几个小时。工人的工资待遇与 1929 年相比下降了 1/3。虽然物价暴跌，但是民众的购买力还是下降了 15% 以上。即便如此，垄断资本家出来反对联邦政府向失业工人进行救济。

危机时期，农产品的生产也相对过剩，超过了市场需求，导致农产品价格急剧下跌，进一步加大了工农业品之间的"剪刀差"。1929—1933 年，工业品的价格平均卜跌了 25%，农产品价格则下跌超过 50%，大约有 100 万个小农场在这次危机中破产。

美国的国民收入，1929 年为 800 多亿美元，到 1933 年下降到 400 多亿美元。1929—1933 年的经济危机，给美国人民带来了深重的灾难。广大劳动人民陷于半饥饿状态。各地群众纷纷骚动。1932 年 3 月，底特律市有 3000 名失业工人在福特汽车厂前举行示威，警察驱散游行队伍，开枪射击，打死 4 人。同年夏季，大批退伍军人为退役金去华盛顿请愿。他们在郊外扎营，遭到军警的驱

美国第 32 任总统富兰克林·罗斯福
罗斯福是第二次世界大战期间反法西斯同盟阵营的
领导人之一。

赶。工人罢工人数不断增长，1930 年为 15 万人，到 1933 年已超过了 100 万人。

1932 年美国举行总统选举，民主党候选人罗斯福在竞选纲领中承诺，通过实行计划经济的方法克服危机，缓和阶级矛盾，得到了美国资产阶级的支持。最终，罗斯福在选举中以压倒性的优势击败了共和党候选人胡佛，当选新一任美国总统。1933 年 3 月，罗斯福正式出任美国第 32 任总统。

1933 年 3 月，罗斯福上台后，大刀阔斧地实施新政。新政的目的是在不改变经济基础的条件下，在私人资本主义活动的基础上摆脱这场经济危机，缓解美国国内的阶级矛盾和斗争。

罗斯福率先对金融行业进行整顿，为了避免还在营业的银行陷入破产的境地，下令银行暂时停止营业。他让国会制定《紧急银行法》，赋予总统对银行的监督权和整顿权。国家对破产的银行进行整顿，使银行资本高度集中，同时由国家拨款几十亿美元资助各银行及私人信贷机构。接着由政府成立联邦存款保险公司，负责保障存款，恢复存户对银行的信任，防止再次爆发挤兑风潮。到 1934 年 7 月 1 日，国内的所有银行几乎全都复业了。在政府机构的监督下，银行不断恢复信用，逐渐展开银行业务。

罗斯福的另一个财政措施就是放弃金本位，实行美元贬值，宣布禁止黄金出口，停止美钞兑换黄金，发行了以国家有价证券作保障的 30 亿美元纸币，使得美元大幅度贬值。结果黄金的价格由 20.67 美元一盎司增加到了 35 美元一盎司，也就是使美元贬值了 41% 左右，以利于美国商品向国外倾销，刺激美国工农业生产。为了防止黄金投机和外流，政府禁止私人进行黄金储备和使用金币。

罗斯福新政的主要措施是对工业的调整。1933 年 6 月，美国国会通过了

《全国工业复兴法》。该法的内容主要分为 3 个部分。第一是由国家负责调节各企业主之间的关系。所有的工业企业被分成 17 类，每类企业需要制定出公平竞争规章，包括了生产规模、工资水平、工作时间、产品在市场上的销售范围以及价格。实行《全国工业复兴法》的主要目的是恢复工业企业之间的公平竞争。公平竞争最基本的要求是禁止以低于规定的价格销售商品，美国政府试图以此来控制企业间的恶性竞争。

第二是调节劳资关系，即通过国家来调节企业主与工人之间的关系。该法第 7 条规定：工人有权组织工会和集体同资本家进行谈判，签订集体合同；资本家不得以工人参加何种工会作为雇佣条件；规定工人每周最高工作时数和每小时最低工资限额，禁止雇用童工。当时规定了 8 小时工作制，最低工资为每周 12.5 美元。这些规定是美国工人经过不懈斗争所取得的胜利。

第三是以工代赈，即拨出大批资金兴办各种公共工程，为大量失业者提供机会，从而缩减上千万的失业大军，增加购买力。公共工程计划主要是修筑公

罗斯福签署《农业调整法案》
1933 年，美国总统富兰克林·罗斯福签署农业救济法案《农业调整法》。农业部长亨利·华莱士站在右二。

路、兴建水利工程、开发矿藏等大型工程。从 1933 年至 1939 年，美国在公共工程计划方面的开支为 180 多亿美元。公共工程计划的实施解决了一部分人的就业问题。1934 年的就业人数为 300 多万人，1935 年为 250 多万人，1936 年为 360 多万人，1937 年为 210 多万人。其中失业工人的劳动营是以"民间资源保持工作队"的名义成立的，主要由 18 岁到 25 岁的青年工人组成。他们主要从事市政建设，例如植树护林、防治水患、道路修筑、水土保持等工作，在工作闲暇期间进行军事训练。各劳动营最初招募了 25 万青年工人，在遍及各州的 1500 个营地劳动，后来增加到 60 万人，先后有 200 万青年在这个机构工作过。这些措施虽然有效地缓解了失业问题，但是没有彻底解决失业问题。在实行新政期间，还有 900 万至 1000 万人处在失业状态。

新政在调整工业的同时，也对农业进行了调整。1933 年 5 月，国会通过了《农业调整法》。该法的主要宗旨是限制农业生产，有计划地缩减农业生产规模，避免出现农产品"过剩"现象，使农产品价格恢复到 1909—1914 年的水平，克服农业生产危机。

为此，政府和农民签订合同，国家给予农民适当补贴，让农民们缩减耕地和宰杀牲畜。在实行《农业调整法》的第一年，宰杀了 2300 万头牛，640 头猪，减少了 300 万公顷小麦播种面积和 400 万公顷棉花播种面积。即便有数以千万计的人民缺乏食品，但是被宰杀的牲畜却被用来当肥料使用。限制播种面积受到限制后，首先遭受损失的是小农业主，大约有 60 万个小农场因为生产缩小而导致破产。实行法案后，农产品价格有了一定的提高，但是因此受益的只是那些农业垄断组织和富裕农民。

新政通过国家干预来调整经济生活，对国内生产关系进行有限度的改革，对资本主义经济的自发发展进行调控，从而计划和组织社会生产。例如缩减工农业的生产、调整生产关系等方案的施行，使得美国垄断资产阶级在不改变经济基础的前提下摆脱经济危机。新政使美国比较顺利地度过了经济危机，在一定程度上刺激了经济的发展，达到了部分改革目的。实施新政后，美国经济开始从萧条中缓慢复苏，虽然回升的速度是缓慢的，但是到第二次世界大战爆发前，美国的经济已经恢复到了 1929 年的水平。

随着经济危机慢慢逝去，垄断资本家开始对罗斯福的新政表示不满。资本家不满新政对自己的约束以及对工人的微小让步。因此，1935 年 5 月，美国最高法院宣布废除《全国工业复兴法》。1936 年 1 月，《农业调整法》也被废除。

欧洲战争策源地的形成

　　在世界经济危机的打击下，欧洲各资本主义国家经济萧条，社会矛盾激化，德国的情况尤为严重。希特勒领导的纳粹党利用这个有利形势，利用社会达尔文主义与民族沙文主义蛊惑群众，从而在国会选举中成为德国第一大党。希特勒掌握了国家政权以后，对内实行恐怖统治，走上了对外积极扩张的道路，最终使德国成为第二次世界大战的欧洲策源地。

经济危机中的德国

　　1929 年经济危机从美国爆发后，迅速影响德国，使德国遭受了沉重的打击。在危机进入高峰的 1932 年，德国工业生产迅速下降，工业产量与 1929 年相比下降了将近一半。1929 年钢产量为 1610 万吨，到 1932 年时下降到了 560 万吨；1929 年的煤产量为 3.38 亿吨，到 1932 年时下降到了 2.27 亿吨。生产利用率也降到了 35％。

　　一战后德国负有大量外债和巨额赔款，经济危机使其负担更加严重。1930 年，德国的外债约为 255 亿马克，其中大部分为短期借款。仅在 1931 年一年就需要归还 49 亿马克，此外还有 15 亿马克的利息。由于金融负担沉重，德国最大的银行达姆施塔特国民银行只得宣布破产。德国过去一直都是通过实物来支付赔款，如今则主要通过外币来偿还。这对德国而言，意味着必须要增加出口贸易，赚取足够多的外汇。然而自发生经济危机以来，德国的对外贸易额下降 40％。德国国家银行的黄金和外汇储备由 1929 年的 31 亿马克减少到 1930 年的 11 亿马克。德国的农业也受到了经济危机的沉重打击。销售农产品所得的利润由 1929 年的 102 亿马克下降到了 1933 年的 65 亿马克。

德国工农业的危机导致了财政危机，引起通货贬值，大批银行被迫破产。德国统治阶级实施征收新税、削减工资、削减救济金及养老金等政策，试图将财政负担转移到广大劳动人民的身上。1929 年德国的失业人数仅为 200 多万，到 1932 年时增加到了 800 万。没有失业的工人工资也大大降低了。广大农民纷纷破产，被迫拍卖自己的土地。德国中等阶层的境况也非常凄惨。大量小商人和手工业者在危机中破产，大多数的知识分子不是失业，就是被迫接受减薪。经济危机下，工人、农民的生活状态不断恶化，与统治阶级之间的矛盾不断加深。

法西斯主义上台

在经济危机的影响下，德国不断兴起群众性的革命运动，同时法西斯运动也不断发展起来。在经济危机和政治危机的双重打击下，德国资产阶级已经无法以普通的议会方式来实行统治了。1930 年 3 月，右派社会民主党人穆勒政府下台，天主教中央党首领布鲁宁上台组织新政府。

布鲁宁政府执政时，因为经常无法得到国会大多数的支持，于是利用《魏玛宪法》第 48 条授予总统的权力，实行"非常法令"的统治。布鲁宁政府减少了 10% 的职工工资，减少对失业者的补助金额，提高税收。布鲁宁的这些政策引起了广大百姓的强烈不满，德国民众纷纷起来抗议，全国出现了抗议浪潮。

在经济危机和政治动荡的形势下，德国法西斯政党在国内的影响不断提升。德国法西斯政党成立于 1919 年，为了蒙骗人民，它先是取名为"德国工人党"，1920 年，改名为"民族社会主义德国工人党"，简称纳粹党。大批退伍军人、狂热分子以及抱有野心的政客都加入了法西斯政党。1919 年 9 月，阿道夫·希特勒成为德国工人党的党员。1921 年 7 月，希特勒成为纳粹党元首，享有指挥一切的权力。1923 年 11 月 8 日晚，纳粹分子在慕尼黑一个啤酒馆举行暴动，但是遭到了警察的镇压，希特勒被逮捕入狱，并被判处了 5 年监禁（实际上服刑不到一年）。随后联邦政府下令禁止纳粹党，封闭纳粹党党报。

希特勒在狱中向鲁道夫·赫斯口述了他的著作——《我的奋斗》上篇。这部著作是一个集国家主义、帝国主义、种族主义、反犹主义和反民主主义思潮于一体的大综合。希特勒还在书中攻击议会民主制度，宣传专制独裁统治，反对马克思主义，宣扬法西斯的理论。《我的奋斗》一书被认为是法西斯的理论

阿道夫·希特勒

希特勒于 1920 年退伍，将全部精力投入纳粹党的工作。

和行动的纲领。

1929—1932 年爆发的世界经济危机为纳粹运动的发展提供了土壤，越来越多的垄断资本家扶持纳粹党。许多德国的大资产阶级和大地主也将德国纳粹党看作制止国内革命、进行对外扩张的有用工具，因此在资金上资助它，帮助它扩大党的机构，强化它所控制的冲锋队和党卫军等恐怖组织，为法西斯政党的兴起和上台打下了基础。

在德国纳粹党逐渐兴起时，德国共产党为了阻止国家法西斯化，与法西斯党进行了艰苦的斗争。1930 年 8 月，德共中央公布了《德国人民民族解放和社会解放纲领》，揭示了法西斯分子的谎言和沙文主义理论。1931 年 5 月，德共颁布了《扶助农民纲领》，要求收回地主土地，将土地转交给那些没有土地和缺少土地的农民，并减轻农民的捐税负担。

但是德共在领导广大人民进行反法西斯斗争时，犯了一些严重的错误。德共不顾当时的形势和条件，提出了迅速进行社会主义革命，在德国实现无产阶级专政的口号。这就导致德共在策略上没有团结各种力量反对法西斯主义，而是一概而论地既反对法西斯分子，又反对右派社会民主党人。随着法西斯主义势力的不断增长，德共逐渐意识到了策略上的错误，于是开始团结社会民主党人，并建议统一工人阶级的行动，实行总罢工来反对法西斯。但是德共的这些建议都被社会民主党拒绝了。

社会民主党的领导人提出"较小祸害论"，认为要阻止大的祸害——希特勒上台，那么就要支持小的祸害——布鲁宁。这种理论实际上是在支持法西斯，因为布鲁宁不仅没有反对希特勒，而且还是支持希特勒法西斯主义的先行者。社会民主党的这个理论阻碍了德国工人阶级的统一行动。

1930 年 9 月，德国国会举行大选。德共在这次选举中得到了 460 万张选票，比 1928 年时的选举增加了 130 万张。社会民主党与上次选举相比减少了 60 万张选票。纳粹党在此次选举中取得了空前的胜利，选票从 1928 年的 80 万张增加到了 640 万张。随着选举的胜利，法西斯分子更加巩固了他们在资产阶级右翼中的主要地位。

1932 年 3 月至 4 月，德国举行总统大选。德国垄断资本家提出纳粹党首脑希特勒和军国主义分子兴登堡作为总统候选人。德国共产党向社会民主党提出建议，两党联合提出候选人参加竞选，但是遭到了拒绝。选举结束，兴登堡得到了 1900 万张选票，当选为新任总统。希特勒获得了 1130 万张选票，表明法西斯势力得到了增强。共产党候选人台尔曼在选举中获得了 500 万张选票。因为候选人选票没有获得绝对多数，于是进行了第二轮选举，兴登堡最终当选。

1932 年 6 月，兴登堡总统授命冯·巴本组织新内阁。巴本上台后的首个措施就是解散国会，并决定在 7 月 31 日进行重新选举。7 月 20 日，巴本解散了社会民主党人的普鲁士政府，从而破坏了民主共和国的重要支柱。在实行这些措施后，法西斯分子发现，他们再也不必担心会有势力起来反抗推翻民主制度。

在 7 月 31 日的选举中，纳粹党获得胜利，得到了 1374 万多张选票，在

兴登堡会见希特勒

1933 年 1 月 30 日，魏玛共和国第二任总统兴登堡任命希特勒为德国总理，此后，希特勒开始逐步掌握德国政权。

国会中席位从 12 席增加到了 230 席，纳粹党成了德国国会中的第一大党。但是希特勒只获得了所有选票的 37%，在总共 608 席的国会中，还不够大多数。大部分德国人依然反对希特勒，他没能获得执政所必需的多数选票。如果纳粹党选择与中央党合作，那么就能在国会中获得多数。然而希特勒要求控制国家的一切权力，结果遭到兴登堡的拒绝。德国统治阶级在选择哪个政党执政的问题上尚犹豫不决。

新选出的国会还没开始工作，就被巴本政府解散。新的国会将于 11 月 6 日再次举行选举。纳粹党在这次选举中减少了 200 万张选票、34 个议席。共产党的选票则增加了 75 万张，议席从 88 席增加到了 100 席。支持政府的资产阶级政党增加了 100 万张选票。虽然纳粹党依然是国会第一大党，但是失去 200 万张选票依然是纳粹党的一次重大挫折。巴本提议纳粹党与政府合作，但是被一心谋求一党专政的希特勒拒绝了。巴本政府如要继续执政，就必须再次实行《魏玛宪法》第 48 条，宣布紧急状态。

12 月 2 日，兴登堡总统任命声称可以联合大多数的施莱彻尔将军出任总理。施莱彻尔迅速成立了一个稳定的政府。他发起了针对纳粹党的分裂活动，试图将主张支持政府、组织联合政府的那部分纳粹分子拉拢过去，但是这个活动最终失败了。1933 年 1 月 23 日，施莱彻尔承认自己无法在国会内获得大多数的支持，要求解散国会，依照《魏玛宪法》第 48 条，授予自己紧急权力，依据总统命令行使政府职权。

随着政治危机的加深，共产党的威信在国内不断高涨，工业和金融巨头将希望寄托在希特勒的纳粹党身上。1933 年 1 月 30 日，希特勒被兴登堡总统任命为总理。希特勒执政后，组成纳粹党和德意志民族人民党的联合政府，法西斯主义专政在德国建立起来了。

欧洲战争策源地形成

希特勒上台后，立即建立了法西斯恐怖专政。他首先对德国共产党进行迫害，关闭了共产党机关报。1933 年 2 月 27 日晚，在希特勒的助手戈林的直接指挥下，纳粹党徒制造了国会大厦纵火案，嫁祸给共产党人，以此大肆抓捕共产党人。德国共产党领导人台尔曼也遭到了逮捕。

2 月 28 日，在希特勒政府的提议下，兴登堡宣布紧急法令，废止了《魏玛宪法》中关于保证人身、出版、言论、集会、结社等自由的所有条款。此时流亡在德国的保加利亚共产党领袖季米特洛夫被指控是国会大厦纵火犯。9月，法西斯分子在莱比锡对国会纵火案进行公开审讯。在法庭上，季米特洛夫揭露了法西斯分子蓄意制造纵火案件的阴谋，严厉驳斥了法西斯的反人民罪行。与此同时，世界各国人民纷纷举行抗议活动。在抗议活动的强烈压力下，法庭最终宣布季米特洛夫无罪。

1933年3月23日，德国国会通过了名叫《消除人民和国家痛苦法》的授权法，该法将立法权、国家预算控制权、批准同外国缔结条约权、宪法修改权从国会手中全都转给了内阁，期限为四年。该法案的通过，意味着议会民主制度在德国被废除了。

纳粹党剥夺了人民的民主自由权利。5月2日，纳粹党解散了工会，没收了工会财产。7月14日，希特勒依仗授权法发布公告，德国唯一的政党为民族社会主义德国工人党。从这一天起，德国其他政党在组织上的结合或任何建立新党的活动，都将会受到苦役徒刑的惩罚。与此同时，纳粹在德国各地建立了集中营，数十万人被强行关押在里面，惨遭纳粹的毒打和杀害。其中，大批犹太人遭到监禁和屠杀。数以万计的青年被纳粹党训练成了法西斯暴徒，盲目地服从希特勒。

1933年5月10日，青年学生在纳粹的蒙骗下焚烧书籍。在柏林国家剧院门前，洪堡大学对面的广场上焚烧了一些被纳粹分子定为是"非日耳曼"的东西。其中有马克思、恩格斯、列宁、斯大林、罗莎·卢森堡、卡尔·李卜克内西、倍倍尔和梅林的著作，甚至包括海涅、高尔基、爱因斯坦、托马斯·曼等著名的诗人、作家和科学家的著作。

就在柏林发生焚书活动的同时，各个城市的大学也纷纷效仿。许多在德国著名的学者、教授被迫停止了教学和研究工作；大批著名的演员、艺术家也被赶下了舞台，然后被逐出了德国。学校成了法西斯进行军事训练的地方，青年不再去学习和思考。纳粹编造的谎言、沙文主义、种族主义以及军事训练成为学校的主要课程。

为了准备发动侵略战争，纳粹党将整个国家变成了军营。工业生产被纳入备战的轨道，财政、邮电、交通运输等经济部门全都以备战作为主要目标，并喊出了"以大炮替代黄油"的口号。德国从美国那里获得了上百亿马克的贷款和投资，德国的军火工业得到了资金的支持，迅速发展起来了。

德国军事力量不断增长，纳粹党企图摆脱《凡尔赛和约》对德国的限制。

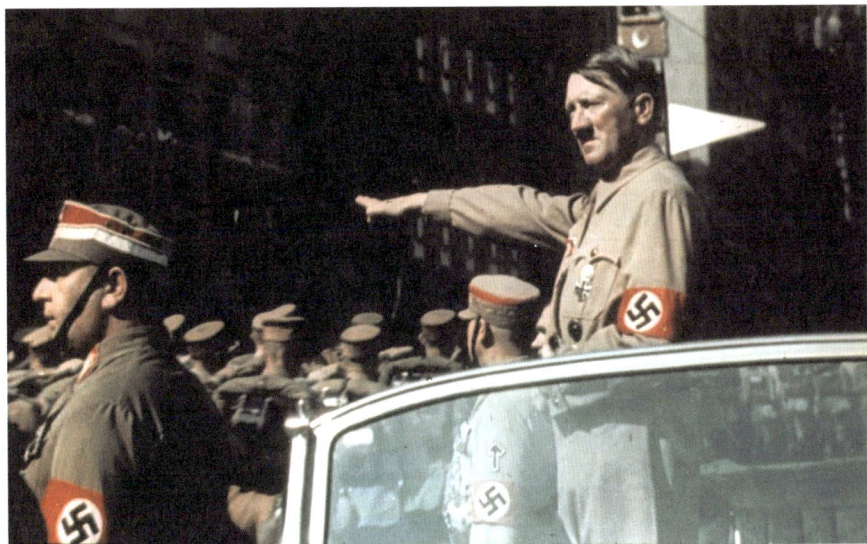

身穿冲锋队服的希特勒

1933 年 10 月 14 日，德国退出国际裁军会议，同月 19 日，退出国际联盟。1933—1934 年，德国大幅度增加军事预算，建造 2.6 万吨级的巡洋舰。1935 年 3 月 13 日，德国宣布重新成立空军。

1935 年 3 月 16 日，德国彻底撕毁《凡尔赛和约》关于限制德国军备的条款，宣布实施普遍义务兵役制，把正规军扩充到 60 万人，开始了大规模的公开的扩军备战。1936 年 3 月，希特勒政府宣布废除《洛迦诺公约》，并公然派遣军队进驻莱茵非军事区。

伴随着法西斯主义在德国的胜利及德国退出国联，欧洲国际关系更加尖锐化，推动了军备扩充和帝国主义的战争准备。这样，第二次世界大战的欧洲战争策源地终于在法西斯德国形成了，第一次世界大战后暂时出现的欧洲和解局面结束了。

柏林 – 罗马轴心的形成

20 世纪 30 年代中期，德、意两国在重新瓜分世界问题上出现了利益上的冲突。意大利企图控制巴尔干地区，占领东非和红海，使地中海成为意大利的内湖，实现复兴"大罗马帝国"的目标。这与德国企图称霸欧洲乃至世界的野心产生了矛盾。双方的主要矛盾表现在对巴尔干、多瑙河流域、亚得里亚海，尤其是对奥地利的争夺问题上。奥地利是中欧的中心，希特勒早就有合并德、奥的野心。意大利在奥地利也有自己的经济利益，一直将奥地利看做是自己的势力范围，因此也在时刻防范希特勒合并奥地利的野心。

1934 年 2 月 17 日，当纳粹党在德国执政后，意大利和英法两国共同表示尊重奥地利的独立地位。3 月 17 日，意大利、奥地利、匈牙利签订了《罗马议定书》，对三国间的经济关系做了相关规定。7 月 25 日，希特勒策动奥地利法西斯分子发动叛乱，杀害总理陶尔斐斯，企图乘机吞并奥地利。对于德国的行径，意大利迅速作出反应，派遣四个师在意奥边界集结，密切关注希特勒对奥地利的侵略行动。9 月 27 日，意大利和英法发表联合宣言，宣布"1934 年 2 月 17 日关于有必要依照相关的条约维持奥地利的独立完整的宣言仍保持其全部效力并将继续成为三国共同政策的根据"。

希特勒的这次行动在某种意义上可以说是他的一次试探。因为《凡尔赛和约》和《圣日耳曼条约》都规定，德国应承认并尊重奥地利的独立，英、法、意则负有保证奥地利的独立不受侵犯的义务。通过这次试探，希特勒明白只能继续等待时机，并为侵略奥地利创造条件。

1935 年 3 月，希特勒宣布德国实行普遍义务兵役制，奥地利的独立地位危在旦夕。4 月，意大利与英法两国在斯特莱沙举行会议，会上通过了关于欧洲问题的决议，宣布"承认维持奥地利独立和完整的必要性应继续成为三国共同政策的基础"。

在意大利入侵埃塞俄比亚和德、意对西班牙内战进行武装干涉后，德、意之间的关系发生了重大转变。1935 年 10 月 3 日，意大利对埃塞俄比亚不宣而战。意大利入侵埃塞俄比亚后，英、法对意大利采取了并不彻底的制裁行动，而德国则表示支持意大利的侵略行为。与此同时，在争夺英法的殖民地和势力范围问题上，意大利也得到了德国的支持，这使意大利逐渐改变了反对德国吞并奥地利的态度。

于是，德、意之间的关系大为改善。两国联合起来对西班牙进行武装干涉，进一步接近了双方的立场。在这样的形势下，德、意两国都觉得有必要调整彼此之间的关系，以便在扩张的道路上能够进一步紧密合作，一起应对那些民主国家。1936 年 10 月，意大利外交大臣齐亚诺应邀出访柏林，并与希特勒举行了会谈。25 日，两国秘密签订了一个协议。协议的主要内容为：德国承认意大利占有埃塞俄比亚，意大利许可德国在埃塞俄比亚享有特权；两国在巴尔干地区和多瑙河流域划出了具体的势力范围；双方承认西班牙佛朗哥政权，采取不干涉政策；在重要的国际问题上两国持相同立场，采取相应的方针。11月1日，墨索里尼在米兰发表演讲，认为这个协议标志着欧洲新时代的开始，认为罗马和柏林不是壁垒而是轴心，欧洲各国应围绕这个"轴心"进行合作。"柏林－罗马轴心"因此而得名。德、意"轴心"的成立，标志着法西斯国家军事集团逐渐形成。

亚洲战争策源地的形成

自明治维新以后，日本迅速崛起，并走上了对外侵略的军国主义道路，先后发动甲午中日战争、参与八国联军侵华、日俄战争等，从中获得了巨大利益。在1929—1933年经济危机的打击下，日本国内社会、经济矛盾不断激化，一些军国主义分子不断鼓吹对外扩张，以缓解经济危机带来的压力。于是日本政权被军国主义控制，开始了对外侵略扩张，最终形成第二次世界大战的亚洲策源地。

经济危机中的日本

1927年，日本爆发了一次金融危机。这次金融危机使东京的大银行渡边银行倒闭、新财阀铃木商店破产，整个日本银行界也陷入史无前例的大混乱。第一次若槻内阁被迫下台，然而危机还在不断扩大。以陆军大将田中义一为首的政友会内阁上台执政。田中代表的是日本垄断资本和地主反动集团的利益，也是日本军国主义的主要领导人，鼓吹对华实行侵略政策。

在日本经济处于萧条之际，1929年秋，爆发于美国的经济危机席卷了整个资本主义世界，也波及到日本经济，把日本推向了危机的深渊，使日本社会的方方面面都遭受了沉重的打击。

日本经济危机的一大特点是持续时间长、涉及面广且影响深远。这场经济危机从 1930 年到 1932 年持续了三年之久。金融、工业、贸易、农业等多种危机相继爆发，其冲击性和破坏力远远超过 20 世纪前 30 年的任何一次经济危机。

日本是一个资源匮乏的国家，要满足其扩张目的就必须依赖国际贸易解决工业原料和商品市场问题，而经济危机的爆发沉重打击了日本的进出口贸易。1929 年，日本的外贸总额为 43.6 亿日元，1930 年降至 30.1 亿日元，1931 年又降至 23.8 亿日元。1931 年的进口额比 1929 年下降了 44%，出口额则下降了 47%。

在物价暴跌和外贸萎缩的影响下，各工业生产急剧下滑。一战后，1920—1921 年的经济危机使日本的工业总产值下降了 19.9%，而这次危机使工业总产下降了 30% 以上。1929 年工业生产总值为 77 亿多日元，1930 年降到了 59 亿多日元，下降了 23%；1931 年降至 51 亿多日元，比 1929 年下降了 32.9%。规模比较小的企业在经济危机中相继破产，大型企业也被迫解雇工人和降低工资，以应对这场风暴。1930 年，破产的企业达 823 家，降低工资待遇的有 310 家。1931 年 3 月，陷于破产和停业状态的银行达 58 家。1931 年，日本的失业者超过了 300 万人。

这次经济危机也严重冲击了日本的农业。日本农业在发生危机之前还处于地主、垄断资本双重剥削下的半封建小农经济阶段。工业资本主义高速发展与农业资本主义缓慢发展，严重制约了日本资本主义的发展。危机的爆发使这种制约进一步加剧，垄断资本利用价格垄断和限制生产等方式减少危机所造成的损失，分散落后的农业经济在危机面前却一筹莫展，只能束手待毙，进一步拉大了工农业产品价格的剪刀差，将广大劳动农民推向了破产的深渊。大米和蚕茧是当时农民的主要经济来源，危机的出现导致这两种产品的价格逐年下跌。1930 年 4 月，每担大米的价格为 26.91 日元，同年 12 月降至 17.7 日元，而当时每担大米的生产成本却需要 27 日元至 28 日元，因此虽然稻谷丰收，但由于价格暴跌而出现了"丰收饥馑"的局面。1929 年春，每贯蚕茧的价格为 7.57 日元，1930 年降至 4 日元，1931 年又降到了 3.08 日元。这使得占全国总农户 2/5 的养蚕农户遭受了沉重打击，在养蚕地区的银行当中有 17 家因此而停业。

1931 年，日本东北地区及北海道遭到冻灾，导致农产品大歉收，农民损失惨重。广大农民只能背井离乡，买卖孩子的事情屡见不鲜。

为了应对这场危机，日本政府实行压缩财政、产业合理化和撤销黄金出口禁令的政策，通过整顿中小企业，解雇工人、降低工资、提高劳动强度，以此来降低物价，增加出口额。虽然黄金解禁会进一步导致通货紧缩和物价下跌，但是能够稳住汇兑行市，促进外资的引进，使垄断资本得到稳定的发展。因此，在经济危机期间日本垄断资本获得了进一步的发展，出现了国家和垄断资本相互联合的国家垄断资本主义。

九一八事变

中国东北不仅是日本重要的资本输出和商品输出地，还是农业、重工业原料供应地。日本统治阶级将中国东北视为日本经济的"生命线"。因此，日本帝国主义不断对中国东北地区进行扩张活动。1930 年，日本在中国东北的进出口总额中占有 49% 的份额。所有外国在中国东北的投资当中，日本占到了73%，占日本对外投资总额的一半以上。

早在 1927 年夏，日本内阁在东京召开"东方会议"，制定《对华政策纲领》，确立了使"满蒙"脱离中国本土、置于日本势力之下的方针。20 世纪 30 年代的世界经济危机波及日本，使日本陷入了极端困难的境地，国内阶级矛盾变得尖锐。为了转嫁国内的经济、政治危机，日本政府急于对中国发动一场战争，借以转移国内人民的视线，缓和阶级矛盾。

日本在东北不断制造事端，胁迫东北地方当局脱离中国。1928 年 12 月 29日，在民族大义的感召下，中国东北地方长官张学良毅然宣布"改旗易帜"，接

东方会议现场
1927 年日本田中义一内阁制定侵略中国方针的决策会议。右起第三人为田中义一。

受中华民国国民政府的领导。次年初，张学良又下令杀掉亲日派头目杨宇霆。为了维持并扩大在中国东北利益，日本决心发动战争夺得主导权。

在很长一段时间内，日本统治阶级将九一八事变说成是一起偶发事件或是军部中一些人物的专断行为。战后公开的一些史料表明，这起事变不仅仅是日本实施侵略政策的结果，而且是在事前进行了周密谋划的结果。自 1929 年以来，日本关东军参谋板垣征四郎及作战主任石原莞尔等多次制定了通过武力占领"满蒙"的计划。

就在日本加快侵略中国东北时，蒋介石正集中重兵"围剿"红军，欧美各国正忙于应付本国经济危机，无暇东顾。在这样的条件下，日本在中国东北的侵略行为有恃无恐。

1931 年 6 月，板垣征四郎、石原莞尔认为使用武力进攻东北的时机已经到来。在石原、板垣等人的策划下，关东军司令部制定了《处理"满洲"问题方案》，决定迅速采取军事行动。因此，7—8 月，日本不断挑起事端，借口"万宝山事件"和"中村事件"，蓄意制造侵占东北的借口。

1931 年 9 月 18 日夜，日本关东军在距离东北军驻地北大营几百米处的柳条湖南满铁路上引爆小型炸药，炸毁了小段铁路，并污蔑是中国军队所为，随即向北大营发起进攻。在日军向奉天北大营发起进攻的同时，各地的日军分别进攻东北各个城市。至 19 日，日军分别攻占了辽宁、吉林两省 20 座主要城市。

位于辽宁沈阳的"九·一八"历史博物馆

　　九一八事变发生后，日本政府宣称"不扩大事态"，但是日军依然向东北各地发起进攻。至 24 日，辽宁省除了辽西一隅之外全被日军占领。在吉林地区，日军继 19 日占领长春后，于 21 日攻占了省会吉林市。

　　为了观察国际社会的反应，日军在攻占辽吉两省大部地区后一度停止了北进和西进。蒋介石政府的软弱妥协和不抵抗，帝国主义国家的绥靖政策，使得日本更加肆无忌惮。11 月，日军向黑龙江发起进攻，19 日，日军攻陷齐齐哈尔。次年 1 月，日军在攻占黑龙江省的主要城镇后，开始进攻辽西地区。1 月 3 日，日军攻占锦州。2 月 5 日，日军占领哈尔滨。由于蒋介石的"不抵抗政策"，自九一八事变后不到 100 天的时间内，整个东北三省约 80 万平方千米的土地被日军占领。

　　由于受到了国际舆论的谴责，关东军不敢悍然直接统治东北全境，因此计划建立傀儡政权。1932 年 3 月 1 日，日本扶植的伪满洲国正式成立。然而日本政府的行为遭到了国际联盟强烈谴责，国联并没有承认"满洲国政府"的合法性。

　　九一八事变是日本帝国主义长期以来实行对华扩张政策的必然结果，也是其企图实现独霸中国而采取的重要步骤。

大举侵略中国

　　1931 年九一八事变后，日本帝国主义得寸进尺，企图侵占上海作为其继续侵略中国的基地。日军在东北大举进攻并阴谋炮制伪满洲国的同时，又在上海挑起了一·二八事变，以此胁迫蒋介石政府并转移国际压力。

　　九一八事变后，中国民间的反日情绪不断高涨。日本方面宣称将采取自卫手段来保护在华侨民的利益。1932 年 1 月 18 日，日军驻上海武官奉命指使人杀害日本僧人后，诬指是三友实业社职工所为，于是煽动在华的日侨青年同志会袭击了三友实业社，并袭击了华人商店。日军借此机会扩大事态，1 月 24 日，日军海军陆战队向上海增兵。1 月 28 日夜间，日军挑起战争，由租界向闸北一带发起进攻。当时驻守上海的中国军队是粤军 19 路军，由蒋光鼐、蔡廷锴指挥。日军发起进攻后，19 路军官兵奋起抵抗，开始了淞沪抗战。日军司令盐泽幸一狂妄叫嚣在数小时之内结束战斗。然而战事第一周，日军向闸北防地的数次进攻都被 19 路军击退。

奋起反抗的上海守军
1932 年日本进攻中国上海守军的事件，
史称"一·二八事变"。

与此同时，在中国共产党领导下，上海日本工厂工人纷纷举行抗日同盟罢工，各界民众组织反日救国会，参加抗日义勇军、运输队、救护队等，积极支援前线。淞沪抗战在上海军民的英勇抗争下，坚持了一个多月，日本侵略者遭受沉重打击，死伤 1 万余人，被迫四度更换司令。日军进退维谷，形势对其非常不利。

由于国民党政府坚持"不抵抗政策"，一意妥协破坏淞沪抗战，19 路军被迫撤离了上海。在英、美、法等国的调停下，5 月 5 日，国民党政府和日本签订了屈辱的《淞沪停战协定》。

日本在侵占中国东北后，开始向华北地区扩张。华北地区有着丰富的物产资源，其中有山西的煤，河北的铁，河南、山东以南的棉花，日本侵略者企图占领华北地区，获得战争所需的资源。

1935 年 9 月 24 日，日本在华驻屯军司令官多田骏公开宣称，要改变华北的政治机构。11 月 13 日，驻伪满大使兼关东军司令官南次郎向日本政府致函，提出了"华北分离工作"，也就是使华北地区从中国脱离出去。1936 年 5 月，日本政府将"支那驻屯军"的兵力从 1700 人增加到了 5700 人。1933 年至 1935 年，日本胁迫国民党政府接受《塘沽协定》《何梅协定》《秦土协定》，并于 1935 年炮制冀东及内蒙伪政权等，使河北、察哈尔两省的主权丧失大半，史称"华北事变"。

日本在华北进行政治、军事侵略的同时，也在华北地区进行武装走私。据估计，在 1935 年 3 月至 1936 年 5 月，日本在 15 个月内的走私总额达到了 3 亿元。走私的商品主要以鸦片为主，其次为人造丝等。走私活动导致中国硬通货大量外流，从 1934 年 10 月至 1935 年 8 月，中国因为走私外流的银币价值达 3000 万两，沉重打击了中国的财政经济。

1935 年 10 月 4 日，日本新上台的广田弘毅提出了对华政策的三个原则：

要求中国取消一切反对日本的抗议活动；中国应承认伪满洲国；中日联合起来反对共产党。日本妄图通过这三个原则实现所谓的中日亲善，以此来控制中国的经济和外交。

广田组成内阁后，接受军部的指示，不仅加快了法西斯化进程，还加快了对外实施侵略的步伐。1936 年 8 月，广田内阁宣布了"庶政一新"的纲领，确立了国家财政首先要服从于国防的需要。这种准战时财政政策的实行，表明日本已计划准备发起战争。

亚洲战争策源地形成

日本帝国主义对中国进行武装侵略后，帝国主义国家对日本的侵略行径采取了纵容的政策。英法控制的国际联盟向中日双方致函，建议避免事件的进一步扩大。然而日本却继续侵占中国大片地区，国际联盟只是一味召开会议讨论，对侵略者进行经济制裁的决议也未能通过。

1931 年 12 月 10 日，国联通过了一项决议，成立由英、美、法、德、意代表组成的委员会，到中国东北地区实地考察当前的局势。英国驻印度的前总督李顿为这个委员会的主要负责人，因此也称委员会为"李顿调查团"。李顿调查团的行动十分缓慢，1932 年 4 月才抵达中国东北，并在中国东北活动了一个半月。1932 年 9 月 4 日调查团完成调查报告书，各委员签字。10 月 2 日，国联才公布了"李顿报告"。报告表面上确定了日本的侵略行径，承认中国东北是中国领土的一部分，主权属于中国。对九一八事变经过和伪满洲国也有某些公正和客观的叙述，但是总体上是模糊是非、混淆黑白，充分暴露了欧美帝国主义国家对日本侵略中国东北的绥靖政策。

报告还认为中国抵制日货运动是中日爆发冲突的主要原因，苏联共产主义在中国的传播是导致九一八事变的最重要因素。关于如何解决九一八事变，报告认为：既不应该维持伪满洲国的现状，也不应该恢复到九一八事变之前的状态，而是让中日两国撤出在中国东北的武装力量，并组织一支配有外国教官的特别宪兵队，并任命"顾问"以监督当地的财政、经济和政治。实际上是要对中国东北实行国际共管。

在这期间，日本不断扩大侵略范围。1933 年 1 月初，日本侵占了山海关。2 月 24 日，国联大会以 42 票赞成，日本 1 票反对，通过了《李顿调查团报告书》决议，重申不承认伪满洲国，并要求日本军队从伪满洲国撤离；确认中国对东北各省的主权；要求国联成员国在法律上和事实上都不得承认伪满洲国。3月28日，日本以抗议该报告书为借口，宣布退出国际联盟，致使国联的调查报告书实际上成了一纸空文。

日本民众感到日本已经被国际社会孤立了，对日本的前途感到不安，但是日本政府对民众的不安进行了巧妙的诱导，使日本国内大部分人成了战争的支持者。日本国内的反战主义者和马克思主义者遭到了残酷的镇压。

伪满洲国宣传画
伪满洲国是日本占领中国东北地区后所扶植的一个傀儡伪政权，"首都"设于新京（今吉林长春）。

1936年8月7日，广田内阁举行了由首相、外相、大藏相、陆相和海相参与的会议，会上通过了《基本国策纲要》，提出日本若要生存和发展，就要对外实行扩张，确保日本在亚太地区的地位，实现所谓的"日满华"三国紧密合作，并向南部海洋发展。《基本国策纲要》的提出，是日本政府首次明确要对中国进行全面侵略。会议还要求陆军准备对抗北面苏联在远东地区的军力，海军准备对抗美国在西太平洋的海军，以保证日本在该地区的控制权，确保向南部海洋发展的目标顺利实现。《基本国策纲要》反映了日本陆军向北进军的企图及海军向南面发展的主张，确立了日本实行南北并进的侵略企图。

随着对中国侵略战争的不断扩大，日本深感铁、煤、石油等战略物资的严重不足，因此欲向战略物资极为丰富的南部海洋谋求发展。这样一来，日本就必须和占有该地区利益的英、法、荷、美等国相对抗。为了改变这种孤立的形势，1936 年 11 月，日本政府与纳粹德国签订《反共产国际协定》，两国结成同盟。1937 年 7 月 7 日，日本帝国主义悍然向中国发动了全面侵略战争，成为第二次世界大战的远东策源地。

三国轴心的形成

1938 年初至 1939 年夏，德、意、日三国曾先后在柏林、罗马和东京举行了多次谈判，计划在《反共产国际协定》的基础上成立三国军事同盟。

1939 年 5 月，德、意签订《德意同盟条约》，即《钢铁盟约》，形成了法西斯轴心国军事同盟。当时日本和德国在侵略步骤和目标上分歧较大，德国首先要进攻英、法，因此德国在谈判过程中不仅要求将苏联列为敌对国，也要求将英、法、美视为敌对国。此时的日本还没有确定要实施南进的计划，因此不同意将英、法、美列为敌对国，于是三国的谈判陷入了僵局。

1939 年 8 月，德国和苏联签订《苏德互不侵犯条约》，日本对此感到十分不满，认为德国和苏联缔结条约背叛了《反共产国际协定》，因此搁置了和德国缔结军事同盟的谈判。

1939 年 9 月，德国向波兰发起进攻，日本曾公开表示不加入欧洲战争的立场。1940 年夏，德国相继攻陷北欧、西欧后，日本为了加快侵华战争步伐，并计划发动太平洋战争，期待建立三国军事同盟。

此时，正对英国实施空战并计划入侵苏联的德国，也迫切需要和日本勾结起来。1940 年 9 月 9 日，德、日两国在东京恢复了缔结军事同盟条约的谈判。9 月 18 日，德国外长里宾特洛甫抵达罗马，劝说意大利加入这个军事同盟。9 月 27 日，里宾特洛甫和意大利外长齐亚诺、日本外相来栖三郎在柏林缔结了《德意日三国同盟条约》。条约主要内容是：日本承认并尊重德意志和意大利在欧洲建立新秩序的领导权；德意志和意大利承认并尊重日本在“大东亚”建立新秩序的领导权；德意志、意大利和日本同意遵循上述路线努力合作。三国承诺，如果缔约国中的一国受到目前不在欧洲战争或中日冲突中的一国攻击时，应给予政治、经济和军事手段上的支援。三国声明上述各条款毫不影响三缔约国各自与苏俄间现存的政治地位。《德意日三国同盟条约》的签订，标志着德意日三国军事同盟的正式形成，加速了苏德战争和太平洋战争的爆发。

06

第二次世界大战

第二次世界大战，是 1939 年至 1945 年以德国、日本、意大利为主的法西斯轴心国同美国、苏联、英国、中国等同盟国为主的反法西斯力量之间进行的一场全球性战争。多数观点认为战争在 1939 年 9 月 1 日纳粹德国入侵波兰，英国和法国向德国宣战开始，到 1945 年 9 月 2 日本向同盟国投降而宣告结束。这场战争给人类社会带来了空前的灾难，最后战争以同盟国的胜利而宣告结束。

大战前的阴云

　　20世纪30年代，法西斯轴心国在局部发动侵略战争。日本率先在亚洲燃起战火，发动对中国的侵略战争，侵占中国东北三省，并对苏联进行挑衅。意大利、德国也加紧了侵略活动，意大利对埃塞俄比亚发动侵略，并联合德国干涉西班牙内战，德国则吞并了奥地利并肢解了捷克斯洛伐克。

西班牙内战

　　1931年，西班牙爆发了资产阶级民主革命，推翻了君主制度，成立了共和国。12月9日，西班牙第二共和国通过新宪法，宣布西班牙为一院制议会共和国。宪法宣布西班牙实行政教分离，教会财产归为国有，废除各种封建劳役。资产阶级政府还实行了一些措施，例如进行有限度的土地改革、提高工人工资和缩短工时等。但是土地问题、民族问题等基本上没有真正解决。工人8小时工作制、社会保险等的一些法令由于资本家的抵制和破坏，难以兑现。西班牙社会依然存在着阶级斗争和民族斗争，工农运动继续高涨。工人纷纷举行示威游行和罢工，并迅速席卷全国；农民从地主手中夺走土地，并和前来镇压的军警发生流血冲突。与此同时，由于资产阶级政府的软弱，西班牙反动势力加紧了攻势。1933年，在德国纳粹党取得政权的鼓舞下，西班牙的反动政治力量进行新的部署。各右翼党派组成了一个统一的组织"西班牙右翼自治联盟"，即"西达党"。该党集结了地主、金融巨头、教权派和军阀等右翼分子，形成一个威胁共和制度的反动联盟。

　　1933年11月，以西达党为主体的"右派力量选举联合阵线"在议会选举中获得多数议席，组成了以激进党人勒鲁斯为首的亲法西斯的反动政府。这意味着共和国初年共和派党左派执政的结束，右派通过合法手段掌握了政权。

新政府上台后迅速取消了民主革命初期所取得的成果：停止所有社会改革，包括土地改革；否定民族自治权利；归还被收为国有的教会财产；大部分宪法保障不再有效力。同时赦免和释放大批在逃在押的叛乱分子和保皇分子，其中包括一些重要的罪犯。

在右派政权的袒护下，一些反对共和制度的反动政治势力开始活跃。于1932年被取缔的西班牙行动党开始恢复活动；保皇派的西班牙复兴党成为一股势力；1934年2月，西班牙法西斯党"长枪党"和"国家工团主义者进军洪达"合并为"西班牙长枪党与国家工团主义者进军洪达"。新政府反攻倒算和倒行逆施的行为，使1934—1935年成为西班牙历史上"黑暗的两年"。

勒鲁斯政府倒行逆施的行为引起了广大人民群众的不满和反击，各地纷纷举行抗议活动。1934年10月，勒鲁斯政府任命西班牙右翼自治联盟的反动人物为政府部长。这起事件彻底激起了广大民众的愤怒，在社会党和共产党等左翼政党的领导下，全国数百万工人举行总罢工，罢工活动几乎扩展到全国。在首都马德里、重要工业城市比斯开和重要工矿城市阿斯图里亚斯等地，罢工活动迅速发展成了武装冲突。阿斯图里亚斯矿工的武装斗争尤其激烈，使斗争趋于高潮。那里的共产党人、社会党人和无政府工团主义者团结在一起并肩战斗，矿工起义队伍占领了兵工厂，击败了政府军，一度夺取了当地的政权。政府迅速派遣部队前去镇压，起义工人英勇反抗了20天，最终遭到镇压，3000名矿工在战斗中牺牲，超过7000人受伤。随后又有约3万人被捕狱，数百人被处死。

十月事件是共和－社会主义左翼力量与右翼反动势力之间的一次直接交锋，这场斗争锻炼了左派的力量，增强了共产党和社会党等左翼政党之间的团结，推动了反法西斯人民阵线的建立。1936年1月，西班牙共产党、社会党、左翼共和党、共和同盟及其他一些左派政党签署协议，成立人民阵线。人民阵线将工人、农民、绝大部分城市小资产阶级、知识分子以及所有自由民主力量联合起来，共同反对法西斯及右翼势力的威胁。

人民阵线在2月举行的议会选举中击败了反动势力，获得胜利，并由人民阵线的两个政党 ——左翼共和党和共和同盟联合组成新政府。新政府实现了部分人民阵线纲领的内容，宣布大赦，释放了被捕的政治犯，逮捕了数千名法西斯分子，解散了保皇派和一些法西斯组织；恢复被解雇的工人的工作，恢复1932年的土改法，使10万农民获得了土地；恢复宪法保障的民主权利等。但是，

西班牙独裁统治者佛朗哥

当时的中、右派的力量还很大，法西斯组织还在军队中活动，威胁依然存在。

在德意法西斯的支持下，以圣胡尔霍和佛朗哥为首的西班牙法西斯分子，联合金融寡头、保皇派、教士以及一些拥护旧制度的将领，阴谋发起武装叛乱，通过武力推翻人民阵线政府。1936 年 7 月 17 日，西班牙驻摩洛哥梅利利亚的军队率先发动叛乱，并且立即得到了"外籍军团"的响应和援助。次日，佛朗哥指挥叛乱的军队占领了梅利利亚、休达等城市。

7 月 18 日，法西斯分子在休达电台向西班牙本土发出了"辛诺夫达"（音译，意即"一切正常"）的暗号，这是举行叛乱的信号。当日，法西斯分子和反对共和国的军队在西属摩洛哥、地中海的巴利阿里群岛以及西班牙北部一齐发动叛乱。全西班牙军队中约80％的官兵以及大部分国民警卫军都参加了这起叛乱。反对叛乱的人民纷纷武装起来，保卫共和国。西班牙内战全面爆发了。

原定充当叛军领袖的圣胡尔霍将军在葡萄牙赶回西班牙的途中因飞机失事身亡，佛朗哥将军被推选为叛军的领导者。由于叛乱早有预谋，而且大部分军官参与叛乱，叛乱迅速扩大到了全国的军队当中，所以叛乱开始时进展颇为顺利。但是，西班牙广大人民痛恨君主制度，反对复辟，纷纷行动起来反对法西斯叛乱，英勇作战，很快止住了叛乱的蔓延，粉碎了叛乱分子速战速决的企图。叛军速胜无望，陷入困境。就在这关键时刻，德、意法西斯在 7 月底直接派兵支持西班牙的叛乱者，对西班牙内战进行武装干涉。

德国和意大利最初只是向西班牙叛军提供武器，派遣军事顾问和教官，在西班牙叛军陷入困境后，便公开进行武装干涉。意大利派往西班牙的军队有 15

万人，德军则有 5 万人。德、意的军舰开进西班牙领海，并将西班牙海岸封锁，同时也直接威胁到了英、法在地中海的战略基地。德、意直接对西班牙进行武装干涉，使得佛朗哥领导的叛军得以继续支持下去，西班牙内战不断延续和扩大，同时在一定程度上改变了西班牙内战的性质，使其成为一场抗击法西斯侵略的民族革命战争。西班牙内战的扩大和性质的变化，迅速产生了深刻的国际影响。法、英、美等西方国家标榜"中立"，实行所谓"不干涉政策"。法、英、美等国所采取的立场无疑是有利于西班牙叛乱分子的。法国勃鲁姆政府担心在西班牙事件的影响下，受到人民阵线运动的牵连，因此决定禁止对西班牙共和国输出武器和军用物资。

　　1936 年 9 月 3 日，在英、法的倡议下，有 27 个欧洲国家在伦敦签订了"不干涉"西班牙内战的协定。协定规定：禁止向西班牙输出武器和军用物资，禁止西班牙所购买的武器过境；由英、法海军和边防警察封锁西班牙的海岸线和法西边境。后来又补充一个禁止派遣外国志愿人员赴西班牙的决定。同时成立了"不干涉委员会"来监督协定的实行。美国政府虽然没有参加伦敦的"不干涉委员会"，但罗斯福政府明确支持英、法奉行的不干涉政策，同时国会通过了对西班牙禁运武器的联合决议。西班牙共和国无法从各国购买武器，但是佛朗哥叛军却能够从德、意等国获得武器和军队的支援。

　　虽然英、法等西方大国对德、意法西斯武装干涉采取姑息纵容的态度，但全世界的进步民主力量纷纷起来支持西班牙人民的反法西斯斗争。共产国际号召各国无产阶级团结一切反法西斯的力量，保卫西班牙。苏联旗帜鲜明地站在了西班牙共和政府一边，在西班牙遭受侵略和封锁的最困难时期，及时给予道义上和物质上的援助。

　　1936 年 10 月，苏联的首批援助抵达西班牙。从 1936 年 10 月到 1939 年 1

西班牙内战期间佛朗哥将军
在巴塞罗那的部队

月，苏联向西班牙共和国提供了飞机 648 架、坦克 347 辆、1183 门火炮以及其他武器。苏联还给西班牙共和国派去了军事顾问、飞行员、坦克手以及各类专家共约 3000 人。但 1938 年中期以后，苏联基本停止了对西班牙共和国的援助。

在共产国际的号召和组织下，来自全世界 54 个国家约 4 万名优秀的反法西斯民主人士组成国际纵队，支援西班牙共和国反抗法西斯的斗争。1936 年 10 月 22 日，共和国政府通过决议正式邀请国际纵队与西班牙共和军一起对抗国民军。国际纵队的成员包括共产党人、社会党人、自由主义者、无政府主义者以及其他无党派人士和天主教徒，他们当中有工人（占 50% 以上）、农民、职员、军人和知识分子，总数约 4 万人。同年 11 月 8 日，第一批队员走上前线，参加了保卫马德里的战斗。在其他战役中，国际纵队也发挥了重要的作用。

1936 年 11 月，佛朗哥领导的叛军占领西班牙西部和北部地区后，开始向马德里逼近。叛军以四个纵队向马德里发起攻势，同时以市内的第五纵队作为接应，企图一举攻占马德里。西班牙军民誓死保卫首都，在 4 个多月的时间里粉碎了敌人的 3 次进攻。1937 年 3 月，共和国军队在马德里东北的瓜达拉哈拉战役中击溃了 5 万多人的意大利干涉军，解放了大片领土。在此后的两年时间里，西班牙人民依然坚守着马德里。1937 年夏，叛军在进攻马德里受阻后，在德、意法西斯的支持下，将其主要攻势转向北方，企图占领重要工业区巴斯克和阿斯图里亚斯。共和国军民浴血抵抗，但是敌我双方力量悬殊，6 月 19 日，巴斯克首府毕尔巴鄂失守。10 月 21 日，阿斯图里亚斯地区失陷。1938 年春，叛军攻占特鲁埃尔，进兵阿拉贡地区，然后直插地中海海边，占领比纳罗斯城，将共和国政府控制下的领土分隔成两半。

随着共和国的处境不断恶化，英、法为了缓和与德、意之间的关系，急于扼杀共和国以结束西班牙战争。1938 年 10 月，伦敦的"不干涉委员会"作出一项决定：要求一切外国军队撤出西班牙。根据国际不干涉委员的规定，共和国政府决定将国际纵队全部撤走。10 月 28 日，国际纵队在巴塞罗那举行了告别检阅。在西班牙内战期间，约有 7000 名国际纵队战士牺牲。

1938 年底，佛朗哥叛军联合德、意干涉军向东北部的加泰罗尼亚地区发起进攻。次年 1 月，加泰罗尼亚首府巴塞罗那失陷。2 月 11 日，加泰罗尼亚地区全境被占领。就在共和国处于生死存亡的关头，右翼社会党人在马德里发动反革命武装政变。1939 年 3 月 5 日，右翼社会党人夺取了政权，并向佛朗哥乞降。3 月 28 日，马德里终于在内外敌人的夹攻下陷落了。西班牙人民争取民主和独立的斗争最终失败了，从此西班牙建立了佛朗哥法西斯独裁政权。

《格尔尼卡》油画

西班牙画家毕加索在纳粹法西斯轰炸巴斯克小镇格尔尼卡之后创作的油画，该画充满了悲剧主义色彩，深刻表现了法西斯主义对人类的摧残。

中国人民的抗日斗争

日本帝国主义侵占中国东北以后，将侵略的目标指向华北地区。为了称霸中国，将中国变成自己的殖民地，日本帝国主义发动了蓄谋已久的全面侵华战争。

1937 年 7 月 7 日，日军突然向北平附近的卢沟桥发起进攻，史称"七七事变"，开始了对华北地区的侵略，不久后将战火扩大到了长江流域。日本政府原以为日军可以迅速获胜，只需两三个月的时间就能结束这场战争。

日本侵略者的暴行激起了全中国人民的无比愤怒。代表广大人民利益的中国共产党号召全国人民团结起来，组成民族统一战线，将日本侵略者赶出中国。7 月 15 日，中国共产党发表了国共两党进行合作的宣言，并派周恩来等人与国民党政府商讨关于建立抗日民族统一战线的问题。七七事变后，日本帝国主义的侵略活动不仅威胁到蒋介石集团的政权和利益，同时危害到了美、英帝国主义在中国的既得利益。在此形势下，国民党政府对中国共产党提出的建立抗日民族统一战线的主张作出了积极反应。

国共两党经谈判后达成协议，将中国共产党领导的陕北红军改称为"国民革命军第八路军"（简称八路军），南方八省的红色游击队改名为"国民革命军新编第四军"（简称新四军）。国民党被迫承认了中国共产党的合法地位。这样，中国共产党领导的抗日民族统一战线建立了。

但是，国民党政府在战争初期采取了消极抗日、"反共"反人民的政策。抗战开始后，国民党在前线战场接连失利。卢沟桥事变发生后不到一个月的时间，北平、天津先后被日军攻陷。1937 年 11 月，日军占领上海，12 月，攻占了南京。1938 年 3 月，整个华北地区几乎落入日本人手里。同年 10 月，日军攻陷华南门户广州，不久又攻占了华中重镇武汉。国民党政府迁往重庆，并将军队的主力调往西南和西北地区，避免与日军作战。

在这一时期，中国共产党实行了全面的民族战争政策，发动广大群众，在各地开展游击战争，并在敌人后方建立抗日革命根据地。1937 年 10 月，中国共产党领导的八路军建立了第一个抗日根据地——晋察冀抗日根据地，在此后的两年时间内，在华北、长江沿岸等省份纷纷建立了抗日根据地，在敌后开展了独立自主的游击战。

国民党在战场上接连失利，八路军、新四军在敌我力量悬殊的情况下奋起抵抗，收回了不少失地。1938 年，八路军、新四军队伍抵抗住了日本 40 万侵略军的进攻，牵制和打击的日军占到了侵华日军兵力一半以上，成为中国抗日

守卫卢沟桥的士兵
七七事变爆发前夕，北平的北、东、南三面已经被日军控制，卢沟桥成为北平对外的唯一通道。

战场上的主要力量。当时，中国共产党领导的陕甘宁革命根据地成为中国抗日根据地的总后方，而中共中央所在地延安则成为全国抗日斗争的领导中心。

在抗日战争的关键时期，共产党内部就"统一战线中是否坚持无产阶级领导权"的问题，出现了激烈的斗争。王明在第二次国内革命战争时期曾犯了"左"倾错误，抗日战争开始后，又犯了右倾投降主义错误，否认抗日统一战线中的独立自主原则，主张"一切经过统一战线"，"一切服从统一战线"，放弃对统一战线的指导权。王明的主张实际上是将人民武装力量统一到国民党政府的手中。毛泽东领导的党中央坚持了"统一战线中的独立自主"原则，坚持共产党在抗日民族统一战线中的领导权，纠正了王明的右倾投降主义错误。

1938 年 10 月，广州、武汉相继沦陷后，抗日战争进入了战略相持阶段。日军由于战线过长，兵力明显不足，被迫改变侵华政策的方针和策略。因此，日本帝国主义将八路军和新四军作为主要进攻目标，集中兵力发起进攻，对国民党政府则采取政治诱降政策。

日本政府的招降策略，使国民党"反共"投降派大为活跃起来。1938 年 12 月，国民党内部的亲日派头子汪精卫离开重庆，公开宣布向日本投降，后在南京建立了伪政权。国民党在和日本侵略者作战的同时，并没有忘记"反共"斗争。1939 年底，国民党内亲英美派的蒋介石集团消极抗日，并先后掀起了几次"反共"高潮，向抗日革命根据地的八路军、新四军发起进攻。在中共中央正确的路线、方针、政策的指引下，在广大人民的支援下，抗日队伍击退了国民党的数次"反共"高潮，克服了各种困难，不断壮大抗日队伍，为抗日民族革命战争的胜利浴血奋战。

中国人民的抗日战争，是中国人民反对日本帝国主义侵略的民族解放战争，也是世界反法西斯战争的重要组成部分。

正在集结的八路军士兵

1937 年 8 月 25 日，中国工农红军改编为国民革命军第八路军，1937 年 9 月 11 日，又改称国民革命军第十八集团军。

埃塞俄比亚抗意斗争

19 世纪末，埃塞俄比亚是唯一通过斗争获得独立地位的非洲国家。20 世纪初，埃塞俄比亚依然是个封建制国家，不仅存在奴隶制和部落制的残余，还同时出现了资本主义的萌芽。

在经济方面，封建的生产方式占有统治地位，约占总人口 17% 的皇族、世俗贵族以及地主阶级占有全国 90% 的土地，而占总人口 70% 的农民只占有全国 10% 的土地。在政治方面，封建统治阶级内部围绕着王位以及改革与保守进行着长期斗争。

1917 年，统治阶级内部出现了以塔法里·马康南为首的青年埃塞俄比亚派。他们主张社会改革，加强统一，建立中央集权政府，发展市场经济和国内外贸易，维护地主阶级的利益。1930 年 11 月，塔法里·马康南加冕称帝，为海尔·塞拉西一世。塞拉西即位后，为埃塞俄比亚的统一和独立实行了一些改革措施：制定了埃塞俄比亚第一部宪法，建立促进国家统一的行政制度；消除各种封建分裂的倾向；开展废除奴隶制残余活动，继续执行限制奴隶制度的政策；改革文化教育制度、改革币制、整顿税制等。这些改革措施，尽管没有触及封建社会的基础，但得到了人民的拥护，促进了埃塞俄比亚社会的发展。

埃塞俄比亚的发展遭到法西斯意大利的侵略而中止。第一次世界大战后，英、法、意三国为了争夺埃塞俄比亚展开了激烈的争夺。法国在埃塞俄比亚修建了亚的斯亚贝巴—吉布提铁路线，一度占据上风。1925 年，英、意两国就划分埃塞俄比亚的势力范围签订了一份协议。后来因为埃塞俄比亚政府的坚决反对和法国的抵制，这个协议最终作废了。

埃塞俄比亚有丰富的原料资源，煤、铁、铜、黄金、白金、石油都有很大的蕴藏量。同时埃塞俄比亚所处的地理位置也具有重要的战略意义。意大利对此垂涎三尺，决心通过武力来吞并埃塞俄比亚，企图将其与厄立特里亚、意属索马里连接起来，然后向苏丹渗透，与利比亚相接，建立一个意属非洲殖民帝国。

从1934年初开始，意大利不断向意在东非的殖民地运送侵占埃塞俄比亚的军用物资资源、飞机和坦克。从1934年下半年开始，意军在厄立特里亚和意属索马里向埃塞俄比亚频繁进行武装挑衅，制造紧张气氛。

瓦尔瓦尔事件成为意大利大举进攻埃塞俄比亚的前奏。瓦尔瓦尔是埃塞俄比亚东南部沙漠中的一个绿洲，意大利非法占据了该地区。1934年12月5日，一支埃塞俄比亚军队经过这里时遭到了意大利军队的袭击，埃塞俄比亚军队被迫还击。在武装冲突中，意大利人动用了坦克和飞机。这起冲突事件导致埃塞俄比亚军死亡近百人，伤45人，意大利军有60人死亡。事后，意大利强词夺理，要求埃塞俄比亚道歉并赔偿。埃塞俄比亚严词拒绝这一无理要求，并向国际联盟提出申诉，要求国联进行干预。

面对意大利的军事挑衅，西方国家从各自的利益着想，采取"不干涉政策"，提议双方进行仲裁协议。法、英等国的立场决定了国际联盟的态度。1935年1月7日，在埃塞俄比亚向国际联盟提出控诉后不久，法国政府就与墨索里尼在罗马缔结了一个条约，商定法、德两国发生矛盾时，意大利全力支持法国；意大利还同意放弃向法国在非洲占有优势的地区扩张。作为回应，法国以东非的领土以及经济利益来补偿意大利，并极力支持意大利对埃塞俄比亚的侵略。英国政府也纵容意大利的侵略行为，并提出了分割埃塞俄比亚领土的交易。

西方列强的纵容和支持，使得意大利法西斯侵略埃塞俄比亚的气焰更胜了。1935年10月3日，意大利不宣而战，发动了侵略埃塞俄比亚的战争。意大利30万军队从厄立特里亚和意属索马里出发，兵分三路向埃塞俄比亚发动大规模进攻，企图一举吞并整个埃塞俄比亚。

在国家和民族危亡关头，海尔·塞拉西皇帝领导埃塞俄比亚人民反抗意大利法西斯侵略者的斗争。10月3日，意大利军队发起进攻当天，埃塞俄比亚政府向全国发布了总动员令，号召埃塞俄比亚人民拿起武器奋起抵抗侵略者。埃塞俄比亚人民同仇敌忾，纷纷拿起武器，加入了保家卫国的战争当中，在短短的时间里埃塞俄比亚军队就增加到了 60 万人。

意大利军队入侵埃塞俄比亚后，埃塞俄比亚政府立即向国际联盟请求援助（埃塞俄比亚自 1923 年起成为国联成员国）。1935 年 10 月 7 日，国联在国际舆论的压力下只得承认意大利为侵略国，并对其实行经济制裁，禁止国联成员国向意大利输出武器和橡胶、铅、锡、铬等原料，禁止输入意大利商品，不得向意大利提供贷款等。国联的这些制裁措施并没有控制事态的进程，同时英、法等国并没有立即对意大利实行制裁。国际联盟也没有将战争急需的石油列入禁运范围，意大利如果没有石油进口将很难把战争继续下去。此外，英、法没有实施封锁苏伊士运河的举措，使得意大利得以源源不断地向埃塞俄比亚运送物资和军队。

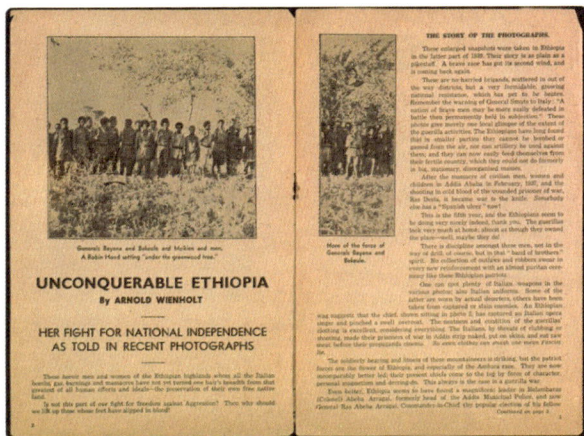

《不可征服的埃塞俄比亚》
此篇文章收录于 1940 年出版的书籍中。

埃塞俄比亚的遭遇和斗争得到了全世界人民的声援和支持。阿尔及利亚、突尼斯、埃及、叙利亚、肯尼亚、南非、法属西非等地举行了反对法西斯侵略的示威游行和抗议罢工，声援埃塞俄比亚人民的斗争。许多国家与地区成立了保卫埃塞俄比亚独立委员会，为埃塞俄比亚募捐资金、食品、药品。南非、埃及、叙利亚等国先后成立了支援埃塞俄比亚的志愿军，来到埃塞俄比亚参加抗意战争。意大利本土的广大劳动人民也举行了反战活动，在那不勒斯、托斯卡纳、西西里等地区，人民群众发动了反对侵略埃塞俄比亚的抗议示威。

随着反抗侵略的斗争不断深入，埃塞俄比亚国内出现了爱国热潮，军队和游击队在战场上奋力抵抗侵略者的进攻。但是由于意、埃军备上的差距，侵略者逐渐占据了上风。此外，法西斯军队在战场上使用了包括释放毒气在内的惨无人道的作战方法。埃塞俄比亚军民没有防毒装备，伤亡惨重。1936 年 5 月 3 日，意大利侵略军攻占亚的斯亚贝巴，海尔·塞拉西一世流亡海外。5 月 9 日，墨索里尼宣布吞并埃塞俄比亚，将埃塞俄比亚并入意属东非帝国。

埃塞俄比亚抗意战争在坚持了 7 个月后最终失败。失败的原因是多方面的，包括西方大国对意大利侵略者的纵容、支持政策；埃塞俄比亚与意大利双方力量的对比悬殊；封建统治者内未能团结广大人民进行抗战等等。

意大利占领埃塞俄比亚后，实行了殖民主义恐怖统治，使埃塞俄比亚人民遭受深重的苦难。农民的税收以数倍的速度增加，加上出现瘟疫和灾荒，数以万计的人因饥饿和疾病死亡。工人们领着相当于意大利工人 1/10—1/12 的工资，微薄的工资让工人的生活水平不断恶化。强迫劳动成为普遍现象，一些获得"解放"的奴隶被送到了矿场采矿、修筑道路等。据统计，在意大利占领期间，有 40 万名埃塞俄比亚人被侵略者屠杀，有超过 30 万人因饥饿而死亡。但是，意大利的占领并没有使埃塞俄比亚人民压服，人民武装斗争一刻也没有停止过，游击队依然在埃塞俄比亚全国与侵略者进行着斗争。

德国吞并奥地利

奥地利共和国地处欧洲心脏地带，人口虽不过 700 万，却有着十分重要的战略地位。希特勒对奥地利垂涎已久，他在《我的奋斗》一书中就明确表示决心将奥地利纳入日耳曼帝国当中。德国如果据有奥地利，就对捷克斯洛伐克形成三面包围之势，并打开通往东南欧的大门。因此，希特勒将吞并奥地利作为对外扩张、实现欧洲霸权的第一步。

1934 年，希特勒上台伊始，就加紧网罗奥地利的法西斯分子，唆使他们制造事端。1934 年 7 月 25 日，在德国纳粹党的策划下，奥地利纳粹党在维也纳发动叛乱，刺杀了奥首相陶尔斐斯，阴谋夺取政权，但最终被奥国政府军镇压。

希特勒迅速向奥地利边境调集军队，准备借此机会采取行动。当时，意大利的墨索里尼反对德奥两国合并，立即派遣四个师在意奥边境集结。希特勒惧怕意大利出面干涉，不敢轻易采取行动，等待时机再次实行吞并奥地利的计划。

此后，纳粹德国不断通过金钱、暴力等方式企图颠覆奥地利政府。奥地利境内的纳粹运动日趋猖獗起来。不久后，意大利和德国关系变得缓和，双方开始接近起来，奥地利依靠意大利的对外政策开始失去意义。1936 年 7 月，德奥签订条约，德国承认奥地利的主权。然而在与奥地利签约的同时，德国参谋部即着手制订了入侵奥地利的军事计划，即"奥托方案"。

对于德国侵占奥地利领土的野心，英、法、美统治集团十分清楚。此外，英、法、美三国有责任保证奥地利的独立地位，因为在《凡尔赛和约》第 80 条规定了"德国应承认并尊重奥地利的独立地位"。然而在奥地利的独立地位遭到德国的武力威胁时，英、法、美采取了纵容的政策。

1937 年 11 月，英国枢密大臣哈利法克斯到德国拜会希特勒。哈利法克斯宣扬了英、德进行合作的意义，建议两国通过谈判来解决彼此之间的矛盾，使两国关系更加亲近。在这次会晤中，英国明确表示不反对包括奥地利在内的欧洲秩序发生变更，英国所关心的是这些变更必须通过和平方式来实现。与此同时，法国政府在非正式谈判中也向纳粹德国表示，赞同德奥的合并，并不反对德国通过演化手段扩大其在奥地利的势力。美国政府得知希特勒企图吞并奥地利后，也没有采取任何制止措施。英、法、美三国认为德国吞并奥地利是其进攻苏联的重要步骤之一，因而采取了"不干涉"的绥靖政策。希特勒摸清了英法的底，知道它们不会对德国吞并奥地利进行干涉后，便放手大胆去行动了。

在这种情况下，1938 年初，德国法西斯加强了对德奥合并的宣传。奥地利的纳粹分子纷纷行动起来作为呼应。德国在奥地利边境调集了 20 万大军。局势顿时变得紧张起来，奥地利人惶恐不安。此时处于地下状态的共产党呼吁奥地利人民起来保卫祖国，工人阶级与纳粹分子展开了斗争。为了稳定局势，

希特勒乘车进入维也纳
1938 年 3 月 12 日，希特勒巡游维也纳，道路两旁的维也纳居民向希特勒行纳粹手礼。

奥地利政府明令禁止纳粹党，并逮捕了纳粹党的领导人。

2月12日，希特勒与奥地利总理舒施尼格在贝希特斯加登举行会谈，并交给他一份书面的最后通牒。内容包括取消对奥地利纳粹党的禁令，大赦在押的奥地利纳粹党人，任命奥地利纳粹党人赛斯－英夸特为奥地利内阁保安部长，保证纳粹党的宣传自由等等。舒施尼格被迫接受了希特勒的全部要求。

面对亡国的危险，奥地利广大群众举行了抗议活动，大量工厂停止开工。在人民群众抗议浪潮的压力下，舒施尼格宣布将于3月13日举行全民投票，就是否赞成保持奥地利的独立举行公决。3月11日，希特勒获悉此消息后，立即电令舒施尼格辞职，任命赛斯－英夸特担任新总理，取消全民投票。当日，希特勒命令德军越过边境，对奥地利实行军事占领。在奥地利纳粹党人的配合下，德军迅速占领了奥地利。13日，希特勒宣布奥地利共和国解散，德奥正式合并，奥地利成为德意志第三帝国的一个省。

纳粹德国对奥地利赤裸裸的侵略行为激起了全世界劳动人民的愤怒。世界各大城市纷纷举行了群众集会和示威游行，抗议纳粹德国对奥地利的侵占。3月17日，苏联政府强烈谴责纳粹德国的侵略行径，并提议举行国际会议，商议反对侵略的策略，但是英、法、美政府对这个建议漠然置之。不久，英、法、美又承认了德国对奥地利的吞并，分别将驻奥使馆改为驻维也纳领事馆。德国吞并奥地利后，德国的经济和军事实力得到增强，更加肆无忌惮地实施下一步的侵略计划。

苏台德问题

德国在吞并奥地利以后，立即将侵略矛头指向了捷克斯洛伐克。捷克斯洛伐克地处欧洲中心，战略地位十分重要。德国如果占领捷克斯洛伐克，对其而言，意味着控制了通往多瑙河流域的通道。德国向东进攻苏联时，它可以作为桥头堡；向西进攻法国，它可以免去德国的后顾之忧。此外，捷克斯洛伐克有着发达的工业和丰富的资源，能够充实德国的军事实力。为了侵占捷克斯洛伐克，希特勒企图利用苏台德问题作为入侵的借口。

捷克斯洛伐克是一个多民族国家，约有320万德意志人居住在捷、德交界的苏台德区。一战前，苏台德区不是德国领土。1933年10月，康拉德·亨莱因在希特勒的指示下成立了苏台德德意志人党。康拉德·亨莱因接受纳粹德国的指示，专门从事分裂活动，阴谋将苏台德划入德国。在希特勒的指示下，亨莱因不断向捷克斯洛伐克政府提出各种要求，制造紧张气氛，以便希特勒借机进行干涉。

1938年4月24日，亨莱因在卡尔斯巴德（今卡罗维发利）召开苏台德德意志人党代表大会，在会上发表演说，要求在苏台德区建立一个德意志区，实行完全"自治"；由德意志人担任苏台德区的全部官职，等等。德意志人党还公开要求捷克斯洛伐克政府废除与法国和苏联签订的互助条约，在外交上与德国保持一致。

德意志人党的要求遭到了捷克斯洛伐克人民的声讨和谴责。以总统贝奈斯为首的捷克斯洛伐克政府拒绝了德意志人党的要求。于是，德意志人党计划于5月间进行暴动。5月18日，德国向捷克斯洛伐克边境集结军队，并发表声明支持"苏台德自治"。形势变得危急起来，5月20日，捷克斯洛伐克政府宣布局部动员，征召后备役人员入伍。战争有一触即发之势，出现了所谓的"五月危机"。捷克斯洛伐克政府反抗纳粹德国的举措得到了全国民众的拥护，英、法社会舆论对此也表示关切和同情。

以首相张伯伦为首的英国政府企图通过牺牲捷克斯洛伐克，换取希特勒向苏联发动战争。法国政府在捷克斯洛伐克问题上的态度是十分矛盾的。一方面，法国为了维持自己在欧洲的大国地位，与东欧的捷克斯洛伐克、南斯拉夫、波兰等国缔结了同盟关系。如果任凭德军侵占捷克斯洛伐克，不仅意味着捷克斯洛伐克的军队和工业落入德国之手，同时也意味着法国抛弃自己在东欧的同盟国和保护国。另一方面，法国联合英国挑唆希特勒进行反苏战争，必然会牺牲同盟国的利益。但是，英、法政府无法确定希特勒是否依照它们设想的目标去行事。因此，在纳粹德国不断进行侵略扩张时，它们的政策常常摇摆不定。

"五月危机"爆发后，让英、法始料未及。它们不能允许德国未经交涉就占领捷克斯洛伐克。5月21日，法国对外宣称，如果德军越过德捷边境，法国将履行法捷条约的义务，出兵干涉。同日，英国也发表声明，如果法国履行法捷条约的义务，英国对于德国侵捷所引起的冲突不会无动于衷。"五月危机"期间，苏联政府也发表声明，采取一切措施维护捷克斯洛伐克的安全。在捷克斯洛伐克决心抵抗入侵和国际社会的压力下，希特勒不得不收敛一下，暂时做出让步，撤走了在捷克斯洛伐克边境的德军。"五月危机"至此结束。

"五月危机"之后，希特勒继续全力推行其侵占捷克斯洛伐克的计划。德国法西斯一方面加强军事实力，以便日后实施"闪电战"一举击溃捷军；另一方面，对英、法两国进行军事讹诈，并很快取得了成效。8月初，英国政府派朗西曼勋爵为首的代表团抵达布拉格，充当捷克斯洛伐克政府与苏台德区德意志人党的"调停人"，实际上是向捷克斯洛伐克政府施加压力。在这次"调节活动中"，朗西曼站在德国和德意志人党一方，公然主张把苏台德区割给德国。在德、英等国的压力下，捷克斯洛伐克政府被迫与亨莱因分子举行谈判，同意在苏台德区实行"自治"。

慕尼黑会议

苏台德问题只不过是纳粹德国的一个借口而已，希特勒的最终目标是吞并捷克斯洛伐克，因此捷克斯洛伐克的妥协并不能让希特勒就此罢手。1938年9月12日，希特勒在纽伦堡纳粹党代表大会上发表演说，称无法容忍捷克斯洛伐克的现状继续下去，要求捷克斯洛伐克将苏台德区交给德国。与此同时，英、法的报刊也不断渲染世界大战一触即发，绝对不能因为捷克斯洛伐克的边界问题而冒引发大战的危险。

第二天，亨莱因率领法西斯分子在苏台德区举行叛乱，但是被捷克斯洛伐克政府镇压了。苏台德区的德意志人党也因此被迫解散了，亨莱因逃往德国。德国立即宣布驻守在边境的军队进入备战状态，威胁捷克斯洛伐克。捷克斯洛伐克的局势再度变得紧张。

战争局势迫在眉睫，张伯伦认为是时候牺牲捷克斯洛伐克了，英、德两国实现谅解的机会已经出现。9月13日，张伯伦急电希特勒，提议英、德立即商讨寻求"和平解决"的方法，并得到希特勒的认同。9月15日，张伯伦前往德国与希特勒进行会晤，并提议由英、法出面来调解德、捷之间的冲突。希特勒在会议上提出了将苏台德区并入德国的要求，并声称德国不惜为此冒着发生战争的危险。张伯伦向希特勒表示他本人同意苏台德区脱离捷的原则，然后返回了伦敦。

18日，英、法两国政府在伦敦举行会议，共同起草了对捷克斯洛伐克政府的声明，要求捷克斯洛伐克立即将苏台德德意志居民超过50%的地区交给德国，否则英、法两国将无法保证捷克斯洛伐克切身利益的安全。

英、法两国政府的声明激起了捷克斯洛伐克全国人民极大的愤慨。与此同时，苏联政府也发表声明，表示苏联将担负起援助捷克斯洛伐克的义务。苏联和捷克斯洛伐克签订的互助公约规定，只要法国向捷克斯洛伐克发起援助，苏联就有援助的义务；要是法国不进行援助，那么苏联也就没有援助的义务。9月19日，苏联政府再次向贝奈斯政府表示，如果法国政府履行援助捷克斯洛伐克的义务，苏联将立即进行援助。苏联看到了法国统治阶级所执行的绥靖政策，为了能够援助捷克斯洛伐克，苏联政府通过捷共领导向贝奈斯政府表示，即便法国不履行公约进行援助，只要捷克斯洛伐克坚决抵抗法西斯的侵略，并请求苏联进行援助，苏联也会对捷政府进行军事援助。由于捷克斯洛伐克人民的愤怒以及苏联政府表示支持，贝奈斯政府拒绝了英、法这份实质上等同于最后通牒的外交照会。

这时，英、法政府加紧对贝奈斯政府施加压力，并发出警告说，如果捷克斯洛伐克政府拒绝英、法的建议，从而导致了德捷战争，英、法政府将置身事外，不参加在这种情况下发生的战争，也不提供任何援助，即不履行公约。英、法政府同时威胁说，如果捷克斯洛伐克接受了苏联的援助，那么德国与苏捷联盟发生战争就带有了反对布尔什维主义的性质，英、法政府将会因此转而支持德国。在英、法两国的压力下，捷克斯洛伐克政府于9月21日被迫接受了英、法两国的建议，同意将苏台德区割给德国。

9月22日，张伯伦再次前往德国，与希特勒在哥德斯堡举行了第二次会晤。在这次会晤上，希特勒又提出了新的要求，对德意志人人数占居民人数半数以上的地区由德国实行军事占领；德意志人占少数的地区，举行公民投票来决定该地区的归属。此外还要满足匈牙利和波兰提出的对捷克斯洛伐克的领土要求。9月23日，希特勒限令捷克斯洛伐克在9月28日将苏台德区交给德国，后来又将交接日期延后到了10月1日。

面对纳粹德国的武力威胁，捷克斯洛伐克人民掀起了抗议浪潮，要求抵抗外来的侵略。9月25日，捷政府拒绝了德国的无理要求。9月下旬，苏联政府数次表示将根据《苏捷互助条约》对捷克斯洛伐克进行援助。苏联30个步兵师调遣到西部边境，军队处于戒备状态。9月27日，张伯伦发表广播演说，宣称英国为了不列颠帝国的利益不会卷入德捷之间的战争。9月28日，张伯伦分别致函希特勒和墨索里尼，提议由英、法、德、意、捷五国举行国际会议，商讨割让领土事宜。同日，希特勒同意举行会议，并向英、法、意三国发出邀请，但是不允许捷克斯洛伐克政府参加。

9月29日，张伯伦第三次前往德国，在慕尼黑与达拉第、希特勒和墨索里尼举行会议，史称慕尼黑会议。30日，在没有捷克斯洛伐克政府代表参加的情况下，会议通过了分裂捷克斯洛伐克国家领土的决定：四国签署了《关于捷克斯洛伐克割让苏台德区领土给德国的协定》（简称《慕尼黑协定》）。协定规定，捷克斯洛伐克应于 10 月 1 日至 10 日的时间内，把苏台德区以及捷南部与奥地利接壤的德意志人占多数的边境地区割让给德国；不得损坏上述地区内的防御工事、工矿企业、铁路及一切建筑，正常交给德国。协定的附件还规定：英、法保证捷克斯洛伐克新国界不会受到无理的侵略；德、意则在捷克斯洛伐克境内的波兰和匈牙利少数民族问题得到解决时，才给予保证。各国将协定以最后通牒的方式告知了捷克斯洛伐克代表。

出席慕尼黑会议的张伯伦、达拉第、希特勒和墨索里尼（从左至右）
慕尼黑会议是西方大国推行的绥靖政策进一步发展的产物，是该政策达到顶峰的标志。

10 月 1 日，纳粹德国军队开进了苏台德区。捷克斯洛伐克丧失了超过 1/3 的领土，一半以上的经济资源，防御工事荡然无存，国力遭到了严重削弱。《慕尼黑协定》的签订，意味着法捷、苏捷互助条约的废除，为希特勒实施向东侵略计划开辟了道路。9 月 30 日，《慕尼黑协定》签订后，在张伯伦的建议下，德、英发表了一个共同宣言，宣称已经解决两国之间的纠纷，英德两国永远不会发生战事。12 月 6 日，法、德也签订了类似的声明。英、法两国政府以为和德国签订协定会让他们避开德国的侵略，从而将侵略的矛头引向苏联。

慕尼黑会议将英、法的绥靖政策推向了顶峰，是大国主宰小国、牺牲弱小国家利益进行妥协的一次交易，是对国际法和国际关系基本准则的粗暴践踏，将世界推向战争的边缘。《慕尼黑协定》的签订不仅增强了德国的经济和军事实力，同时还巩固了希特勒在德国的统治地位。英、法政府只图苟安一时，企图通过牺牲捷克斯洛伐克来缓解自己与德国的矛盾。但是，英、法的退让妥协助长了希特勒的气焰，使其更加大胆放手去发动侵略战争。慕尼黑会议后不到半年，捷克斯洛伐克就被德国灭亡了。

美国的孤立主义

20 世纪 20 年代，由于在第一次世界大战中遭受巨大伤亡，美国开始实行孤立主义，决心不再参加任何发生在欧洲的军事冲突。在第二次世界大战爆发前，美国的统治阶级仍然坚持孤立主义的对外政策。

虽然罗斯福政府的孤立主义对外政策使美国垄断组织的利益免受德、意、日的侵犯，但是它在很长一段时间内没有采取相应的措施制止法西斯的侵略行为。孤立主义者代表了部分美国资产阶级的主张：反对卷入欧洲战争，认为战争意味着同英国、法国事实上的结盟的政策，从而引起实质性的长期卷入欧洲事务；不参与美国竞争者之间的战争，在它们军事冲突的过程中彼此被削弱，美国在有利的情况下参战，从而坐收渔翁之利。从表面上来看，孤立主义的对外政策使美国避免了欧亚各国之间的矛盾冲突，也使美国避免受制于其他强国，实质却助长了德、意、日法西斯国家的侵略气焰。

美国参议院中的部分议员是孤立主义者的坚定拥护者，他们利用美国民众的反战情绪，制造各种和平主义舆论。1934 年，美国国会通过了"不支付战争债务的国家不得在美国举债"的《约翰逊法案》，然后又否决了美国加入国际法庭的议案。1935 年 8 月 31 日，美国国会通过了《中立法》。法案规定：禁止把美国武器输往一切交战国。在两个或两个以上外国之间爆发战争或是战争在进行时，美国不得将美国武器输往一切交战国，或运至任何交战国所利用的中立国。《中立法》的通过，从法律上将美国对欧洲的政策基本固定下来，对当时欧洲的绥靖主义起到了推波助澜的作用。

1936 年夏，西班牙爆发内战，英、法为保持自己的既得利益采取所谓"不干涉"的绥靖政策，美国也实行中立政策。罗斯福总统称《中立法》也适用于发生"内战"的国家。1937 年 5 月 1 日，美国国会根据罗斯福发表的声明，通过了新《中立法》，规定该法案也适用于爆发"内战"国家的双方。此外，新《中立法》还授权总统不仅有权禁止向交战国输入武器，还可以禁止向交战国输入任何货物；某些货物经总统认可后可以出售，当时要遵循"现购自运"的原则。新《中立法》依然保持中立姿态，助长了法西斯的侵略气焰。美国的武器经过德、意法西斯干涉者，源源不断地被运到了西班牙佛朗哥叛军手中。

在亚洲地区，在日本帝国主义发动全面侵华战争之前，美国向日本出售大量军火、物资。《中立法》并没有阻止美国政府向日本输出武器及物资。日本发动全面侵华战争，对美国在远东的利益构成了严重威胁。但是，美国政府仍然没有采取相应的措施来制止日本实施侵略，也没有实行《中立法》干预中日战争，这对日本帝国主义者是非常有利的。

此外，新《中立法》规定的"现购自运"原则，中断了中国对美国物资的输入，由于当时的中国既没有远洋航行的船队，同时海上也被日本封锁了，因此这个原则为日本实施侵华战争提供了方便。1939 年 11 月，美国把"现购自运"原则的范围扩大到了军火，以牺牲中国的利益来满足日本帝国主义的要求。

美国国内的进步力量要求联合其他国家一齐反对法西斯国家的侵略行为，但是美国政府对民众的呼吁置若罔闻。美国政府默认了意大利侵占埃塞俄比亚，认可了佛朗哥政权，承认德国吞并奥地利，支持英、法与德、意签订的出卖捷克斯洛伐克利益的《慕尼黑协定》，同时援助了日本对中国发动的侵略战争。

在英、法、美绥靖主义的纵容下，德、意、日法西斯的侵略行径更加肆无忌惮，使得帝国主义国家之间的矛盾越来越尖锐。与此同时，美国国内出现了要求放弃中立政策，主张支持英、法，反对德、意、日法西斯的资产阶级。美国资产阶级阵营内部分化为两个集团并展开了斗争。1939 年，美国国会在商讨对中立法提案进行修改时，双方进行了冗长、激烈的辩论。6 月 30 日，美国众议院以 200 票对 188 票，通过了对交战国维持军火禁运的议案。因此，直到第二次世界大战爆发前，美国政府依然实行纵容法西斯侵略的"中立"政策。

英、法"祸水东引"的阴谋和《苏德互不侵犯条约》的签订

1939 年初的欧洲，战争一触即发。英、法政府却仍然继续实行纵容纳粹德国侵略的绥靖政策。但是为了缓解人民群众憎恨法西斯带来的压力，也为了对纳粹德国施加一点压力，英、法政府表现出了愿意与苏联结盟的姿态。在英、法两国国内，广大人民群众希望两国能与苏联缔结互助条约，以遏制纳粹德国的侵略。

　　1939 年 4 月中旬至 8 月下旬，英、法、苏三国举行了关于缔结互助条约的谈判。在谈判中，英、法要求苏联在英、法提供安全保证的国家，即波兰、希腊、罗马尼亚、比利时、土耳其、荷兰和瑞士遭到侵略时，向这些国家提供军事援助。苏联提议签订苏、英、法三国互助条约，即三国中的任何一国遭到德国进攻时，彼此必须立即提供包括军事援助在内的各种援助；此外，各国还应该承担相应义务，除了英、法提供安全保证的国家之外，还应对和苏联毗邻的波罗的海诸国给予包括军事援助在内的各种援助。英、法拒绝了苏联的建议。英、法不同意向毗邻苏联的国家提供安全保证，这实际上为德国法西斯指明了一条进攻苏联的途径。英、法在谈判中的缺乏诚意、片面要求，导致谈判中断。

　　7 月，苏联提议三国进行关于缔结军事公约的谈判。英、法对此表示同意，但是两国派往莫斯科的代表只是次要人物，没有签订协定的权利。在谈判过程中，苏联代表认为苏德两国并不毗邻，战争一旦爆发，苏军需要借道波兰才能与德国直接作战，对英法和波兰进行援助。英法竟然支持波兰拒绝苏联的这个提议。这次军事谈判又中断了。

　　英法根本不想同苏联达成结盟协议，只是利用谈判威胁德国，牵制苏联，而不是真正联合苏联对抗德国。就在英、法、苏三国进行谈判的同时，6、7 月间，英国和德国在伦敦进行了秘密谈判。英国政府制定了"英德协议"的具体内容，协议的内容有：英国放弃集体安全以及与苏联缔结同盟的政策，与德国缔结《互不侵略条约》；英国同意解除对波兰的安全保证义务，认可德国在东欧和中南欧的自由行动。为了满足希特勒的要求，英国还建议希特勒举行英、德、法、意、波五国会议，商讨将但泽（格但斯克）并入德国的问题。英国政府企图策划新的

《苏德互不侵犯条约》签订现场
1939 年 8 月 23 日，苏联代表莫洛托夫与纳粹德国代表里宾特洛甫在莫斯科签订《苏德互不侵犯条约》。

慕尼黑事件，最终使英、法、苏三国的政治、军事谈判以失败而告终。

为了报复英法孤立苏联并挑唆德国向苏联进攻的阴谋，苏联与德国于8月23日缔结了《苏德互不侵犯条约》。条约的主要内容有：双方保证不单独或联合其他国家彼此使用武力、侵犯或攻击行为；缔约一方如与第三国交战，另一方必须保持中立，不得给予第三国任何支持；缔约双方不参加任何直接、间接反对另一缔约国的任何国家集团；双方应以和平方式解决缔约国间的一切争端；条约有效期为10年。苏联十分清楚德国并没有放弃进行苏联的计划，只是利用这个条约避免出现与英法和苏联两线作战的危险。苏联与德国签订这个条约，目的在于利用这个条约获得一段时期的和平，加强军备，为日后的反侵略战争做好充分准备。

《苏德互不侵犯条约》的签订，粉碎了英法等国企图利用纳粹德国挑动苏德战争的阴谋，宣告了三国谈判的终结，意味着西方民主国家和社会主义国家建立反法西斯联合阵线的最后努力彻底落空。德国按照既定方针发动了法西斯侵略战争。

大战全面爆发

1939年9月，在英法等国绥靖政策的纵容下，德国对波兰发动闪电战，第二次世界大战全面爆发。德国入侵波兰后，英国和法国对德国宣而不战，导致波兰孤军奋战，最终被德军占领。英法的绥靖政策不仅没能避免战争，反而助长了侵略者的气焰，将它们拖入战争的深渊。

德国闪击波兰、二战爆发

1939年3月15日，德国将捷克斯洛伐克占领后，开始制订入侵波兰的作战计划。1939 年 4 月 3 日，希特勒下达了代号为"白色计划"的进攻指令，要求德军在 9 月 1 日前完成作战准备。希特勒坚信，德军可以通过"闪电战"迅速击垮波兰军队，使英法无法对其盟国实施有效援助。

1939 年 9 月 1 日凌晨 4 时 45 分，德国法西斯军队向波兰发起了全面进攻，陆军、空军一齐发起攻击。德国有 58 个师投入了战斗，其中包括 6 个坦克师、8 个摩托化师（约 2500 辆坦克）以及 2 个航空队（2000 架飞机）。而波兰仅有 37 个步兵师、11 个骑兵旅、2 个摩托化旅以及近 400 架飞机。约 1 小时后，德国陆军从北、西、西南三面向波兰发起了全线进攻。德军的空军向华沙发起空袭，炮弹如雨点般倾泻到波军的阵地上。

德国军队在长达 700 千米的战线上向波军展开了进攻。德军的闪电攻势，使波兰军队猝不及防，无法迅速集中，数百架飞机都在地面上来不及起飞就被炸毁了。无数的大炮、汽车以及其他辎重来不及撤退就被炸毁了，指挥中心和交通枢纽遭到破坏，军队陷入混乱之中。德军以装甲部队和摩托化部队为先锋，迅速突破了波军的防线，将波军分割包围起来。

波兰政府在德波关系急剧恶化时，原指望战争爆发后能得到英法的援助，

波兰军队
1939 年 9 月德国入侵波兰后波兰军队行军的场景。

因此没有进行认真的备战。在德军大举侵入波兰时，波兰政府要求盟国英法立即采取联合行动制止战争的爆发。英法无法推脱对波兰所承担的义务，于是开始行动起来，但是英法这时仍然希望与德国进行谈判。英法提出的要求被纳粹德国断然拒绝了。9月3日，英法先后向德国发出最后通牒，要求德国提供停战的保证，否则两国将向德国宣战。希特勒拒绝了英法两国的最后通牒，于是英法两国对德国宣战，第二次世界大战全面爆发。

德军在突破波军的防线后，以每天50千米至60千米的速度向波兰腹地推进。德军在南线的进展较快，于9月8日进抵波兰首都华沙郊区。9日，波军在华沙西面的布祖拉河上向德军发动了反攻，遭遇失败。14日，华沙处于被德军包围的状态，完全断绝与波兰各地的联系。17日，德军在完成对华沙的包围后，限令华沙当局投降。实际上，波兰政府和波军统帅部已于16日越过边界逃到了罗马尼亚。

就在波兰军队英勇保卫自己的国土的时候，德国在西线的空虚情况已经暴露。当时法国在西线有110个师，英国调遣到大陆的有5个师，而德国当时在西线仅有23个师。当时只要英法向西线的德军发起进攻，就能给德国带来压力，从而减轻德军对波兰重创。但是英法在西线陈兵百万却按兵不动，不仅没有命令地面部队进行作战，空军和海军也按兵不动，宣而不战。

苏联早就想瓜分波兰，只因两国有互不侵犯条约而作罢。波兰政府出逃后，苏联政府找到了出兵波兰的借口。9月17日，苏联以保护乌克兰和白俄罗斯少数民族的利益为借口，派军队开进了波兰，侵占了西乌克兰和西白俄罗斯等地区。18日，德苏两国军队在布列斯特－里托夫斯克会师。9月28日，德苏签订了"定界"条约，确定了双方各自在波兰的占领地区。

9月25日，德军开始向华沙外围的要塞、据点进行轰炸。随后，德军向华沙发起进攻。9月26日，德国空军对华沙实施轰炸。9月27日，华沙守军停止抵抗，华沙沦陷。10月2日，波兰进行抵抗的最后一个城市格丁尼亚停止了抵抗。第二次世界大战爆发后的第一次战役进行了35天后就结束了。在波德之战中，波兰军队死亡20万人，40万人被俘虏；德军伤亡1万多人，3.3万人负伤，失踪3400人。

德国法西斯占领波兰后，立即实施他们所谓的种族主义政策。成千上万的波兰军官、知识分子和工人被驱赶到一起，惨遭杀害。不计其数的人被遣送到德国，在工厂里劳作或从事低贱劳役；无数的波兰人被当成劣等民族被赶往贫

困地区，好为那些德国移民者腾出地方。在整个战争期间，波兰有超过 600 万
人被法西斯残忍杀害。

苏联建立东方战线

第二次世界大战爆发后，苏联为了保卫西部边界的安全，防止战火东延，
迅速在西部边境采取一系列军事外交行动，扩大了西部边疆，建立了一条从波
罗的海到黑海的所谓"东方战线"。

1939 年 9 月 17 日，就在波兰即将亡国之际，苏联军队迅速占领了波兰境
内的西乌克兰和西白俄罗斯地区，借口是波兰当前的局势对苏联的安全构成了
威胁，为了保护这两个地区的同胞，苏军选择出兵。10 月，这两个占波兰国土
面积一半、近 20 万平方千米、约有 1300 万人口的地区，分别并入了苏联的乌
克兰和白俄罗斯两个共和国。

在瓜分波兰后，为了保护苏联在波罗的海的安全，苏联政府立即对波罗的
海的缓冲地带加以战略控制。早在 1938 年 4 月，苏联就以距离苏芬边界仅有
32 千米的列宁格勒（圣彼得堡在 1924—1991 年被称为列宁格勒）的安全作为
借口，向芬兰政府提出割让、租借或是交换领土等方案。

从 1939 年 10 月起，两国就开始了谈判。苏联要求芬兰将靠近列宁格勒的
芬兰边界往北迁移 20 千米—30 千米，同时同意以两倍的领土作为补偿。此外
苏联还要求租借芬兰的汉科半岛，期限为 30 年，允许苏军再次驻军并建立军
事基地。苏联的这些要求危害了芬兰的主权，芬兰以苏联的条件损害芬兰国防
为由，拒绝了苏联的要求。

11 月 28 日，苏联单方面废除了在 1932 年签订的《苏芬互不侵犯条约》，
并召回了在芬兰的外交人员。30 日，苏军入侵芬兰，史称"苏芬战争"。芬兰
军民奋起抵抗苏联的入侵，但由于双方力量悬殊，经过近 3 个月的抵抗，芬兰
最终战败。1940 年 3 月 12 日，芬兰被迫与苏联签订和约，苏联从芬兰手中取
得了近 4.2 万平方千米的领土，约占芬兰国土总面积的 11%，将卡累利阿地区
苏芬边界线往北推进了 150 千米。此外，芬兰的汉科半岛及其附近岛屿也租借
给了苏联，作为苏军的军事基地，租期为 30 年。

1939 年 9 月至 10 月，苏联又先后与波罗的海沿岸的爱沙尼亚、拉脱维亚
和立陶宛三国签订了互助条约，条约规定苏联在三国境内有驻军、建筑军港及

第二次世界大战期间苏联号召全民参战的宣传画

空军基地的权利。1940 年 6 月，苏联政府分别对三国政府发出照会，指责各国对苏联和苏军表现出了不友好的态度，要求三国政府立即进行改组并让苏军在三国境内自由通行等。在苏联的胁迫下，三国政府只能接受苏联的全部要求。8 月，这三个人口总共 586 万、面积总计 17.4 万平方千米的小国，也被苏联"接纳"成为加盟共和国。

1940 年 6 月 26 日，苏联向罗马尼亚发出照会，要求罗马尼亚归还比萨拉比亚，并将乌克兰人占多数的北布科维纳"移交"给苏联，作为罗马尼亚"占领"比萨拉比亚 22 年的"赔偿"。这两个地区的人口约 400 万，总面积为 5.1 万平方千米。6 月 27 日，苏联又向罗马尼亚发出最后通牒，限令罗马尼亚军队在 4 天内从该地区撤离。在苏联的威胁下，罗马尼亚政府被迫同意了。6 月 30 日，苏军向上述两个地区进驻完毕。8 月 2 日，苏联宣布在比萨拉比亚地区建立摩尔达维亚苏维埃社会主义加盟共和国（今摩尔多瓦共和国）。北布科维纳则并入了乌克兰。通过这次行动，苏联终于建立起了"东方战线"。

从 1939 年 9 月 17 日至 1940 年 8 月 6 日，苏联政府在完成这条"东方战线"后，其领土自北到南向西推进了近 300 千米。通过兼并这些小国，苏联不仅获得了有力的战略地位，同时还增加了其加盟共和国的数量。苏联政府通过军事行动和武力威胁扩大疆界的大国沙文主义行为，有违国际基本准则，损害了苏联在国际上的形象。

"奇怪的战争"

德军在击溃波兰之后，立即将主力向西线集结。为了争取时间进行扩军备战，准备在西线发起进攻，德国法西斯故伎重演，再次重申保证"和平"，麻痹英法等国。10 月 6 日，希特勒在国会表示希望与英法议和。意大利的墨索里尼也出来帮腔，支持德国的"和平建议"。英法要求德军撤出波兰，恢复捷克斯洛伐克和波兰的独立地位，以此作为双方进行谈判的先决条件。德国法西斯拒绝了这个要求，谈判最终没能进行。

英法虽然在德国闪击波兰后对德国宣战，但是由于战前长期实行绥靖政策，战后又没有完全放弃绥靖主义，所以实际上宣而不战，既没有派一兵一卒支援波兰，也没有在西线发动攻势。英法祸水东引之心未死，仍旧幻想着德国吞并波兰后进攻苏联，实行反苏计划。

在战争爆发后 3 个月里，英法不论是在陆地，还是在空中，都没有采取任何行动。英法军队龟缩在防御工事里，丝毫没有向德军发起进攻的态势。英国空军竟然明令禁止向德军目标发起攻击，只是在其上空散播传单。双方偶有互相射击，但并没有展开军事行动。这种在形式上保持战争状态，实际上没有展开军事行动的现象，历史上称其为"奇怪的战争""静坐战""假战争"。

在"奇怪的战争"时期，除了在法国东北边境地区出现了几次小接触和多次出现不见敌机踪影的空袭警报外，什么事情都没有发生。在法国军队中，士兵们在防御工事里过着重复刻板的生活，每天进行一些简单的训练。

"奇怪的战争"中静坐的士兵
英法对德国宣而不战，出现了"西线无战事"的局面。英国首相张伯伦称其为"奇怪的战争"。

"奇怪的战争"的出现，是英法两国继续执行绥靖政策纵容侵略的又一次运用。英法的这种消极态度带来了严重的后果，希特勒借着这个机会为日后在西线发起进攻做了充分的准备。

德国法西斯咄咄逼人的气势，英法的妥协纵容，加剧了中立国对德国法西斯的恐惧。欧洲各中立国认为，只要德、法军队还没进行最后的斗争，欧洲局势就无法稳定下来。这一时期，南斯拉夫、罗马尼亚、挪威、瑞典、比利时和荷兰等国都幻想通过中立来避开这场战祸，这又造成了有利于德国法西斯的局势。

二战爆发后，美国开始关注欧洲面临的问题。美国政府认识到了德国法西斯的得势将会给美国带来危险。1939 年 11 月，罗斯福劝说国会通过修正的《中立法》。该法案允许交战国从美国购买军事装备，但是必须支付现款且自行负责武器的运输。该法案是有利于英法两国的，因为只有它们有能力做到这点。

德国入侵挪威和丹麦

在"奇怪的战争"期间，德国就已经制定并通过了入侵丹麦和挪威的"威悉河演习"计划。希特勒一边向英法各国高喊和平，一边加紧扩军备战，制造了大量的飞机、坦克和大炮。德军潜艇的数量从战争初期的 60 艘增加到了 100 艘，陆军也扩大到了 156 个师，超过了英法两国兵力的总和，德军的主力转移到西线。当时德军的计划是首先向法军发起进攻，然后再侵占北欧各国，但是英法准备经挪威和瑞典进军芬兰以远征苏联的图谋，使德国法西斯推迟了进攻法国的计划。为了保障德军向法国进攻时北面的安全，德国法西斯决定先侵占北面的丹麦和挪威。

丹麦和挪威对德国、英法都具有十分重要的战略地位。丹麦地处波罗的海和北海之间，扼海上要冲；挪威位于斯堪的纳维亚半岛的西北部。它们是德国和英法双方的侧翼，是控制北海和波罗的海的必争之地。此外，斯堪的纳维亚半岛的铁矿也是对德国十分重要的战略物资。

德国如果占领丹麦和挪威，就可以限制英国舰队在大西洋和波罗的海的行动，德国军舰可以在北海和大西洋畅通无阻，保障铁矿的运输安全。

德国法西斯在经过一番筹划后，于是向丹麦和挪威这两个中立国发动了进攻。1940 年 4 月 9 日凌晨，德国轰炸机突然出现在丹麦首都哥本哈根的上空。

进军挪威的德军
1940 年 6 月 10 日，德
军占领挪威全境。

与此同时，在德丹边境地区集结的德军突然向丹麦发起了进攻。次日清晨，德
国政府向丹麦发出了最后通牒，要丹麦军队立即放下武器投降。丹麦国王立即
召开内阁会议，最终接受了德国的最后通牒，下令丹麦军队放下武器。就这样，
德国在发动占领丹麦的行动后只用了 4 小时就占领了丹麦，丹麦政府被迫同意
在德国的保护下保持中立地位。

　　德军在进攻丹麦的同时，也对挪威实施了闪电式的进攻。德军空降兵和登
陆兵在挪威奥斯陆、克里斯蒂安桑、斯塔万格、卑尔根、特隆赫姆、纳尔维克
等地实施空降和登陆。挪威军民奋起抵抗德军的侵略，挪威当局殊死抵抗决不
屈服。

　　4 月 9 日傍晚，德军空降部队占领了挪威首都奥斯陆。10 日，德军占领了
各重要港口和机场。挪威军队虽然进行了顽强抵抗，但是在兵力和武器上与德
军相差悬殊，不敌强敌，只好往内地撤退。

　　德国向挪威发起进攻后，英法也迅速派军队支援挪威。4 月 14 日，英法军
队在纳尔维克附近登陆。虽然延误了一些时机，但是英法军队在一个比较远的
战区牵制着了部分德军。4 月底，装备精良的法国轻步兵抵达纳尔维克，并成
功登陆。纳尔维克被法军攻占后，德国守军只能向东面撤退。然而当时的法国
国内形势变得危急，顺利登陆的军队在 6 月 2 日至 7 日撤离。

　　在挪威中部的纳姆索斯和翁达尔斯内斯地区，英法军队于 4 月下旬向德军
发起了进攻。这次作战的目标是收复特隆赫姆，与在奥斯陆北面作战的挪威军
队会师。但是英法军队却接连失利，在 5 月初被迫撤离了挪威中部。6 月 10
日，德军将分散在各地的挪威军队击溃，占领了挪威全境。德军占领挪威后，

组成了以吉斯林为首的卖国政府。挪威国王哈康七世及其政府人员和议会议员匆忙逃亡伦敦，在那里继续反抗德国法西斯。

瑞典在名义上保持中立地位，但是被迫与德国进行合作，向德国源源不断地供应各种战略物资。德国法西斯占领了整个斯堪的纳维亚半岛，控制了欧洲北部大片区域。

德国击溃法国

二战爆发后，法国依然推行绥靖政策，对德国宣战后一心推行"奇怪的战争"。法国没有想着如何去对付首要的对手德国法西斯，反而关心起了于1939年底发生的苏芬战争。法国一边向芬兰提供军火，一边积极筹划派远征军前往芬兰，并企图轰炸苏联的巴库和巴统，以达到压德反苏的目的。1940年初，就在德国法西斯大军压境之际，法国军方竟然计划向苏联发起全面进攻。

1940年5月10日，希特勒开始实行侵占法国的"黄色计划"。德军将这次军事行动划分为两阶段：第一阶段是侵占比利时、卢森堡和荷兰，然后绕过法国防卫坚固的马奇诺防线；第二阶段，迫使法国向德国投降。

1940年5月，在从北海海岸到瑞士国境长达800多千米的西部战线上，德国集结了136个师，兵力达330万人，分成3个集团军群发动进攻。在战线的北面，主要是荷兰和比利时的北部，是博克上将指挥的B集团军群；在战线的中部，是龙德施泰特上将指挥的A集团军群，负责主攻任务；在战线的南面，是勒布将军指挥的C集团军群。西线战事一触即发，为了抵抗德国的进攻，法、英、比、荷、波等国组成了同盟军，总共133个师。

5月10日，德军在西线对荷兰、比利时、卢森堡突然发起进攻。荷兰、比利时、卢森堡和法国北部的72个机场遭到了德国空军的轰炸。博克率领的德军越过马斯河，侵占了比利时列日防区。英法联军匆忙应战，立即集结主力军队向博克军队发起反攻。在德军"闪击战"的猛烈攻势下，博克军队击溃了荷比军队的抵抗，将英法军队击退，不断向前推进。13日，荷兰政府被迫迁往伦敦。14日，荷兰军队总司令温克尔曼向德军投降。17日晚，德军占领了比利时首都布鲁塞尔。荷兰、比利时落入德国手中。德军在占领荷比两国后，法国北部门户洞开，战局迅速恶化。

与此同时，龙德施泰特率领的德军穿过卢森堡，向法军在色当的防线发起

马奇诺防线
马奇诺防线是绵亘于法国东部的防御工事，内有各式大炮、壕沟、堡垒、发电站、医院等战备，四通八达，十分坚固。

进攻。5 月 12 日，德军抵达马斯河，攻下法军要塞色当，突破了法军在色当至那慕尔之间 90 千米的防线。法国在法、德边境苦心经营的马奇诺防线一夜之间成为后方，毫无抵抗能力。5 月 14 日，德军在色当附近强渡马斯河，对圣康坦全线发起了进攻，矛头指向西面海边。盟军全线的战争形势不断恶化，军队之间的联系中断，军队在很大程度上失去了指挥。不计其数的难民拥塞在路上，堵塞了盟军撤退的路线。

第一次世界大战结束后，法国担心德国东山再起，修筑了长达 200 千米的马奇诺防线，随时准备对德国作战。法国政府一直坚信，未来即便发生战争，只有坚守固若金汤马奇诺防线，就能克敌制胜。可是让法国人想不通的是，战争爆发后整个战线竟会如此轻易地崩溃了。一旦前线被德军突破，法国陆军就处于瘫痪的境地了。

对盟军更为不利的是，法国政府中的投降派逐渐掌控了局势。法国资产阶级吸取了战争失利通常会导致革命的历史教训。在战争失利的形势下，大部分法国资产阶级的立场逐渐转向了失败主义和亲法西斯。法国政府再次进行了改组。于 1940 年 3 月接替达拉第担任总理的保罗·雷诺不断扩大力量，团结除共产党之外的各种政治力量。在德军大军压境的紧要关头，5 月 19 日，雷诺委任贝当元帅、魏刚分别出任副总理和法军总司令。雷诺又借口领导战事不力，撤销了甘末林的总司令职务。贝当和魏刚都是赫赫有名的将领。贝当在第一次世界大战中坚守凡尔登战役取得胜利；魏刚曾经是 1918 年盟军总司令福煦的得力助手。雷诺希望通过这次任命，鼓舞法军士兵的士气。与此相反的是，这次任命加速了法国的灭亡。

敦刻尔克大撤退

敦刻尔克大撤退被英国首相丘吉尔誉为"战争中的奇迹",它为英国后续的反攻保存了大量有生力量,也提振了士气与民心,为反法西斯最终的胜利奠定了基础。

　　5月20日,德国坦克师将主攻方向转向西北方的大海。21日,德军抵达英吉利海峡,德军在沿岸一带形成了对英、法、比盟军的夹击形势。5月28日,比利时无条件投降,德军不断缩小包围圈。近40万英法盟军主力被德军A、B两个集团军群围困在法、比边境的一个港口——敦刻尔克。

　　5月26日傍晚,英国海军部向敦刻尔克的英法联军发出信号,开始执行"发电机作战计划",即实行敦刻尔克大撤退。从5月27日起,德军开始对敦刻尔克实施空袭。为了确保大撤退的顺利进行,英国皇家空军在空中进行掩护,全力保卫海边滩头阵地、登船地点以及停泊的船只。英法联军一边战斗,一边撤退,行动持续到了6月4日清晨。从敦刻尔克撤退到英伦三岛的盟军人数达33.8万多人,其中英军约20万人,法军约13万人。在撤退中,有4万多法军被德军俘虏,还有2.8万多人伤亡。在这场声势浩大的撤退行动中,盟军的大炮、高射炮、反坦克炮、机枪、摩托车等全部重型装备以及数十万吨军需物资全都落入德军手中。

　　敦刻尔克的撤退拯救了英国远征军,避免了被歼灭的灾难。英军虽然保住了一支具有战斗经验的军队,但是损失惨重,它几乎失去了全部重型武器。从这之后,法国军队将孤立无助地面对德国军队的进攻。

　　6月5日,在进占敦刻尔克后,德军主力大举南下,开始实施"黄色计划"第二阶段的任务,全线深入法国腹地。法军最精锐的部队和大量装甲部队在比利时消耗光了,只能派出 65 个师去抵挡德军总共 143 个师的进攻。

　　法军最高统帅部笼罩着失败主义情绪。这是一场力量悬殊的战斗,德军势如破竹地向法国腹地挺进。10日,墨索里尼认为趁火打劫的时机已经到来,于是向英法宣战。意大利派遣 23 个师向驻守在阿尔卑斯山区的 6 个师的法军发起进攻，法军腹背受敌。意军虽然在人数上占有优势，但是它的进攻没有获胜，法军坚守住了战线，但是意大利的参战使得法国面临的形势更加困难了。同日，在德军兵临城下的危急关头，魏刚宣布巴黎为不设防城市，政府迁往图尔，不久后再迁往波尔多。政府的迁离，军队的南撤，使整个法国陷入惊慌，导致大批民众纷纷逃难。从 6 月 10 日至 14 日，有超过 200 万人逃离了巴黎。

6 月 13 日，德军突破了法军在巴黎以北匆忙修筑起来的"魏刚防线"。6 月 14 日，德军攻占了未设防的法国首都——巴黎。巴黎沦陷后，法军一溃千里，德军迅速向南挺进，不久就包抄到马奇诺防线后方，使驻守在马奇诺防线区的 40 万法军腹背受敌，被团团包围。6 月 15 日，德军突破马奇诺防线，40 万守军大部分投降，只有少数人逃到了瑞士。法军的大溃败，决定了法国灭亡的结局。

16 日，总理雷诺辞职，贝当出任总理，并宣布停战。17 日，贝当向德国提出了停战要求。可是德国对贝当的请求不予理睬。在几天时间内，德国军队就深入法国内地，直逼波尔多。6 月 20 日，贝当政府正式向德国提出停战投降。21 日，法德代表在贡比涅森林中的勒通德车站开始谈判。谈判的会场就设在 1918 年 11 月 11 日德意志帝国向法国及其盟国投降的地方。希特勒有意选择在这里向法国提出停战条件，并特意从博物馆拖来了福煦元帅当年签订协议

亨利·菲利浦·贝当

的旧卧车。

当日下午，希特勒就坐在 1918 年福煦当年坐过的那把椅子上，与法国代表团进行谈判。德国最高统帅部参谋长凯特尔向法国人宣读了德国停战的条件。法国政府立即举行会议，讨论停战的条件。22 日，德法代表又进行了新的一轮会谈。德国表示只有法国政府接受德国提出的停战条件，才能停止对波尔多的进攻。当晚，法国政府又召开内阁会议，同意在停战协定上签字。晚上 6 时 50 分，法德两国正式签订停战协议。法德停战协定确定在法意停战协定签字后生效。24 日，法意也签订了停战协定。停战协定签订后，在法国境内全线实现了停火，历时 40 天的法兰西战役最终以英法联军的失败而告终，法兰西第三共和国也宣告灭亡。

根据停战协定，法国被分割为占领区和非占领区两部分：占领区的面积约占法国领土的 2/5，包括法国北部所有的主要工业区、巴黎、英吉利海峡以及大西洋沿岸的全部港口，德国占领军的费用全部由法国来负担。法国的其他土地为非占领区，包括法国的西南部、南部和殖民地，由贝当傀儡政府统治，首府设在维希，因此也称作维希政府。

法国除了在非占领区为维持秩序需要保留部分部队外，法国所有的陆、海、空军都被解除武装，并强行复员。法国还将德国的政治流亡人员和战俘全部移交给了德国。显然，这是一个割地赔款、肢解法国的丧权辱国的投降协定。德国没有迅速占领法国全部领土，目的是从政治上分裂法国，使法国的流亡政府难以成立，同时利用法国的傀儡政府来控制法国的舰队和殖民地，不使其落入英国人手里。

1940 年法国的溃败，是一个历史悲剧。在第一次世界大战中，曾坚持了四年之久而不败的法兰西，在这场战争中只坚持了六周就被击溃，从而退出了战争。

德国空袭不列颠

德国法西斯在欧洲大陆扩张的胜利、盟军的接连失利，使得英国社会舆论一片愤慨。就在德国法西斯即将占领斯堪的纳维亚半岛之际，许多保守党人逐渐认识到，张伯伦坚持的绥靖政策将会导致政府走向政治破产，使英国军事走向崩溃。保守党人强烈要求选出新的领导人。1940 年 5 月 7 日至 8 日，下议院对张伯伦政府提出不信任动议案，将矛头指向张伯伦。在经过激烈的辩论之后，内阁首相张伯伦宣布辞职，并建议由丘吉尔组阁。5 月 10 日，丘吉尔组成了战时内阁。丘吉尔邀请工党领袖艾德礼出任副首相，内阁成员还包括了自由党领袖辛克莱和保守党人艾登。

　　温斯顿·丘吉尔出生于英国的一个贵族家庭，早年当过军官、记者。1900年，丘吉尔进入政界，并于当年 10 月代表英国保守党当选为下议院议员，于1910 年出任内阁大臣，成为英国政治舞台上的风云人物。丘吉尔是英国保守党的典型代表，全力维护英帝国在国际上的利益。1919 年，他支持对苏维埃俄国实行"防疫圈包围"政策，主张积极干涉俄国内战；他出任殖民事务大臣时，对各国的民族运动进行镇压。丘吉尔亦有自己的政治远见。慕尼黑事件后，他看到了纳粹德国的危害。丘吉尔组成联合内阁时，英国正处在困难的境地。5 月 13 日，丘吉尔首次以首相身份出席下议院会议，并作了发言："*我没有别的什么奉献给你们，只有热血、辛劳、眼泪和汗水。*"表示英国要不惜一切代价争取胜利。新政府的这些决心，得到了广大人民的支持。

　　德国法西斯征服法国后，将目光对准了英国。1940 年 7 月，欧洲战场上只剩下英国还在孤军奋战，其处境极其险恶。英国陆军在法兰西战役损失惨重，所有重装备和车辆丢弃殆尽，空军也损失了约 1000 架飞机，海军成为英国主要的防御力量。但是，如果法国舰队落入德军手中的话，德意法西斯就可以夺得地中海的制海权，那些英国的生命线——大西洋的护航运输将会受到前所未有的危险，德军在不列颠群岛实施登陆计划也将变为可能。英国政府决定消除

不列颠之战后坐在房屋废墟上的孩子们

法国舰队这个潜在的危险。7月3日至4日，英国夺取停泊在英国港口的法国舰艇。英国舰队也袭击了停泊在法属阿尔及利亚米尔斯克比尔的法国舰艇，只有一艘法国战列舰成功逃脱，其他的舰艇不是被英军击沉，就是遭到了重创，有1300多名法国水兵在这起袭击事件中丧生。英国政府的袭击行动，使法国舰艇没有落到德国法西斯手中，在某程度上保卫了英国的安全。

第二次世界大战爆发后，德国没有制订周详的作战计划，直到占领法国后，仍没有制订统一的征服英国的计划。希特勒一直对英国抱有幻想，认为英国在当前严峻的形势下，一定会谋求与德国妥协议和，并通过各种方式对英国实施诱降。然而丘吉尔拒绝任何妥协，并表示要与德国法西斯进行不懈斗争。

德国的诱降企图破产后，希特勒决心向英国发起进攻。1940年7月16日，希特勒下令准备入侵不列颠，拟定了代号为"海狮"的作战计划，并要求在8月中旬完成整个作战准备。由于英国掌握了制海权，德军将领向希特勒建议，将这次入侵行动推迟到10月或是第二年。德国统帅部认为通过空军对英国进行压制是计划获得成功的先决条件。德军企图首先夺取制空权，以摧毁英军的防御工事，消灭英国的空军，从而保障渡海登陆作战的顺利实施。

希特勒企图通过德国强大的空军越过英吉利海峡摧毁英国的抵抗力量。为此，德国集结了各种作战飞机2500余架，而当时英国空军的作战飞机也仅有1300余架。德国空军司令、纳粹二号人物戈林对希特勒夸下海口："要完全摧毁英国空军，只需要2周至4周时间，只用空袭就能使英国屈膝投降。"

7月16日，不列颠之战开始了。德国空军以英吉利海峡的护航舰队作为攻击目标，并对英国的港口进行了攻击。德国空军凭借数量上的优势，从8月8日至18日对英国的海军基地、雷达站和飞机场进行不分昼夜的轰炸。8月15日，德国投入全部空军主力，向英国发动全面进攻，一天之内出动1786架次，出动轰炸机达500多架。英军出动大部分战斗机迎敌，双方进行了数次战斗。由于英国空军有雷达帮助，德国空军不仅没有消灭英国空军，反而使自己的战机在战斗中损失惨重。8月24日，德军在分析了对英作战失利的情况后，决定将轰炸目标放在英军地面机场指挥中心上。这个战术收到了效果，伦敦周围的英军地面机场指挥中心被炸毁，英军整个通信系统一时陷入崩溃状态。

8月28日，英国人为了鼓舞士气，对德国本土发动了反击，81架英国轰炸机突破了德国两层高射炮火网，对德国首都柏林进行了轰炸。英军的这一举措惹怒了希特勒，他立即下令对伦敦和英国其他城市进行一次大规模空袭作为报复，企图摧毁英国工业生产，摧毁英国军民的抵抗意志。9月7日，德国空军开始集中轰炸伦敦。德国飞机不分昼夜地飞往伦敦上空，平均每天有 250 架德军轰炸机飞往伦敦，倾泻了成百上千吨高爆炸弹和燃烧弹。在德军的轰炸下，伦敦城成为一片火海，许多街区化为灰烬，伦敦人民前后遭到了德军长达两个月的狂轰滥炸。然而空袭没能挫败英国人民的斗志，反而让他们团结在一起，英勇地与法西斯主义进行斗争。英国军民的英勇抵抗使德军的入侵计划难以实现，希特勒决定将"海狮计划"无限期地推迟下去。

由于希特勒在 1940 年 7 月 31 日下达了计划对苏联作战的指令，德国军队将主要精力放在了对苏联作战的准备上，德国空军的主力逐渐东移。从 1940 年 11 月开始，德国空军将轰炸的重点转移到了英国的工业中心。11 月 5 日，英国航空工业的中心考文垂遭到了德国飞机猛烈的轰炸，整个城市几乎被夷为平地。

此后，一直到 1941 年 2 月中旬，德军对英国进行了 31 次大规模的轰炸。4 月下旬到 5 月初，德军又对伦敦进行了 3 次密集轰炸。5 月 10 日，伦敦遭到德军最后一次密集空袭，大英博物馆和英国议会在这次轰炸中遭到损毁。此后，德军对英国的空袭只是偶尔为之，逐渐停止了不列颠空战。在这场空战中，德军共出动了飞机 416 万多架次，向英国投掷了 6 万吨炸药，英国有 4 万人死亡，4.6 万人受伤，100 多万栋建筑物被毁。英国空军损失了 915 架飞机，德国则损失了 1733 架飞机。当时，英国海上运输线遭到了德国潜水艇的威胁，但是英国人民凭借毅力和勇气抵挡住了德国法西斯疯狂的进攻，保卫了不列颠群岛。

戴高乐与自由法国

1940 年夏秋之间，当德军的装甲铁流势如破竹、法国即将溃败的时候，在法国资产阶级中仅有少数人主张坚持战斗，抵抗德国法西斯的入侵。当时被任命为法国国防和陆军部次长的戴高乐将军就是抗战派的主要代表。

在德军逼近巴黎时，戴高乐反对魏刚将军提出的巴黎不设防，主张保卫巴黎。他还拟定了一个在北非继续抗战的作战计划，并企图迫使雷诺政府实行一些有利于在法军海外继续抗争的措施。在雷诺辞职、贝当上台组建政府并向德国投降后，戴高乐决定离开法国，到国外重新组织力量继续抗击德国侵略者。6 月 17 日，戴高乐抵达英国。戴高乐清楚地认识到，法国沦陷，民族存亡未卜，当前的首要任务是救亡图存。但是，只有少数法国人进行战斗是远远不够

法兰西第五共和国首任总统——夏尔·戴高乐
1940 年 6 月 28 日，以丘吉尔为首的英国政府宣布承认
戴高乐为"自由法国"的领袖。

的，应该号召全体法国人起来重新与德国法西斯进行战斗。

6 月 18 日，戴高乐将军在英国首相丘吉尔的支持下，通过英国广播电台发表了《告法国人民书》，号召在英国的希望自由的法国官兵参加他所建立的"自由法国"组织。他在演说中坚决表示："无论发生什么情况，法兰西抵抗的火焰决不应该熄灭，也决不会熄灭。"《告法国人民书》的发表，标志着由戴高乐领导的反对法西斯侵略和维护民族独立的"自由法国"运动开始了。

戴高乐的宣言激励了数千万法国人民的心灵，使他们在失败的痛苦中恢复了信心。但是戴高乐的募兵活动并非一帆风顺，在发表演说后的一个星期之内，只数百人加入了"自由法国"。但到 6 月底，该组织已经颇具规模，来自世界各地志愿者拿起武器加入了"自由法国"运动。

1940 年 7 月 14 日，在法国国庆日当天，戴高乐在伦敦检阅了首批"自由法国"的战士。一周之后，首批"自由法国"的飞行员参与了对德国鲁尔区的轰炸，戴高乐组织了这次活动并发表了与这次空袭相关的消息。到 7 月底，大约有 7000 人加入"自由法国"，愿意拿起武器为戴高乐和法国战斗。

8 月 7 日，丘吉尔－戴高乐协定达成，协定内容：英国承认戴高乐为自由法国武装力量的最高统帅；戴高乐承认指挥任何联合行动的最高权力只能属于英国，但是英国人不能派遣这支力量去参加它不愿意参加的战斗。协定还规定英国政府暂且垫付"自由法国"军队的所有费用，但是单独立账，日后再向英国偿还。"自由法国"得到了英国政府的支持，戴高乐也摆脱了财政上的困境，于是将注意力转向非洲。从 8 月到 10 月，"自由法国"的军队占领法属赤道非洲（加蓬除外）和喀麦隆。10 月 27 日，戴高乐在布拉柴维尔发布法令，宣布帝国防务委员会成立，行使政府职权，宣布"要将战争进行到解放为止"。到

11 月，"自由法国"的武装力量扩展到 3 万多人，队伍不断壮大。

意大利侵略军在北非和希腊的挫败

1940 年 6 月，意大利趁法国败降、英国溃退之机，宣布加入轴心国作战。墨索里尼企图扩张其在南欧和北非的领土，将地中海变为意大利的内湖。

6 月 11 日，意大利空军袭击了地中海的马耳他岛，企图切断英伦三岛与埃及之间的运输线。由于法国舰队在西地中海停止作战，英国皇家海军随时都有丧失海上优势的危险。8 月，意军顺利地占领了英属索马里，不久又入侵了苏丹和肯尼亚，对英国苏伊士运河南部通道的控制构成了威胁。

但是，意大利人在东非的地位并不牢固。埃塞俄比亚人民不断发起反压迫的游击战，一些遭受歧视的土著部队纷纷逃跑，参加了"爱国者"队伍。当时有 7 万名意军士兵驻守在埃塞俄比亚，他们基本上失去了与意大利本土之间联系。一支由英国人、印度人、南非白人和"自由法国"战士组成的混合部队从苏丹和肯尼亚出发，将这支意大利军队团团包围。在北面，混合部队进入了厄立特里亚境内，并于 1941 年 3 月在克伦将意军击溃，然后占领了阿斯马拉和马萨瓦，俘虏 1.5 万人。在南面，混合部队攻入了意属索马里，并向西北斜线不断推进，并于 1941 年 2 月突破了意军的防线，俘虏 2 万人。4 月，混合部队抵达亚的斯亚贝巴，意军将领仓皇出逃，不久后缴械投降。

埃及地处亚非拉交界之处，有着十分重要的战略地位。苏伊士运河是重要的交通要道，通往丰富的石油产地。1940 年 9 月中旬，墨索里尼派遣一支 17 万多人的军队从利比亚对埃及发动进攻，妄图占领埃及重要军港亚历山大和苏伊士运河，与保卫埃及的 3 万多名英军、新西兰军和印度军形成对峙。埃及境内的西沙漠成为双方交战主要战线，马特鲁港成为英军的前哨阵地。

1940 年 9 月 13 日，意军从利比亚向埃及发起进攻，侵占了塞卢姆；16 日占领西迪巴拉尼，然后停下来修筑防御工事，花费了 3 个月的时间。12 月 7 日，英军在北非发起了反攻，意军匆忙撤退。10 日，英军收复了西迪巴拉尼。1941 年 1 月，英军占领巴尔迪亚，然后攻克托卜鲁克。2 月，英军彻底击溃意大利的第 10 军团，俘虏意军 13 万人。意大利在北非战场节节败退。

在巴尔干地区，墨索里尼为了维持自己在该地区的势力，在没有通知希特勒的情况下，于 1940 年 10 月 15 日向希腊发起了进攻，试图抢在德国之前占领希腊。10月28日，意大利向希腊独裁者梅塔克萨斯提交最后通牒，要求允许意大利军队进入希腊境内，并占领一些战略要地。梅塔克萨斯拒绝接受最后通牒。

意大利集中优势兵力，从阿尔巴尼亚（1939年被意大利占领）出发，向希腊发起进攻。28日，意大利军队兵分三路向弗洛里纳、沃武萨和约阿尼纳发起进攻，并向南推进了五六十千米。希军依托山区有利地形顽强抵抗，阻止意军突入国土纵深。英国为了维持自己在巴尔干地区的影响，开辟对德作战新战场，于10月29日对希腊进行援助，派遣航空兵前去支援希腊军队作战。11月3日，希军在沃武萨击溃了意大利军队的进攻，夺回了战场主动权。随后，希军集结了12个步兵师、2个骑兵师和3个步兵旅的兵力，于14日向意军发起反攻，击溃了意第11集团军，并于21日攻占了科尔察。希军的进攻迫使意军全线退却，侵略者被推回到他们的起点之后。

到年底，希军推进到了波格拉德茨和希马拉一线。意军立即从本土派遣军队驰援，并于1941年1月向科尔察和克尔曲拉发起进攻，但是被希军挫败。希军占领了克尔曲拉，2月初抵达发罗拉以南山区，由于天气恶劣转为防御状态。3月，意军在德国进军巴尔干之前向希腊军队发动大规模进攻，但都被英勇的希军击退。希腊军队虽然在数量和装备上不及敌人，但是英勇顽强，连续出击，给意军造成了大量伤亡。墨索里尼恼羞成怒，更换了意军总司令，但依然无法改变意军被动挨打的局面。

德国在巴尔干地区的扩张

当德军还在西线作战，空军正在轰炸英国的时候，希特勒已经开始将目标转向东线，他对东欧和苏联的广袤领土和财富觊觎已久了。希特勒认为法西斯主义想要称霸欧洲和世界，就必须消灭布尔什维克主义。德国与苏联签订互不侵犯条约，只不过是用来麻痹苏联的权宜之计。

在灭亡波兰，迫使法国投降后，希特勒下令立即制订进攻苏联的军事计划——"巴巴罗萨计划"。1940年12月5日，该计划获得通过。为了更好地实行"巴巴罗萨计划"，希特勒开展了一系列措施，壮大法西斯集团，并对巴尔干地区加强了控制，以保障德军的侧翼以及粮食、石油和原料的供应。

1940年9月27日，德意日三国在柏林签订《德意日三国同盟条约》，正

巴巴罗萨计划期间的德国士兵

式结成三国轴心军事同盟。同年 11 月 20 日，匈牙利霍尔蒂法西斯政权也加入了德意日轴心国，成为德国法西斯在东南欧的帮凶。

罗马尼亚地处巴尔干半岛北部，有着丰富的石油资源，并且有数百千米边界与苏联接壤，是德国法西斯向苏联发起进攻而急于控制的国家。1940 年 9 月，在希特勒的支持下，法西斯头子安东内斯库在罗马尼亚发动政变，夺得政权，建立起独裁统治。10 月，德军以"教官"名义向罗马尼亚派兵进驻。11 月 23 日，罗马尼亚加入轴心国，成为法西斯德国的爪牙。1941 年 3 月 1 日，保加利亚也加入了轴心国，德军随即进驻保加利亚。

1941 年 3 月 25 日，南斯拉夫政府被迫签署参加德意日三国同盟的协定，激起了人民群众的愤怒。27 日，南斯拉夫军队中的亲英派发动政变，推翻了亲德政府。新政府拒绝与德国结盟，并于 4 月 5 日与苏联签订了《苏南友好和互不侵犯条约》。南斯拉夫人民的革命运动以及希腊军民抗击意军的斗争，打乱了法西斯国家的侵略计划。希特勒只好推迟了发动进攻苏联的"巴巴罗萨计划"，决定先占领南斯拉夫和希腊。

4 月 6 日，德军集中主力对南斯拉夫和希腊发起进攻。德国空军对南斯拉夫交通枢纽和首都贝尔格莱德等重要城市实施猛烈轰炸。贝尔格莱德被炸成一片瓦砾，南斯拉夫政府和最高统帅部陷入瘫痪状态。法西斯轴心国及其卫星国的军队越过边界，向南斯拉夫发动进攻。

在北部地区，德军装甲部队向南斯拉夫克罗地亚首府萨格勒布发动快速进攻，于 10 日攻占了萨格勒布。11 日，意军攻占卢布尔雅那。德军的主力主要集中在保加利亚西部，先后突破了尼什、斯科普里和瓦达河河谷的防线，然后兵分南北两路，北上的军队于 12 日占领贝尔格莱德。其他卫星国军队也相继发动进攻，匈牙利军队侵入奥西耶克和诺维萨特，保加利亚军队侵占了马其顿大片领土。13 日，南斯拉夫最高统帅部下令军队停止抵抗，南斯拉夫政府匆忙逃往同盟国。4 月 17 日，南斯拉夫最高统帅宣布投降，距离法西斯入侵仅有 11 天。为了笼络那些卫星国，希特勒将南斯拉夫的部分领土瓜分给了意、匈、保等国，其他的领土不是由德国直接占领，就是扶持傀儡政权进行统治。

1941 年 4 月 6 日，德军向南斯拉夫发动进攻的当日，德军越过保加利亚向希腊发起进攻。4 月 9 日，德军占领萨洛尼卡，驻守东色雷斯的希军被击垮，最终投降。在韦尔米翁山、阿利阿克蒙河一线进行防御作战的英希联军为了避免被德军包围，撤退到了布拉洛斯、莫洛斯一线，试图在这一地区阻挡德军的进攻，掩护军队主力从雅典经海路撤退。此时在阿尔巴尼亚的希腊部队被从南斯拉夫南下的德军包抄，陷入重围。20 日，被围困的希军主力向德意联军投降。23 日，希腊政府签署了投降书。24 日，德军突破英希联军布拉洛斯、莫洛斯防线。27 日，德军占领雅典，希腊国王和政府逃往埃及开罗。30 日，德军占领了整个伯罗奔尼撒半岛。5 月初，在希腊登陆援助其防务的英军经海路撤退到克里特岛。5 月 20 日，德军出动伞兵和空降部队向克里特发动进攻，经过 10 天激战，德军最终占领了克里特岛，将英国完全逐出了巴尔干地区。6 月 1 日，德军完全控制了希腊全境。

与此同时，希特勒派出两个师的兵力，命令隆美尔组成"非洲军团"，在北非地区登陆，联合意大利军队，向驻守在利比亚的英军发动进攻，英军被迫撤退到了埃及。德国法西斯占领巴尔干和控制北非之后，东南欧和地中海的形势向有利于轴心国的方向发展，为其发动侵略苏联战争创造了有利条件。在此情况下，希特勒决定执行进攻苏联的"巴巴罗萨计划"。

大战升级

　　1941年至1942年，法西斯轴心国的侵略达到顶峰，在欧洲、亚洲、大洋洲和太平洋、大西洋展开全面的战略进攻。德国发动侵略苏联的战争，占领了大片领土。在太平洋战场，日本偷袭美国珍珠港，挑起太平洋战争，将战火蔓延至东南亚、大洋洲，将美国、大洋洲诸国卷入战争中来，这使第二次世界大战发展成为全球性的战争。

巴巴罗萨计划——德国进攻苏联

　　在结束入侵南斯拉夫、希腊的军事行动后，德国法西斯对苏联发动了进攻。1941年6月22日凌晨3时30分，德国法西斯撕毁《苏德互不侵犯条约》，背信弃义向苏联发动侵略战争，苏德战争爆发了。苏联将这场战争称为"伟大的卫国战争"，也叫"苏联卫国战争"。除了德国以外，意大利、罗马尼亚、芬兰和匈牙利的军队也参与了侵略苏联的战争。

　　德国法西斯军队在这次进攻中总共出动了190个师，约550万人，3700多辆坦克和装甲车辆，4900多架飞机，47000门火炮以及190艘军舰，在东线从黑海至波罗的海的整个正面向苏联发动进攻。德军组成了三个集团军群，兵分三路对苏联发起突然袭击。北路德军主要进攻苏联波罗的海沿岸和列宁格勒；中路德军主要进攻明斯克、斯摩棱斯克一线，得手后直扑苏联首都莫斯科；南路德军的进攻目标主要是基辅、哈尔科夫和顿巴斯。德军企图通过出其不意的"闪电战"，在两个月之内击垮苏联，在冬天到来之前结束这场战争。

　　由于进攻非常突然，战争初期德军接连告捷。22日，"巴巴罗萨"行动的第一天，德国空军就取得了空战史上前所未有的胜利。苏联的66个前线机场遭到了德国空军的狂轰滥炸，大约有1200架飞机被德军摧毁，德军仅损失了35架飞机。德国空军还对苏联境内纵深很远的机场、火车站和港口进行了空袭，法西斯空军掌握了战争的制空权。

战争的初期对苏联红军而言无疑是一场灾难。苏联对德国法西斯发动的闪电战猝不及防，节节败退，损失惨重。经过三周的激烈战斗，拉脱维亚、立陶宛、白俄罗斯和乌克兰的大部分地区被德国占领，德军向苏联腹地推进了300千米—600千米。战前苏联着手建立的"东方战线"在德军坦克的冲击下不堪一击，苏联丧失了大片国土。

正前往敖德萨地区的苏联红军
敖德萨是苏联重要港口城市，在1941年10月至1944年4月被纳粹德国占领。

战争初期苏军的溃败存在着许多客观原因。当时战争是在有利于德国的形势下爆发的。德国经过一系列扩张行动，获得了欧洲丰富的经济和战略资源；德国军队装备了精良的武器，并制定了周密的侵略计划。苏联当局对德国发动战争的时间和规模的错误估计，对法西斯的突然袭击缺乏准备，也是失利的主要原因之一。此外，许多有经验的红军将领在1937—1939年的肃反行动中遭到清洗，也严重削弱了苏军在战争初期的作战和发挥能力。

苏联卫国战争爆发后，6月30日，成立了以斯大林为首的国防委员会，集中了国家的一切权力。7月3日，斯大林向全国人民发表广播讲话，阐述了打败德国法西斯夺取卫国战争胜利的纲领，号召全体苏联人民行动起来加入反抗侵略者的卫国战争中。此外，斯大林还命令苏联红军实行日俄战争期间曾经使用过的"焦土"战术。一旦红军被迫撤退，所有能够运载的重要物资必须一并运走，凡是不能运走的，一律销毁，不能给敌人留下一台发动机、一节车厢、一粒粮食、一滴汽油……在敌人占领的区域，不能让德军及其仆从国军队获得生存的空间，试图通过这些措施使敌人寸步难行，不战而溃。

7月初，整个苏德战线局势变得紧张起来。德军在前线的不断胜利让德国法西斯相坚信可以在短期内结束这场战争，于是加紧了对苏联的进攻。德军为了打通通往莫斯科的道路，发动了斯摩棱斯克战役。战役持续了近30天，面对德军的猛烈进攻，苏联军民奋起抵抗，英勇反击，歼灭敌军25万人，削弱了德军的攻势，为准备莫斯科防御赢得了时间。

1941年8月下旬，希特勒在北部地区调集了32个步兵师、4个坦克师、4个摩托化师和1个骑兵旅的兵力，配备6000门大炮、4500门迫击炮和1000多架飞机，向列宁格勒发动猛烈攻势。8月底，德军夺取了距离列宁格勒最近的要冲。9月8日，列宁格勒被德军团团包围，列宁格勒与外界的联系中断，只能从拉多加湖和空中得到补给，列宁格勒保卫战打响。

由于担心直接攻城会造成大量士兵伤亡，德军决定通过围堵方式来摧毁抵抗力量，妄图用饥饿的办法困死城里的苏联军民。德军不分昼夜地对该市进行狂轰滥炸，列宁格勒化为一片瓦砾。被围困在列宁格勒城里苏联军民英勇不屈，奋起反抗侵略者的进攻，将这座城市变成了一座牢不可破的坚固堡垒。尽管遭遇德军的渗透威胁、无情的轰炸和炮击，以及严重的食物和燃料短缺，红军最终坚守住了列宁格勒。到1944年1月中旬苏军在列宁格勒战线转入反攻为止，列宁格勒保卫战持续了900天。德军在这场战役中死伤30万人，却始终未能前进一步。

列宁格勒保卫战
列宁格勒保卫战是二战中时间最长、破坏性最强、死亡人数最多的包围战。

根据希特勒的战略部署，德军将主要的进攻目标由政治目标转为经济目标，南路成为德军进攻的重点。1941 年 7 月，德军不断向乌克兰深入，苏联西南方面军的部分部队在乌曼被德军包围。8 月 8 日，苏联被击溃，停止抵抗，约有 15 万苏联红军被德军俘虏。9 月 20 日，基辅被德军攻陷。8 月至 10 月，由茹科夫海军少将统一指挥苏军进行敖德萨保卫战，前后坚持了两个多月。敖德萨苏军在失去支援的情况下，依靠民众的支持和团结一致，以寡敌众，一次又一次地击退了德军和罗马尼亚军队的持续进攻。10 月 1 日至 16 日，苏军根据战略需要主动放弃了这座城市，通过海路撤往克里米亚半岛。

从北冰洋到黑海的前线，苏联红军与法西斯军队进行了惨烈的战斗。在广大人民的支持下，苏联红军虽然在战争中付出了惨重的代价，但大量消灭了敌军的有生力量，减缓了敌人的进攻。

莫斯科保卫战

在南路取得重大进展的同时，德军在北路向苏军发动攻势。1941 年 10 月初，德军开始进攻莫斯科，代号"台风行动"。

德军计划通过坦克军团实施突击，突破苏军的防御，并在维亚济马和布良斯克地区包围和消灭莫斯科的苏军主力，然后快速集合坦克和装甲兵团，从北面和南面包围莫斯科，在步兵军团实施正面进攻的同时，一举攻下莫斯科。为此，希特勒还迅速增派兵团支援德军"中央"集团军群。德军总兵力约为 180 万人，坦克 1700 辆，火炮和迫击炮 1.4 万余门，飞机 1390 架。

10 月 2 日，德军向苏军发动攻势。尽管苏军进行了顽强抵抗，德军仍然突破了防御。10 月 3 日，德军攻陷奥廖尔。德军沿着奥廖尔 - 图拉的公路不断向前推进。在莫斯科西面的维亚济马，苏军进行了艰苦的防御战。10 月 7 日，德军进抵维亚济马地区，苏军在此陷入合围。13 日，在维亚济马的大部分苏军被德军歼灭，只有部分成功突围。23 日，苏军在布良斯克的大部被德军歼灭。在维亚济马 - 布良斯克战役中，苏军有 67 万人被德军包围。维亚济马 - 布良斯克战役失败后，苏军迅速在莫扎伊斯克建立起新的防线。10 月 14 日，德军突入莫斯科北面的加里宁城，并占领了该城，但是遭到了苏军的顽强抵抗未能再前进一步。苏军始终控制着莫斯科南面的图拉，防止德军从南面向莫斯科发起袭击。

莫斯科保卫战

　　为了保卫莫斯科，苏联从各地派遣部队，军队源源不断地前往首都。莫斯科人民这时候也动员起来了，在 10 月恶劣的天气下，数十万军队和民众在莫斯科构筑防御工事。10 月下旬，莫斯科疏散了许多政府机关、企业和团体，国防委员会在莫斯科及其周围地域进行戒严。苏联政府向东撤离到了古比雪夫（今萨马拉），但是共产党中央政治局和最高统帅部大本营依然留在莫斯科。斯大林留在莫斯科，亲自指挥军队和人民保卫莫斯科。11 月 7 日，为了提升民众和军队的士气，纪念十月革命胜利 24 周年，苏联在莫斯科红场举行了阅兵式。斯大林在阅兵式上发表了演讲，鼓舞苏联军民抵抗德国法西斯的侵略，保卫祖国。

　　德军的十月攻势失败后，经过调整和补充，于 11 月 15 日重新向莫斯科发起进攻。当年的冬季提早来临了，在 10 月 6 日就下了第一场雪，天气异常寒冷。德军因战线过长，补给不足，缺乏冬装、燃料和粮食。由于苏联空军可以使用临近莫斯科的飞机场，于是有了与德国空军进行交战的条件。德军遭到了苏联军民的阻击，在付出了惨重的代价后，总算到达了距离莫斯科 30 千米的地区。

　　12 月 5 日，德军的进攻势头遭到遏制，出现了衰竭，朱可夫指挥苏军实施反攻。12 月 6 日，苏军在莫斯科地区发起全面反攻。12 月 8 日，希特勒被迫下令德军在苏德战场全线包括莫斯科方向采取守势。16 日，苏军解放了加里宁城，此后相继突破了德军防线。为了挽回不利局势，希特勒逼迫德军总司令布劳希奇和三个集团军司令辞职，亲自兼任陆军总司令，但是依然无法阻止德军的溃败。到 1942 年 1 月中旬，苏军歼灭了莫斯科近郊的 50 万德军，缴获和击毁敌军坦克 1500 辆。进攻莫斯科的德军主力被击溃，德军惊慌失措，向西撤退到了 150 千米至 300 千米外。德军不仅在莫斯科遭遇失败，在北方的提赫文地区和南方的顿河畔罗斯托夫地区也都遭到了失败。

德军在莫斯科会战中的失败是德军在第二次世界大战中的第一个大败仗。德国法西斯企图快速征服苏联的计划被苏联红军和人民粉碎了。莫斯科保卫战的胜利打破了德军不可战胜的神话，彻底打击了德国法西斯的嚣张气焰，导致德军无力再次发起全线进攻。

日本偷袭珍珠港

欧洲战场激战正酣，德军在欧洲战场上节节胜利，日本认为占领东南亚的时机已经出现，因为此时的荷兰、法国和英国无力顾及在亚洲的殖民地。

1940 年 7 月第二次近卫内阁上台并确定了占领东南亚的基本政策，提出了建立"大东亚共荣圈"的口号。这个"共荣圈"的范围包括中国、印度支那、印度尼西亚、泰国、英属马来亚、缅甸、菲律宾等国。日本企图通过占领这些国家的资源，击溃美国在太平洋的势力。依照这个计划，日本在国内消灭了自由资产阶级，并解散所有政党；在国外，于 1940 年 9 月加入了日、德、意三国军事同盟，并在 1941 年 4 月签署了《苏日中立条约》。

美国政府认识到，美日之间出现战争冲突将不可避免，但是当时的美国军队实力还不够强大，于是美国努力使战争延迟爆发，只是对日本实行了谨慎而有限的报复措施。1940 年 6 月，法国维希政府迫于日本的压力同意日军进驻河内。7 月，美国就对日本工业生产所需的原料和军需物资实行有限禁运，并对日本施加经济压力，此外对中国进行军事援助和提供贷款等。

1941 年 6 月，德国向苏联发起了突然袭击。根据与德国的同盟义务，日本应该立即在东方向苏联发起进攻，但是日本政府并没有这么做。7 月 2 日，日本政府召开会议，决定不立即向苏联发起进攻，而是静待时机，等到苏德战争局势有利于日本时，才向苏联发动战争。日本将关东军的兵力增加了一倍，达到了 70 万人，伺机向苏联发起进攻。但是德国在苏德战场陷入苦战，这样的机会始终没有出现。于是日本决定向东南亚地区进行扩张，建立"大东业共荣圈"。

不久后，日本胁迫法国维希政府，承认其接管整个法属印度支那。美国认为日本的行为无异于公开宣战，于是加紧对日本进行经济制裁。为了给了日本一点颜色，美国宣布"冻结"所有日本资产，终止与日本的经济贸易，尤其是石油贸易。与此同时，英、荷两国政府也迅速采取了与美国同样的行动。

日本国内消耗的石油，近 90% 依赖国外进口。在美国实施禁运后，日本的石油库存仅能维持三年的正常用量，如果发生战争只能维持一年半的时间，这必然影响到了日本的扩张计划。日本政府十分清楚，要么停止对外扩张，外交上向美国靠拢，但是这样可能会导致国内陆军发动政变；要么南下夺取荷属东印度群岛的油田，继续加强对外侵略。东南亚地区是美、英、荷等国的殖民地，向东南亚进军就等于向英、美宣战。于是日、美两国开始谈判，会上双方企图以强硬的态度迫使对方屈服。日本要求美国立即解除经济制裁，取消石油禁运，并停止向菲律宾派遣军队。美国断然拒绝了日本的要求，并警告日本不得继续进行侵略。

1941 年 9 月 6 日，日本召开一次御前会议，会上决定，如果谈判没能在 10 月 10 日前取得进展，就对美、英、荷宣战。10 月，日本提出的要求未能得到美国的答复。于是以陆相东条英机为代表的陆军，迫使政府立即下令对美宣战。近卫首相虽然之前同意对美作战，但是在关键时刻却害怕犹豫了，并提议继续与美国进行谈判。东条英机对此坚决反对，近卫被迫辞职。10 月 18 日，日本天皇任命东条英机为首相，组建内阁。11 月下旬，日本向美国递交了最后提案，美国对此进行了答复。双方要价过高，未能达成协议。

12 月 1 日，日本再次召开御前会议，决定于 12 月 8 日对美、英、荷宣战。为了击溃美国海军的主力——太平洋舰队，日本海军司令山本五十六下令对美国在太平洋最大的海军基地——夏威夷瓦胡岛的珍珠港发动突然袭击。

1941 年，东京时间 12 月 8 日凌晨（夏威夷时间 12 月 7 日凌晨），担任第一波攻击任务的 183 架日本飞机，从停泊在距离珍珠港 230 海里的六艘航空母舰上起飞，对停泊在珍珠港内的美军军舰发动了猛烈的攻击。一小时以后，日军担任第二波攻击任务的 168 架飞机起飞，轰炸美军舰队、机场。珍珠港的空袭共持续了近两个小时，日军获得了决定性胜利。

在这次袭击中，日本以非常小的代价击溃了美国太平洋舰队的主要舰只。1941 年 12 月美国在太平洋舰队原有 12 艘主力舰，其中有 9 艘战列舰和 3 艘航空母舰，在珍珠港共有 96 艘船只被攻击，其中被击沉或重创的有 8 艘战列舰、3 艘巡洋舰、3 艘驱逐舰、8 艘辅助性船只，合计共 30 万吨。当时航空母舰不在港内，幸免于难。此外有 188 架飞机在空袭中被击毁。

日本偷袭珍珠港是第二次世界大战中继德军突然进攻苏联之后的又一次突然袭击。日本之所以在这次袭击中取得成功，在很大程度上是因为美国政府对

日军偷袭珍珠港
珍珠港事件宣告美国孤立主义
外交和防务政策的破产。

日本麻痹大意所造成的。袭击发生前，美国政府一直以为日本不敢贸然首先进攻美国，其首先要进攻的目标应该是英国和荷兰的殖民地。事实上，从1940年夏天开始，美国就破译了日本的外交密码，并已经发现日本将要发动一场进攻的意图，但是它们坚信，日本的进攻目标是菲律宾。

日军偷袭珍珠港，宣告了太平洋战争的爆发。第二天，美国国会通过决议对日本宣战。紧接着，澳大利亚、新西兰、加拿大等近20个国家也相继对日本宣战。美国对日本宣战后，德、意做出反应，对美国宣战。对此，美国国会通过决议对德、意宣战。一些拉丁美洲国家也对"轴心"国家宣战。至此，战争范围再次扩大，名副其实地成为一场世界大战。

世界反法西斯同盟的建立

苏联卫国战争爆发后，国际形势发生了巨大变化。德、意、日法西斯轴心国的野蛮侵略，激起了世界各国人民的愤慨，全世界出现了反法西斯斗争的高潮。美、英等国与法西斯国家的矛盾越发尖锐了。美、英等国认识到，为了改变当前不利的态势，转变整个战争的形势，缩短战争的时间，只有联合苏联共同反对法西斯国家，才能保护本国的利益。因此，建立国际反法西斯统一战线的客观条件已经成熟。

苏德战争爆发后的当天，英国首相丘吉尔发表广播演说宣布英国将站在苏联方面，并对苏联给予力所能及的帮助。次日，美国总统罗斯福发表声明，支持苏联对德作战，美国政府将尽力支援苏联的反法西斯战争。

　　1941 年 7 月 3 日，斯大林发表广播演说，表明苏联的卫国战争将同各国人民为争取他们的独立、民主自由的斗争汇合在一起，为反对法西斯的奴役结成统一战线，并对英、美两国的宣言表示感谢。至此，苏联与美、英两国的关系得到改善并逐渐密切起来。此后，苏联、美国和英国相继采取了一些行动，促进了世界反法西斯统一战线的形成和发展。

　　7 月 12 日，苏联和英国在莫斯科签订了两国对德作战时采取联合行动的协定。协定规定，在对德战争中两国应互相支援和帮助，不得单独与德国媾和。这份协定并没有确定互助的具体形式和方法。

　　8 月 2 日，苏联和美、英在华盛顿就关于物资援助问题进行了照会。8 月 9 日至 12 日，美国总统罗斯福和英国首相丘吉尔在大西洋北部纽芬兰海面的一艘军舰上进行了会晤。8 月 14 日，两国发表了关于对德作战的目的和战后和平的宣言，即《大西洋宪章》。宣言声明：美、英两国不追求领土或其他方面的扩张，不承认法西斯国家通过侵略所造成的领土变更，尊重各民族的主权。宣告表达了两国反对纳粹侵略的决心。9 月 24 日，苏联政府对此发表声明，宣布支持《大西洋宪章》。这时，共有 15 个国家签署了《大西洋宪章》。

　　罗斯福和丘吉尔在会晤期间，还商讨了如何对苏联进行军事援助的问题。当时苏联顽强抵抗着纳粹德国的进攻，遭受了巨大的牺牲，给予苏联军事援助符合反法西斯联盟国家的利益。然而英、美在会谈时并没有涉及苏联所希望的开辟第二战场的问题，只谈到了军火援助问题。9 月 29 日至 10 月 1 日，美、英、苏三国代表在莫斯科举行会议，签订了三国协定，规定美、英、苏三国在反法西斯战争中采取联合行动，美、英向苏联提供武器和军用、民用物资，苏联则向美英提供原料。11 月 2 日，美国通知苏联，对苏联已经实施租借法案，并初步贷款 10 亿美元给苏联。

　　12 月 5 日，苏军在顽强阻击德军的狂轰滥炸后，在莫斯科城实施了反攻。12 月 7 日，日军袭击珍珠港，太平洋战争爆发，世界反法西斯侵略的战争范围不断扩大。12 月 8 日美国和英国对日宣战，12 月 9 日中国政府向德、意、日宣战，12 月 11 日美国对德、意宣战，第二次世界大战达到了最大规模。战争的发展促进了世界反法西斯统一战线的最后形成。

　　1942 年 1 月 1 日，中国、苏联、美国、英国等 26 个国家在华盛顿签订了《联合国家宣言》，宣言赞同《大西洋宪章》并规定，各签字国保证用自己全部的经济资源和军事力量来对法西斯国家进行作战，援助反法西斯的同盟国家；签字各国应该彼此合作，不能和敌国单独缔结停战协定或和约。《联合国家宣

《联合国家宣言》签订现场
《联合国家宣言》表明各盟国进行的反法西斯战争是正义战争，反对法西斯主义是捍卫全人类的正义事业。

言》的签订，标志着世界反法西斯同盟的正式建立，大大加强了世界反法西斯的力量，为反法西斯战争的胜利创造了有利的条件。

美、英两国和苏联的同盟关系，通过签订条约的形式固定下来。1942 年 5 月 26 日，苏联和英国在伦敦签订了《对希特勒德国及其欧洲参与国作战的同盟和战后合作互助条约》。6 月 11 日，苏联和美国在华盛顿签订了《关于在进行反侵略战争中相互援助所适用原则的协定》。在苏联和美英的会谈公报中都谈到了准备于 1942 年在欧洲开辟第二战场。

世界反法西斯同盟建立后，同盟内部依然存在着各种矛盾。英美两国企图在击垮德意日法西斯的同时，也企图削弱苏联以及各国的人民革命力量。因此，它们对苏德战争常常采取了置身事外的态度，原定于 1942 年开辟欧洲的第二战场也没有出现。各国虽然存在分歧和矛盾，但直到大战结束并未出现分裂。各主要参战国在战争中相互协商，相互配合，相互支援，对迅速取得这场战争的胜利起了重要作用。

日本入侵东南亚

在太平洋战争初期，日本不论在海上还是在陆上，不断获得胜利。日军在袭击珍珠港之后，于12月10日击沉了在英属马来亚海域活动的英国主力舰"威尔士亲王"号战列舰和"却敌"号战列巡洋舰等一批英国舰艇，重创了英国远东舰队。这样，日本不仅控制了太平洋西部，同时也掌握了印度洋的制海权。

1941年12月7日，日军在马来半岛北部哥打巴鲁与泰南的北大年和宋卡登陆。12月8日，日本入侵泰国，没有遇到抵抗，泰国政府同意日本军队越境攻打英属马来亚的要求，并且与日本缔结了军事同盟。同日，日军从中国内地向香港发动进攻，并于25日攻占了香港。此后，日本的进攻重点转向东南亚和西南太平洋的新加坡和菲律宾。

新加坡地处马来半岛最南端，控制着马六甲海峡，是太平洋、印度洋之间的重要海上交通要道。英国政府将新加坡看作是其远东殖民统治的重要基地。为此，英国曾耗资数千万英镑，将其建造成了军事要塞。这里驻扎了7万军队，并有充足的弹药和食物，原本可以有效地抵御日军的进攻，但是随着日军的凶猛进攻，驻军指挥部因为不断失利而丧失信心，导致军队陷入混乱，无法坚决抵抗。

新加坡与马来半岛顶端之间有一条3千米长的堤道相连。1942年2月8日，日军在新加坡的西北岸登陆，并迅速对堤道进行维修，使坦克和大炮可以从堤道上通过。2月15日，驻新加坡英军司令珀西瓦尔与日军签订投降书，新加坡失守。新加坡沦陷后，日本加紧对缅甸、印度发起进攻。3月7日，日军攻占缅甸首都仰光，5月8日，缅甸落入日军之手。5月底，日军进入印度境内。

菲律宾地处西太平洋，北望中国台湾，南临荷属东印度，扼太平洋、南海和印度洋的交通要冲，战略地位十分重要。战役开始时，日军空军率先对菲律宾的美军机场进行轰炸。美军在棉兰老岛上近一半的飞机还没起飞就被炸毁了，为日军的登陆作战创造了条件。经过一番轰炸之后，从台湾出发的日军在吕宋岛等处强行登陆。

1942年1月2日，日军占领了马尼拉，不久后占领了甲米地和八打雁。吕宋岛上的美菲军队向巴丹半岛撤退。1月9日，日军开始向巴丹半岛发起进攻，遭美菲军队的顽强抗击。美菲军与日军展开激烈的山地战、丛林战和阵地战。到月底时，日军因伤亡严重，无力发起进攻，于是被迫转入防御，战局一度陷入胶着状态。

3 月中旬，麦克阿瑟前往澳大利亚，由温赖特少将指挥美菲军队。4 月 3 日，日军在得到支援后，对巴丹半岛再次发动进攻。由于美菲军没有援兵、缺少补给，在日军的猛烈进攻下，巴丹半岛的守军于 4 月 9 日投降。同日，日军攻占了米沙鄢群岛等战略要地。日军占领巴丹半岛后，对科雷希多岛进行了炮击和轰炸。5 月 2 日，日军对该岛进行了火力准备，并于 5 日分左右两路实施登陆，发起攻击。近 2 万名美菲军依仗坑道工事顽强阻击，与日军进行殊死战斗。6 日，日军后援部队加入战斗，温赖特率领美菲军余部投降。7 日，日军占领了科雷希多岛。10 日，驻守在棉兰老岛和北吕宋山区的美军也先后投降。18 日，驻守在班乃岛的美军停止了抵抗。至此，日军完全控制了菲律宾全境。

与此同时，日军于 1941 年 12 月相继占领了中太平洋的关岛、威克岛，并在加里曼丹成功登陆，实现了建立空军前进基地的目的。从 1942 年 1 月开始，日军以加里曼丹为基地，向印度尼西亚发起进攻。2 月 27 日至 28 日，日本

巴丹死亡行军

1942 年 4 月 9 日，驻扎在菲律宾巴丹半岛上的美菲军队向日军投降，随后这些战俘被日军押解到 120 千米外的战俘营，一路步行，无食无水，且随时随地面对日军的刺杀，最终导致约 15000 名战俘死亡。

海军击溃英荷舰队。2 月，日军占领了南苏门答腊、帝汶岛和巴厘岛，对爪哇形成了包围。3 月初，日军在爪哇岛登陆，并于 3 月 5 日占领巴达维亚（雅加达），9 日，荷兰军队向日军投降，日本控制了印度尼西亚群岛。这样，日本掌握了印度尼西亚群岛及其丰富的石油　橡胶等资源。

日本占领新加坡、缅甸、菲律宾、印度尼西亚后，不断向澳大利亚推进，初步完成了预期的作战计划。日本以较小的代价取得了巨大的成功，于是日本联合舰队司令部提出了向西进攻印度和锡兰以及继续南下攻打澳大利亚的计

划。这个计划在御前会议遭到拒绝，理由是战线拉得太长，力不从心。

1942 年 5 月 5 日，日军占领所罗门群岛中的瓜达尔卡纳尔岛。5 月 7 日和 8 日，日本海军企图占领新几内亚岛东南端的莫尔斯比港，在珊瑚海与美国海军发生了激战。在这场海战中，美军损失了 1 艘航空母舰和 89 架飞机，日本则损失了 1 艘航空母舰和 105 架飞机。在这场战斗中，在世界海战史上首次出现了作战双方舰队互不射击，而是借助于空军进行战斗的场面。美国和日本都宣称自己获得了这场战斗的胜利。

中途岛海战

中途岛面积仅有 4.7 平方千米，位于珍珠港西北 1000 多海里处，是夏威夷群岛的西北门户和屏障，也是美国在中太平洋地区的重要军事基地和交通枢纽。中途岛的失守将威胁美国太平洋舰队的大本营珍珠港的安全。

1942 年 4 月 18 日美国空军空袭东京后，日本决定扩大日本本土的防御范围，决心发动中途岛－阿留申群岛战役，并以中途岛作为这场战役的主要进攻目标。日军进攻中途岛的主要意图是借此机会歼灭美国太平洋舰队残余的军舰，同时占领该岛，迫使美军退守到夏威夷及美国西海岸。

为达到这个目的，日本联合舰队几乎倾巢而出，动用舰艇包括运输舰、辅助舰在内共 200 余艘，其中航空母舰 8 艘（舰载机 400 多架）、战列舰 11 艘、巡洋舰 23 艘、驱逐舰 56 艘、潜艇 24 艘。日本联合舰队总司令山本五十六负责指挥这次战役。5 月 26 日至 29 日，日本海军各编队从本土出发，预定于 6 月 4 日对中途岛发起进攻。

5 月中旬，美军成功破译日本海军密码电报，由此获悉了日军进攻中途岛的作战计划。美军太平洋战区总司令尼米兹海军上将调集 3 艘航空母舰（舰载机 230 多架）及其他作战舰艇 30 多艘，组建了两个特混舰队，在中途岛东北海域展开，隐蔽待机。同时，在中途岛附近海域部署了 19 艘潜艇，以监视日军舰艇的行动。与日本海军的实力相比，美军明显处于下风，但是美军事先获悉了日军的作战计划、兵力编组及进攻时间等情报，因此可以集中兵力，进行针对性的防御和指挥作战，看准时机出奇制胜。

1942 年 6 月 3 日，在发起主攻的前一天，日本海军北方编队对阿留申群岛的荷兰港发起空袭，企图诱使美军舰队出兵支援，从而进行夹击。但美军并

中途岛海战
美国海军历史学家莫里森把美国海军在中途岛海战中的胜利称为"情报的胜利"。

没有上当。6 月 4 日凌晨，日海军中将南云忠一率领的第一机动编队派出第一波 108 架飞机向中途岛发起进攻。美军对此早就做好了准备，立即发出警报，战机立即升空迎敌。日军轰炸机轰炸了机场，炸毁了美军部分地面设施。但美军在岛上加强了防御，机场跑道并未受损，日军未能取得预想的结果。

在此期间，南云的机动编队多次受到美军飞机的侦查和攻击。南云于是决定再次攻击中途岛，急令已挂上鱼雷准备攻击美舰的第二波飞机改装炸弹。这时，日军侦察机报告发现美国舰队正向日机动编队接近。于是日机又匆忙卸下炸弹改装鱼雷。

美军利用日军第一波飞机返航和第二批重挂鱼雷的混乱之际，派出鱼雷机和俯冲轰炸机对日舰发起猛烈攻击。日军虽有部分战斗机临空迎战，但为时已晚。结果，日军在这次海战中损失了 4 艘航空母舰、1 艘重巡洋舰、330 架飞机，此外还有 1 艘重巡洋舰和 2 艘驱逐舰遭到重创；美军仅损失了 1 艘航空母舰、1 艘驱逐舰和 147 架飞机。

第一机动编队的失利，打乱了日军的计划。6 月 5 日，山本下令停止进攻中途岛的计划，率领舰队西撤。美军乘胜追击，成功击沉了 1 艘重巡洋舰，击毁数艘巡洋舰和驱逐舰，美军取得了中途岛海战的胜利。

中途岛海战是一场决定性的战役，是日本发动太平洋战争后的首次惨败。日本的失败改变了太平洋地区美日航空母舰实力对比。虽然日本的主力舰和巡洋舰还具有一定的优势，但是也再也无力远离陆上基地去进攻了。从此，日本在太平洋战场逐渐丧失战略主动权，战局开始向有利于盟军的方向发展。

❧

大战转折

  进入 1943 年后，随着苏联取得斯大林格勒战役的胜利，英国在北非的埃及取得突破性进展，盟军在北非登陆成功，墨索里尼政权的垮台以及日本舰队在太平洋的失败，第二次世界大战开始出现转折。盟军由此掌握了战场的主动权，转入战略进攻阶段。

斯大林格勒战役——二战的转折点

  1942 年初，苏联顽强地抵抗着德国法西斯主力的进攻，局势越来越严峻。苏联西部广大地区沦陷，45％的人口、33％的工业总产量以及 47％耕地面积落入德军手中。已经转入战争轨道的国民经济，无法满足这场战争的需要。

  1942 年春夏，美英迟迟不肯开辟欧洲第二战场，德国利用这个机会，调集其在欧洲的全部军力，对苏联发动了大规模的夏季攻势。在进攻莫斯科时，德国企图通过正面进攻占领莫斯科。这次，德国计划采取迂回战术，达到其占领莫斯科，迫使苏军投降的目的。德军最高统帅部拟定的作战计划是：在南线集中兵力，占领斯大林格勒，然后沿着伏尔加河北上，将莫斯科与乌拉尔后方、伏尔加河的联系切断；在另一面，向苏联的西南战区发起进攻，控制高加索地区的油田，切断苏联经高加索与英美进行联系的物资供应线。

  1942 年 5 月 8 日，德军率先在苏联南部发起攻了进攻，不久后攻占了克里米亚半岛的大部分地区。紧接着，德军向半岛上守卫塞瓦斯托波尔要塞的苏军发起了猛攻。7 月 3 日，塞瓦斯托波尔的苏联守军英勇抗击德军的进攻，在顽强抵抗了 250 天后，在最高统帅部命令下撤退。德军随即占领了整个克里米亚。苏联守军在这次战斗中摧毁了德军数百辆坦克、数百门大炮，歼灭德军 30

万人。与此同时，德军的一支军队向库班和高加索发起了进攻，企图夺取那里的石油等物资。到 12 月时，德军停止了对该地的进攻。

从 1942 年 7 月起，德军调集了 150 万的兵力开始进攻斯大林格勒，于是发生了持续了半年之久斯大林格勒战役。

斯大林格勒察里津，位于伏尔加河下游西岸，在顿河河曲以东，是苏联内河航运干线伏尔加河的重要港口，也是苏联南方铁路交通的枢纽和重要工业城市。斯大林格勒的得失关系着苏德双方在这场战争中的命运。德军由保卢斯元帅指挥德国第六集团军投入这场战役。苏联红军统帅部同样加紧准备 1942 年的夏季战役，对斯大林格勒加强了防卫。

1942 年 7 月 17 日，德军在顿河河曲发动攻势，斯大林格勒保卫战开始了。德军凭借着优势兵力，向苏军发起连续进攻，力图突破苏军在顿河的防线，苏军进行了顽强阻击。1942 年 8 月 23 日，德军在付出惨重代价后才突破了顿河防线，渡过顿河河曲，开始直接进攻斯大林格勒。在这紧急时刻，苏联最高统帅部命令守城的士兵采取一切手段守住阵地，消灭进攻的敌人。

德军发起了连续性的疯狂进攻，德军 1500 多门大炮向斯大林格勒发起轰击，每天出动上千架次飞机进行轰炸。德军在轰炸中总共投下了 100 多万颗重量达 10 万吨的炸弹，德国法西斯企图将这座城市夷为平地，被轰炸后的斯大林格勒一片瓦砾废墟。然而敌人的疯狂进攻没有摧毁斯大林格勒守军的意志和决心，在苏联军民的英勇阻击下，德军前进缓慢，严重挫伤了德军的锐气。到 9 月 13 日，德军才攻入斯大林格勒市，双方开始了更为激烈的巷战。为了尽快攻占这座城市，德军又从高加索调来大量军队、飞机进行强攻和轮番轰炸。10 月，德军攻占了城市的大部分地区，连接城市和伏尔加河的渡口处在大炮火力之下。

这使得希特勒忘乎所以，宣称德军占领了斯大林格勒。实际上，苏联军民将斯大林格勒的每座房子变成了战斗的场所，苏联军在每层楼、每间屋和电梯井里与德军进行殊死战斗。德军在这座几乎成为废墟的城市里，为占领每一寸土地付出了惨重的代价。在这场斯大林格勒争夺战中，苏军击退德军 700 多次冲锋，使德军始终无法攻占全城。德军的 12 个师在这场消耗战中已经精疲力竭，此外还有 30 个师被迫前去掩护它们的侧翼。斯大林格勒的保卫者在这场战斗中极大地消耗敌军的有生力量，为后面的反攻创造了有利的条件。

战争进行到 11 月中旬，德军陷入进退两难的困境。德军在战斗中伤亡惨重，苏军在抵抗住了德军前期的疯狂进攻后，在兵力和武器上开始超过德军。在此情况下，苏军最高统帅部决定向德军发起反攻。

1942 年 11 月 19 日清晨，苏联红军突然向德军阵地发起大规模反攻。22 日，苏军成功强渡顿河。23 日，西南方面军和顿河方面军突破了斯大林格勒外围德军的防线，形成了对斯大林格勒和城郊的 33 万德军的包围。被围困的德军给养不足，同时受到苏联飞机、大炮的轮番轰炸，死伤惨重。德军统帅部紧急调遣军队前去解围，却被红军击溃，被围困的德军陷入绝境。

1943 年 1 月 10 日，红军向被围德军发起猛攻。德军拒绝了苏军的投降要求，苏军于是在 1 月 22 日再次发动全线进攻，德军开始全线崩溃。2 月 2 日，被围的德军全部被歼灭，9 万多名官兵被苏军俘虏，其中包括德军司令保卢斯等在内的 24 名将领。伟大的斯大林格勒战役至此结束，苏联军民获得了这场战役的胜利。

苏军在斯大林格勒战役的胜利，成为苏联卫国战争和第二次世界大战的转折点，对整个苏德战场，乃至第二次世界大战的进程产生了深远的影响。这次战役以后，苏联开始转入战略反攻，德国法西斯军队在苏德战场转入了战略防御。

库尔斯克大会战

1943 年初，苏联红军在斯大林格勒战役中取得决定性胜利后，乘胜追击，收复了大片失地。为了挽回颓势，鼓舞德军士兵的士气，1943 年 7 月，希特勒利用英美两国在西线还没开辟第二战场的机会，立即调集东线的精锐力量，孤注一掷，向苏德战线上的库尔斯克突出地带发动第三次夏季攻势，妄图扭转败局，重新夺取战争的主动权。

1943 年 7 月 5 日，在库尔斯克 100 多千米长的狭窄地段，德军 50 个精锐师总兵力 90 万人，并配备了包括新式的"虎型""豹型"坦克和"斐迪南"自行火炮在内的近 2700 辆坦克，上万门火炮和 2000 多架飞机，从奥廖尔和别尔哥罗德方向发起进攻，企图围歼在库尔斯克的苏军主力。

斯大林格勒战役结束后，苏联红军的兵力、装备在数量和质量已经占据上风，同时在战前获悉了德军可能发起进攻的具体时间，因此并没有像莫斯科和斯大林格勒战役时那样被动迎战而是在德军发起进攻之前进行了准备。苏军集结了近 133 万兵力，3400 多辆坦克和自行火炮，近 2 万门大炮和 2100 架飞机，此外在后方还集结了大量预备队时刻待命。

库尔斯克大会战从 7 月 5 日开始到 8 月 23 日结束，大概分为两个阶段。7

参与库尔斯克大会战的坦克
库尔斯克大会战是人类战争
史上最大的一次坦克战。

月 5 日至 11 日为苏军的防御阶段，7 月 12 日至 8 月 23 日，是苏军的反攻阶段。7 月 12 日，双方在普罗霍罗夫卡一带展开了一场二战中最大规模的坦克战，双方在战斗中投入了近 1200 辆坦克。德军在这场战斗中损失惨重，大量坦克和自行火炮被击毁。战役由此发生转折，苏军转入反攻。8 月 5 日，苏军收复奥廖尔和别尔哥罗德。23 日，苏军在哈尔科夫经过 50 天浴血奋战，一举歼灭了德军 20 个精锐师约 12 万人，坦克师和机械化师约 1/3。

　　经过莫斯科、斯大林格勒和库尔斯克三次战役后，德军在苏德战场一蹶不振。德军的第三次夏季攻势成为其在苏德战场上最后一次大规模攻势。库尔斯克战役的胜利，标志苏德战争发生了根本转折。此后，苏军完全掌握了战场上的主动权，开始实施全线反攻。

北非战役

　　在非洲战场，英美两国与意大利和德国法西斯为争夺北非、近东和地中海的控制权，展开了北非战役。

　　战争初期，德国法西斯在地中海、北非方面的兵力还比较少，后来由于意大利在非洲战场接连失利，于是派遣由隆美尔指挥的非洲军团前去支援。1941年 3 月，德军在意属的的黎波里登陆，增援意军。地中海和中东地区是英国的生命线，为了保持生命线的安全畅通，英国首相丘吉尔派遣大批军队支援北非。

　　英、德军队在北非沙漠中展开了一场拉锯战，德军在战争初期占据上风。1942 年 5—6 月，隆美尔指挥德军对英国第 8 集团军发起进攻。6 月 19 日，德军围攻托卜鲁克要塞，俘虏了守卫该城的英军 3.5 万人，将战争推进到了埃及

战场上的蒙哥马利
蒙哥马利指挥的阿拉曼战役挫败了"沙漠之狐"隆美尔，是第二次世界大战中北非战场的转折点，蒙哥马利因此被称为捕捉"沙漠之狐"的猎手。

领土上。

德军将占领亚历山大港作为下一步的目标，继而攻占苏伊士运河。6 月 30 日拂晓，隆美尔率领的德军前进到距离亚历山大仅有 160 千米的地方，到夜间逼近英军在阿拉曼的防线，距离亚历山大仅有 97 千米。德国法西斯企图在 7 月 1 日至 3 日发起进攻，夺取埃及并东进，与入侵东南亚的日军在印度会师。由于德军在进攻时消耗了大量物资，补给线过长，德军的增援速度落后于英军，因此，到 7 月时，北非战场逐渐稳定下来了。

为了挽回北非的颓势，8 月初，丘吉尔亲自飞抵埃及视察开罗战局，对北非英军指挥机关进行了调整，任命蒙哥马利接任英国驻北非第 8 集团军司令，整顿军务，补充战备资源。10 月 23 日，英军驻北非第 8 集团军在蒙哥马利的指挥下，在亚历山大港西的阿拉曼防线上对德军发动反攻。

双方的兵力相当，但是英军的坦克在数量上超过了德军。双方在沙漠上经过了 10 多天的激战，遍地是被摧毁的坦克。26 日，意大利向非洲运送燃料的油轮全部被英国海、空军击沉，致使德军燃料奇缺，后勤补给陷入困境，装甲部队无法进行大规模反击。德军在北非战场遭受重创，隆美尔命令德、意军队全线撤退，从英军的包围圈中突围出去，在 15 天里向西撤退了 1100 多千米。英军的这次反攻虽然没能将德军赶出非洲，但是这场胜利是英军对德战争中首个重大胜利，鼓舞了英军的士气。1943 年 2 月，英军抵达利比亚和突尼斯交界地带。

就在英军发动阿拉曼战役并往埃及、利比亚向西挺进之时，1942 年 11 月 8 日，由艾森豪威尔指挥的一支英美盟军在阿尔及尔、奥兰和卡萨布兰卡各城市登陆，突尼斯战役爆发。当时法属北非由法国维希政府管辖，英美联军仅受到了法军的轻微抵抗。联军成功登陆后，穿过摩洛哥和阿尔及利亚继续向东推进，到 11 月底，联军抵达比塞大城和突尼斯城附近地区。

希特勒对英美军队在法属北非的登陆行动没有任何准备，但是他迅速做出了反应，采取了一系列紧急措施。他下令德意军队占领维希政府管辖的地区。德国还企图夺取停泊在土伦的法国舰队，然而法国水兵为了不让军舰落入德国法西斯的手中，于是就将军舰沉入土伦港。此外，希特勒还通过运输机将军队运往突尼斯，抢占港口和空军基地。德军向北非增派了 25 万人。

英美原计划于 1942 年年底结束在北非的战事，但是由于希特勒迅速向北非增兵，双方在突尼斯的战斗持续了近半年时间。然而德军在北非大势已去。艾森豪威尔指挥的盟军自西向东，蒙哥马利指挥的英军则自东向西，从东西两面向德军发起攻击。1943 年 5 月 13 日，经过半年的苦战，北非的德意军队终于向盟军投降，北非战争宣告结束。盟军在北非的胜利，标志着美英盟军开始从防御转入反攻。

意大利投降

苏军在苏德战场的胜利和英美在北非的胜利，使得意大利法西斯出现了严重的危机，无法持续作战。约有 20 万人的意军精锐部队在苏德战场上全军覆没，丧失非洲殖民地，在地中海的舰队也遭到了盟军的猛烈轰炸。意大利国内严重缺乏原料，经济瘫痪，各地相继出现饥荒。意大利人民群众和士兵的反战情绪不断高涨，工人们纷纷举行罢工活动，逐渐演变为反对法西斯统治的人民运动。

1943 年 7 月 10 日，英美盟军乘胜前进，在意大利的西西里岛东南部登陆。防守海岸的意大利守军没有进行什么抵抗就溃散了。8 月初，盟军控制了西西里全岛。意大利在军事、经济上的全面崩溃，激发了意大利国内以及意德两国之间的各种矛盾，在意大利法西斯党内部也出现了分裂。意大利的一些垄断资本集团企图通过牺牲墨索里尼的办法，寻求英美盟军停止进攻，以挽救其统治地位。此时的墨索里尼已经走投无路，只好向希特勒请求给予军事援助，以稳定其政权，然而此时的希特勒已经自顾不暇。

7 月 25 日，内外交困的意大利发生了宫廷政变，墨索里尼法西斯独裁政府垮台，墨索里尼本人也被软禁起来。意大利军队参谋总长巴多格里奥在这时上台组织政府。9 月 2 日，英美盟军从西西里岛穿过狭窄的墨西拿海峡，在意大利半岛南部登陆。次日，巴多格里奥政府与英美盟军签署停战协定宣布投降。9

月8日，盟军司令美国将军艾森豪威尔和意大利巴多格里奥政府分别广播停战宣言，宣布意大利无条件投降。从此，德、意、日法西斯轴心实际上已经解体。

9月9日凌晨，英美军队在意大利的萨勒诺海湾登陆。意大利投降的消息让希特勒大吃一惊，迫使其立即做出对策。德军立即解除了80万意大利军队的武装，抓捕大批意军军官，并于9月10日占领了罗马，控制了南至那不勒斯的意大利本土。意大利国王和巴多格里奥等匆忙逃到了南端的盟军占领区。

9月13日，希特勒派军队劫走了在押的墨索里尼，随后墨索里尼在德军占领的意大利北部建立了"意大利社会共和国"傀儡政府，与巴多格里奥政府对抗。意大利出现了两个政权南北对峙的局面。

10月13日，意大利巴多格里奥政府正式退出"轴心"同盟，宣布对德宣战。与此同时，英、美、苏三国政府也发表宣言，承认意大利加入盟军共同作战。然而解放意大利的战争还没有结束，直至投降前夕，德军一直占领着意大利北部地区。

战争胜利

在盟军掌握战场主动权后，各同盟国成员为了加强合作，协同作战，并对战后的问题取得一致意见，反法西斯同盟国家召开了一系列会议。这些会议协调了同盟国对法西斯轴心国之间的作战，对最终击败法西斯力量起到了积极的影响。1945年德国被盟军彻底打败，同年日本宣布无条件投降，法西斯国家称霸世界的计划宣告破产。

《开罗宣言》

第二次世界大战取得决定性胜利后，中国在西方列强制定的远东战略计划中起到了重要的作用。美国政府为了在远东地区实行有利于美国垄断资本的政策，

中、美、英三国发表《开罗宣言》
开罗会议是自鸦片战争以来，中国第一次以世界大国的身份参加的会议，《开罗宣言》的重要意义之一是提高了中国在国际社会上的威望。

于是大力扶持蒋介石政府。美国不仅向蒋介石提供武器装备和贷款，还在国际上提升其政治声誉，加强其国际地位。1942年10月，英、美对外宣布放弃自己在中国享有的治外法权以及不平等权利，并于次年1月通过条约形式确定了下来。

1943年8月，美国总统罗斯福和英国首相丘吉尔在加拿大魁北克举行会议，讨论了战后重建国际秩序的问题。之后，罗斯福策划举行由美、英、苏、中四国首脑参加的会议。但是苏联对英美表示，斯大林拒绝参加有蒋介石参与的国际会议。最后，经罗斯福与丘吉尔商议后，决定将四国会议一分为二。一是由美、英、中三国在埃及开罗举行的会议；二是由美、英、苏三国在伊朗德黑兰举行的会议，以及后来衍生在苏联克里米亚半岛举行的雅尔塔会议。

1943年11月22日至26日，美国总统罗斯福、英国首相丘吉尔和中国国民政府主席蒋介石在开罗举行会议，讨论如何协调对日作战的共同军事问题和战后如何处置日本等与远东战争相关问题。此外，在开罗会议中还讨论了在缅甸南北对日军进行夹击的作战计划，将日本驱逐出缅甸及重新开辟处于封闭状态下的通往中国的陆上交通线。然而由于英美之间存在利益冲突，该计划没有付诸行动。英国政府认为，在东南亚地区首要的目标是重建英国在新加坡和香港的权力，缅甸不具有重要的战略地位。

在开罗会议中，中美双方就中国领土主权问题达成了协议，日本用武力从中国夺去的东北各省、台湾和澎湖列岛，战后必须归还中国。1943年12月1日，中、美、英三国在重庆、华盛顿、伦敦三地同时发表《开罗宣言》。宣言明确规定：中、美、英三国坚持对日作战直到日本无条件投降为止；剥夺日本从第一次世界大战爆发后，在太平洋上夺得或占领的一切岛屿，使日本强占的中国领土，例如东北地区、台湾和澎湖群岛等归还中国。宣言还指出，三国决定在适当时间内，使朝鲜半岛自由独立。

《开罗宣言》是第一份确定台湾是中国领土的具有国际法效力的条约性文件，它从法律上确定了日本非法侵占台湾，为战后中国解决台湾问题提供了国际法依据。

德黑兰会议

1943 年 11 月 28 日到 12 月 1 日，苏联部长会议主席斯大林、美国总统罗斯福和英国首相丘吉尔在伊朗首都德黑兰举行会议，商讨对德作战的军事问题。

会议的中心议题是关于开辟第二战场的问题。斯大林十分关心英、美开辟西欧战场的行动，要求立即确定其开始日期。然而丘吉尔在会上极力回避这个问题，罗斯福则居中调和。为了阻止苏联红军进入西欧，美国希望和英国一起向德国西北部发起攻击，占领大部分欧洲并首先占领柏林，因此提出了横渡英吉利海峡的远征计划。这计划被称为"霸王"战役。英国为了阻止苏联红军进入奥地利、罗马尼亚和匈牙利等中欧、东欧国家，坚持其"地中海战略"，即提出英美军队从巴尔干地区攻入德国的计划。苏联拒绝了英国提出的计划，斯大林认为英国在巴尔干开辟第二战场对加速德国的失败没有意义。苏联同意美国提出的"霸王"战役计划，为了尽快消灭德军，希望能够同时发动两个战役——"霸王"战役及支援此次战役的法国南部登陆战役。

三方最终就对德作战问题达成了协议，签署了《苏美英三国德黑兰总协定》，规定"霸王"战役和进攻法国南部的战役于 1944 年 5 月同时发起，开辟

德黑兰会议期间的拍摄现场
德黑兰会议为 1944 年在欧洲夺取反法西斯战争的决定性胜利奠定了基础。

欧洲第二战场。届时，苏联将在东线发起攻势，以配合盟军在西线的行动，阻止德军由东线向西线调动。

12 月 1 日，会议结束时，苏、美、英三国发表了《德黑兰宣言》。宣言指出：苏、美、英三国已经作出了消灭德军的计划，决定从东面、西面和南面发起军事行动，并在规模和时间取得了一致；号召所有国家加入对德国的战争，并欢迎各国参与战后维护和平的国际组织。苏、美、英三国在会上还通过《关于伊朗的宣言》，承认伊朗在对德战争中做出的贡献，同意对其进行经济援助，并支持伊朗维持其独立、主权和领土完整的愿望。

德黑兰会议还就波兰边界、战后如何处理德国、建立国际组织等问题交换了意见。美、英两国都主张分裂德国，美国主张将德国一分为五；英国则主张将德国东南部与别的国家合并组成联邦。苏联对此较为谨慎，斯大林认为应该消灭的是希特勒而不是德国，主张彻底肃清德国纳粹势力，建立统一的、民主的、热爱和平的德国。会议对这个问题的讨论最终没有得出结果。会议还讨论了关于苏联对日作战的问题，苏联初步同意在欧洲战争结束后半年左右参加对日作战。

德黑兰会议是反法西斯联盟主要国家在战争后期协调反对敌人的重要会议，巩固了世界反法西斯同盟的团结与合作，对加快第二次世界大战的进程、彻底消灭德意日法西斯起到了重要的作用和影响，为盟国战后解决各种问题和进行合作奠定了基础。

苏军大反攻

1943 年，苏军在斯大林格勒、列宁格勒、北高加索、斯摩棱斯克、库尔斯克和第聂伯河左岸乌克兰地区中沉重打击了德军，夺回了战争主动权，战场形势向有利于苏军的方面发展。战争的局势日渐明朗，战争形势对同盟国越来越有利。

1944 年 1 月，苏军突破了列宁格勒的封锁线，向城外的德军发起进攻，迫使德军朝西南方向撤退。经过一个半月的激烈战斗，苏军全歼德军 3 个师，击退 23 个师，向西推进了 220 千米到 280 千米，消灭了在列宁格勒的侵略者，使列宁格勒彻底解除了德军的长期围困，列宁格勒通往莫斯科的铁路也重新开通了。

不断取得反攻胜利的苏联红军
苏联红军全称苏联工农红军，是 1917 年至 1945 年间苏联陆基和航空武装力量的统称，1946 年以后与红海军合并统称为苏维埃社会主义共和国联盟武装力量。

2—3 月，苏军在第聂伯河右岸乌克兰地区发起攻势。德军主力在该地区集结了 96 个师，其中包括 70% 的坦克师和 50% 的摩托师。在长 1400 千米、深 500 千米的战线上，苏军向德军发起了大规模的进攻。苏军粉碎了德军 66 个师的抵抗，其中全歼 10 个师，解放了整个第聂伯河右岸乌克兰地区。苏军越过国境线，战争开始转移到苏联境外进行。4 月初，苏军进入罗马尼亚领土作战。在南部地区，苏联红军于 5 月解放了塞瓦斯托波尔，歼灭了在克里米亚的德军，解放了克里米亚半岛。

在 1944 年的春季攻势之后，苏军有 3/4 的领土获得了解放。到 1944 年夏季，苏联人民的首要任务是解放苏联全境，并支援欧洲各国摆脱德国法西斯的统治。当时的苏联红军人数达到了 640 多万，再加上预备部队，总人数可达 700 万。此外，和红军协同作战的波兰、捷克斯洛伐克、罗马尼亚和南斯拉夫兵团总人数也超过 10 万。

6 月初，苏军最高统帅部决定向白俄罗斯发起主攻，然后再向其他方向扩展开来。1944 年 6 月下旬，苏军发起了白俄罗斯战役。战线长 1300 千米，深 500 千米。7 月初，苏军在明斯克以东地区歼灭了德军 30 个师。战役结束后，苏军解放了白俄罗斯全境和立陶宛、拉脱维亚部分领土，并穿越国境，解放了波兰部分领土。

在此期间，苏军在各战线上也发起大规模攻势。在北部，苏军先后解放了维堡和彼得罗扎沃茨克，在卡累利阿地峡和南卡累利阿向芬兰军队发动进攻，占领了芬兰的大部分领土，迫使芬兰于 9 月初退出战争。以后，苏军又将在芬兰境内的德军全部歼灭，抵达挪威边境城市希尔克内斯。在南部，苏军在 7—8 月向乌克兰西部和波兰东南部发起进攻，击溃德军 23 个师，全歼 13 个师，解放了西乌克兰和波兰东南部，强渡维斯拉河，向捷克斯洛伐克边境逼近。

8月20日至9月底，苏军在苏联、罗马尼亚边境地区和罗马尼亚、保加利亚境内发起了一次进攻战役。苏军围歼了基什尼奥夫德军22个师和一批罗马尼亚仆从军，进入罗马尼亚。8月24日，罗马尼亚新政府宣布脱离德国，退出侵略战争。苏军的进攻目标转向保加利亚境内的德军。9月5日，苏联向保加利亚宣战，不久后进抵保加利亚。9月9日，保加利亚建立新政府，并宣布对德作战。15日，苏军进抵索菲亚，随后苏联与加利亚军队联合起来，于9月底消灭了在保加利亚境内的德军。

1944年9月28日至1945年2月13日，苏军在南斯拉夫、匈牙利、罗马尼亚北部和捷克斯洛伐克东部地区发起进攻。苏军越过罗马尼亚，进抵南斯拉夫，与南斯拉夫人民军协同作战，于10月20日解放了贝尔格莱德，随后进入捷克斯洛伐克境内。从10月29日开始，苏军进入匈牙利境内，开始向布达佩斯发起进攻。12月21日至22日，匈牙利各民主团体召开全国临时会议，成立临时政府，并于12月28日对德宣战。1945年2月13日，匈牙利首都布达佩斯获得解放。在苏联红军与德国法西斯军队作战的同时，东欧各国人民群众纷纷起来发动武装起义，争取国家的解放。

诺曼底登陆

1943年12月，德黑兰会议以后，美国陆军上将艾森豪威尔被任命为欧洲同盟国远征军最高司令，负责指挥"霸王"计划，开辟欧洲第二战场。

德军统帅部很快得到了情报，得知盟军即将于1944年横渡英吉利海峡，在欧洲进行登陆战。但是德军此时在东线的处境十分危急，无法调集军队支援西线。此外，德国无法得知盟军登陆的具体地点和时间，因此希特勒将防御的主要目标放在英吉利海峡最为狭窄的地区。

为了登陆计划获得成功，盟军进行了一系列的准备。英国南部地区一时间成了一座巨大的兵营，集中了20个美国师、14个英国师，以及法国、加拿大、波兰等国的军队。此外，还有20个英国师和在美国本土的50个师作为后续部队。用于登陆的运输舰和登陆艇共有6000多艘，对盟军登陆进行空中掩护的飞机达11000多架。为了迷惑德军，盟军故意在英吉利海峡最狭窄的地区制造了将要在此进攻的假象。

　　1944 年 6 月 6 日凌晨，一场经过周密准备的近 300 万军队的登陆行动拉开了帷幕，盟军登陆部队横渡英吉利海峡，朝法国北部诺曼底半岛前进。第一天进行登陆计划的有 5 个步兵师和 3 个空降师。登陆的盟军军队没有遇到德国空军的打击，6 月 6 日当天，德国空军只出动了 50 架次。6 月 7 日，已经登陆的盟军部队开始建立统一的登陆场。6 月 8 日，盟军的后续登陆部队上岸时，空降部队陆续占领了登陆场内的机场、港口、城镇和交通枢纽，并巩固登陆场，为后续部队的登陆做好准备。

　　盟军在诺曼底成功登陆，但是在海岸滩头阵地上遭遇德军的顽强抵抗，双方展开了一场激烈的战斗。随着盟军登陆部队不断增多，德国守军遭到了猛烈攻击，斗志消沉，战斗力减弱。这时，德军为了摆脱被动的局面，开始派遣军队支援诺曼底。但是希特勒仍然认为法国北部的加来地区是盟军的主攻方向，诺曼底只是盟军进攻的次要方向，盟军大规模进攻诺曼底只不过是发起进攻前的假象而已。在错误的判断下，德军阻击盟军的登陆作战变得越来越被动，盟军不断向前推进。

诺曼底登陆
诺曼底战役是史上规模最大的一次海上登陆作战战役。

　　到 6 月底，盟军各登陆场地段基本稳定，在滩头阵地推进了约 100 千米，纵深 20 千米至 40 千米，此时盟军在滩头阵地的人数增加到 100 万。曾被希特勒寄予希望的"大西洋壁垒"被盟军成功突破。盟军不断向前推进，扩大进攻范围。8 月 25 日，盟军抵达塞纳河畔和卢瓦尔河畔。当天，属于盟国远征军的法国第 2 坦克师进入巴黎，与巴黎的地下解放武装力量协同作战，驻守巴黎的德国卫成部队投降。

　　为了配合盟军在法国西北部的主攻，盟国在法国南部发动进攻进行策应。1944 年 8 月 15 日，在 2000 架飞机的掩护下，美法军队在戛纳以西的地中海沿岸成功登陆。德军陷入不利处境，德军统帅部匆忙将法国南部的德军撤往德国西部边境，使得盟军的进展较为迅速。8 月 28 日，美法军队攻了土伦、马赛和蒙太利马尔；8 月 31 日，抵达里昂附近地区；9 月 2 日，进入里昂。盟军成功开辟欧洲第二战场，使德军陷入苏联红军和美英盟军的东西两线的夹击，加速了德国法西斯的灭亡。

　　然而遭受夹击的德军仍然试图进行反扑。德国统帅部决定使用新式武器——V-1 导弹，阻止或推迟盟军的进攻。这是一种小型地对地导弹，由地面发射架或飞机在空中发射，目标是英国伦敦。德国企图通过这种恐怖空袭迫使英美与其议和。从 6 月 13 日起，德军向英国发射 V-1 导弹。9 月初，再次向英国发射 V-2 火箭。数千枚导弹和火箭落入英国境内，导致 3 万多人的伤亡。然而德军的空袭起不到多大作用，盟军此时已经拥有足够强大的空中力量，可以组织起有效的对空防御。

　　8 月 26 日，在法国东北部的德军开始撤离，退守到了齐格菲防线。美英盟军一路推进，于 9 月中旬抵达贝尔福、南锡、梅斯、卢森堡、列日、安特卫普、根特一线，不断向齐格菲防线逼近。这样，盟军不仅占领了法国，还几乎占领了比利时全境，向荷兰边境逼近，德国法西斯岌岌可危。

太平洋战场形势

　　在太平洋战场上，自从 1942 年 6 月的中途岛海战结束后，美国就逐步掌握了太平洋战场的主动权。然而一直以来，美国只是与日本在太平洋的一些岛屿上进行周旋，并没有展开大规模的进攻。美国在太平洋的战略是占领海上的岛屿并逐步向日本逼近，尽可能地避免与日军在陆上作战。美军的这种战略方针，不仅可以使美国巩固其在太平洋的地位，也可以使美国避免重大的人员伤亡，保存军队的实力，让日本在与中国和亚洲各国的战争中消耗力量，美国就可以借机出击取得战争胜利。

　　1942 年 8 月至 1943 年 2 月，美国为夺回西南太平洋上所罗门群岛中的一个小岛——瓜达卡纳尔岛，与日军进行了激烈的争夺战。围绕着瓜岛的争夺，美日双方在 6 个月的时间里进行了大小 30 多次的海战。在这场旷日持久的战役中，美军伤亡近 12000 人，损失 24 艘军舰、3 艘运输船、250 架飞机。日军共有 5 万人阵亡，损失 24 艘军舰、16 艘运输船、近 900 架飞机。

日军在这场战役中不仅海军、航空兵损失惨重，就连鲜有败绩的陆军也损失惨重。日军损失了主力军舰和大量的飞机，日军兵力上的优势已经荡然无存，双方的战略态势也随之发生了改变。战局开始向着不利于日本而有利于美国的方面发展，日军逐步丧失战略主动权。从此，日本军队不得不从战略进攻转为战略防御，日军在太平洋的整个战线上逐步败退。瓜岛之战后，战况较为沉寂，美军在太平洋上只展开了小的进攻。到 1943 年底，美军只攻占了所罗门群岛及其东北部的吉尔伯特群岛，日军仍然占领着太平洋中部的大部分重要岛屿及东南亚各国的广大领土。

1944 年 1 月至 5 月，美军在西南太平洋陆续发起进攻，相继占领了新不列颠岛、阿德米勒尔提群岛，控制了新几内亚岛的北部海岸。在中太平洋，美军控制了马绍尔群岛。

1944 年 3 月，美国决定实施夺取日本在太平洋上的一个重要基地——马里亚纳群岛的作战行动。如果美军占领马里亚纳群岛，那么美国 B-29 重型轰炸机的轰炸范围就可以扩大到日本国土了。因此，日军在岛上修筑了大规模的防御工事，阻止美军的进攻。6 月 19 日至 20 日，双方舰队在马里亚纳群岛西部海域遭遇，爆发了激烈海战。日军联合舰队的全部主力舰全部出动，企图一举扭转战局，不料再次惨败。美军军舰在海战中无一艘沉没，只损失了 117 架舰载机。日军被击沉 3 艘航空母舰、损失 640 架飞机，日军损失惨重，被迫撤

战斗激烈的太平洋战场
太平洋战争是第二次世界大战的一部分，以日本偷袭珍珠港为先导，参战国家多达 37 个。

退。仅此一役，日军海军核心力量遭到毁灭性打击，美军控制了中太平洋上的制海权和制空权。此后，日军军舰失去了空中的支援，在后面的战争中更加被动了。

在历时 3 个月的马里亚纳群岛登陆战中，美军在 7 月初占了该群岛的主要岛屿之一塞班岛，8 月初又占领了关岛，至 8 月中旬，美军全歼岛上的日军，控制了整个马里亚纳群岛。马里亚纳群岛的失陷震惊了日本国内，其统治阶层的内部矛盾不断加剧，在巨大压力下，东条内阁下台。

1944 年 7 月，美国计划实施菲律宾战役。9 月，美军开始了攻占菲律宾的战斗。美军率先攻占了佩勒琉岛和摩罗泰岛，消除了来自侧翼的威胁。为了保卫通向荷属东印度的石油供应线，日军派遣全部主力，企图与美军在菲律宾进行决战。这样，美日双方在菲律宾海面上爆发了第二次世界大战中最大的海战。

9 月至 10 月，美军派出大量飞机对日军在琉球群岛、吕宋岛、台湾等地的机场进行大规模空袭。日军在此次袭击中损失了 1000 多架飞机，战役尚未展开，日军就丧失了在空中的反击力量。而美军在这次袭击中只损失了 102 架飞机。10 月 20 日，美军在莱特岛登陆。10 月 23 日至 10 月 26 日，日本海军舰队倾巢而出，对莱特湾美军登陆滩头发起攻击，由此爆发了二战中规模最大的海战——莱特湾海战。

美军在这场大海战中出动了 16 艘航空母舰，118 艘护航航母，12 艘战列舰，11 艘重巡洋舰，15 艘轻巡洋舰，144 艘驱逐舰，25 艘护卫舰，592 艘运输舰后勤辅助舰，以及近 2000 架飞机。日军在这次海战中倾其所有，出动了 4 艘航空母舰，2 艘航空战列舰，7 艘战列舰，14 艘重巡洋舰，7 艘轻巡洋舰，32 艘驱逐舰，近 600 架飞机。

在这场海战中，美军击沉了日军 4 艘航空母舰、3 艘主力舰及部分舰艇，自己则有 1 艘航空母舰、2 艘护航航母、2 艘驱逐舰、1 艘护卫舰被击沉。经此一战，日本海军几乎丧失了远洋作战能力，也就失去了战场制海权，日本的南方交通线被切断。1945 年 1 月，美军在吕宋岛西北面的仁牙因湾登陆。3 月 4 日，美军占领马尼拉。4 月，美军歼灭在菲律宾的日军，完全控制菲律宾全境。

从 1944 年 11 月开始，美国空军以塞班岛为基地，对日本本土开始实施空袭。1945 年 3 月 10 日晚，美国空军对东京南部地区进行了大规模空袭，遭受空袭的地区成为废墟。此后，美国空军对日本国内的大小城市进行了持续不断的夜间轰炸，许多城市被炸为焦土。美军对日本城市进行连续不断的轰炸，其

柯蒂斯·李梅
前第 3 航空师和第 305 轰炸机大队指挥官。
曾指挥东京大轰炸。

目的在于摧毁日本人的抵抗意志。据当时日本官方的统计，美国的大规模轰炸导致日本国内 26 万平民丧生，41 万人受伤，220 万所民房被毁，920 万人流离失所。

1945 年初，日本依然拥有着一支 400 万人的陆军和 120 万人的海军，从表面上看日军依然拥有庞大的军事实力，实际上却是举步维艰。这场侵略战争已经将日本拖入崩溃的边缘，日本经济破产，海上航运被摧毁，海外联系被阻断，盟军已将日本重重封锁起来。日本本身是个资源极度匮乏的国家，盟军的封锁更是使其雪上加霜。

1945 年 4 月，美军在占领菲律宾以后，开始向琉球群岛发动进攻，试图攻占冲绳岛，逼近日本本土。冲绳岛在日本本土防御中占有重要的战略位置，被誉为日本的"国门"，因此冲绳岛登陆战就被称作"破门之战"。为了守住冲绳岛，日军采取了疯狂的"战术"，用飞机对美军舰队进行"自杀攻击"，拼命抵抗美军的进攻。6 月 22 日，美军经过三个月的苦战，在付出惨重代价后，终于攻占了冲绳岛，打开了日本门户。

雅尔塔会议

1945 年初，德国已经处于崩溃的边缘。如何制定盟军在反德国法西斯战

苏、美、英三国首脑参与
雅尔塔会议

争的军事行动计划，如何处理战败的德国，如何实现战后世界国际安全等问题，
成为同盟国亟待解决的问题。为了更好地解决这些问题，1945 年 2 月，以斯
大林、罗斯福和丘吉尔为首的苏、美、英三国代表在苏联克里米亚半岛举行了
雅尔塔会议。

　　会议制定了击败法西斯德国的军事行动，三国决定迫使德国无条件投降，
盟国任何一方不得与纳粹进行谈判。由于苏联在苏德战争中取得了胜利，苏军
负责攻打德国首都柏林。关于战后的德国，会议规定在一段时期内，德国将被
分隔成 4 个占领区，分别由苏、美、英三国军队占领，同时邀请法国为第 4 个
占领国。为了彻底去除德国的侵略根源，解散德国武装，消灭德国的军国主义、
法西斯主义，建立一个爱好和平的、民主的德国。此外，德国还要为其对同盟
国在战争中造成的损失负责战争赔款。

　　会议还通过了《关于被解放的欧洲的宣言》，宣言声称要通过民主的方式
解决战后欧洲所面临的政治问题和经济问题；彻底消灭法西斯残余势力；三国
协助各国人民建立由所有民主分子代表共同参与的临时政府，以保证各国尽早
通过自由选举的方式成立符合人民意愿的政府。

　　会议期间，苏、美首脑就苏联参加对日作战的时间和政治条件进行了秘密
谈判。美国同意苏联收回在日俄战争中沙皇俄国失去的利益，作为苏联参加对
日作战的条件。会议结束时，苏、美、英三国背着中国在苏美协议的基础上签
订了《雅尔塔协定》。协议规定，苏联将在欧洲战争结束后两个月或三个月内

参加对日作战，其参加条件为：外蒙古（蒙古人民共和国）维持现状；苏联恢复1904年日俄战争前沙俄所具有的权利，即库页岛南部及其邻近一切岛屿均须归还苏联；苏联在大连商港有优先权利，并使该港国际化；恢复旅顺港口苏军海军基地的租借权；中苏设立公司共同管理中东铁路和南满铁路，并保障苏联在中国东北的优先权利；千岛群岛须让给苏联。

为了维护战后世界的和平与安全，会议决定成立新国际组织——联合国，取代已经失败了的国际联盟。会上通过了苏联提出的建议，决定由安全理事会决定联合国最重要的职能。安理会由五个常任理事国和六个非常任理事国组成，一切重大问题的决定必须经中、苏、美、英、法五个常任理事国一致同意，即每一常任理事国在实质问题上都有"否决权"。此外，会议还决定于1945年4月25日在美国旧金山召开联合国成立大会。

攻克柏林、德国投降

1944年12月，苏联红军和美英军队从东西两面包围了德国法西斯，战争已经逼近德国本土，德国法西斯处于崩溃边缘。

这时，希特勒孤注一掷，决定在西线向盟军发动一次大规模反击，获得与美英谈判的有利条件。1944年12月16日，德军在位于德国和比利时边境的阿登地区向美英盟军发起进攻，盟军的防线被击溃。12月20日，德军迅速向前推进了100多千米，继续向马斯河推进。德军计划占领安特卫普，切断北部英军和南部美军之间的联系。为了阻止德军越过马斯河，盟军统帅部迅速加强了阿登地区的防御力量。盟军在马斯河附近阻止了德军的前进，但是德军并没有放弃反扑的计划，继续调集兵力发起新的攻击。德军新的进攻行动，使美英盟军的形势再度紧张起来。

为了彻底击溃德军，盟军于1945年1月3日转入进攻，经过一番激烈的战斗，并于8日击溃了德军。在此期间，英国首相丘吉尔曾于1月6日发电报向斯大林求援，希望苏军发起大规模进攻进行配合。苏联统帅部于是决定将原计划于1月20日对德军的全面反攻提前到1月12日进行。这一天，在北起波罗的海南至喀尔巴阡山长1200千米的战线上，苏军150个师对德军发动了全线反攻，迅速突破了德军防线，使柏林方向受到威胁。希特勒只得从西线抽调兵力到东线抵挡苏军的大规模进攻。这样一来，西线盟军的压力减轻了，盟军

苏联红军攻克柏林
柏林战役发生在 1945 年 4 月 16 日至 5 月 8 日，是苏联红军在苏德战争中实施的最后一次战略性进攻战役。

站稳脚跟后，乘机开始发起反攻。到 1 月底，德军被赶到了发起反击前的阵地，德军在阿登地区的反扑被盟军粉碎了。

1945 年 2 月初，西线盟军击退德军在阿登地区的反扑后，向齐格菲防线进逼。苏军在东线完成对维斯瓦河德军的进攻，抵达奥德河。苏军对柏林已构成严重威胁，德军不得不将西战场一半以上的装甲师和大批重型武器调到东线战场抵抗苏军的进攻。德军分散部署在东西两条防线上，战斗力已大大削弱。从 2 月开始，盟军在东西两线向德军发起了大规模进攻，到 3 月下旬，盟军进抵莱茵河。3 月 23 日，盟军开始强渡莱茵河，在几处成功渡过了莱茵河，不断向德国腹地推进。

在苏军向德军发起全线反击的同时，波兰、捷克斯洛伐克、保加利亚、罗马尼亚等国的军队也纷纷参加了对德作战。在这些国家的配合下，德军顾此失彼，苏军节节胜利。在中部，苏军联合波兰军队于 1 月 17 日解放了华沙，到 4 月底，波兰全境获得解放。苏军随即强渡奥德河，在河流西岸建立了据点，成功打开了进攻柏林的道路。在北部，苏军于 1 月 13 日攻入东普鲁士，并在两周时间内完成了迂回运动，将防守东普鲁士的德军 40 个精锐师团团围住。苏军向德国守军发起了围攻，经过一番激烈的战斗后，于 4 月 9 日占领了德军在东普鲁士最强大的要塞——哥尼斯堡，全歼德军守军。在南部，苏军于 2 月 13 日攻占布达佩斯。4 月 4 日，匈牙利全境获得解放。4 月 13 日，苏军攻占维也纳。

此时的德国法西斯已经处于四面楚歌、土崩瓦解的境地，但是希特勒仍然试图顽抗到底。为了便于坚守，德军在奥德河与柏林之间建立了严密的防御工事体系，在奥德河、尼斯河地区构筑了三道防御地带，在柏林郊外构筑了三道环形防御层，在柏林市内修建了坚固的防御工事，地下铁道和下水道也成了德

苏联红军将红旗插在德国国会大厦楼顶
1945 年 4 月 30 日 21 时 50 分，苏联英雄侦察员米哈伊尔·叶戈罗夫中士、梅利通·康塔里亚和尼古拉·别里亚耶夫中尉将苏联的红旗插在国会大厦主楼的圆顶。

军的防御阵地。

为了迫使德国无条件投降，迅速结束欧洲战争，苏军最高统帅部决定在 4 月中旬开始实施柏林战役。苏军的进攻计划是，在空军和海军的配合下，在正面战场对德军实施猛烈突击，迅速突破奥德河、尼斯河防御，包围歼灭守卫柏林的德军，攻占柏林，在战役结束之前在易北河与美、英军队会师。

1945 年 4 月 16 日，苏联红军开始了攻克柏林的战役。在数千架飞机的掩护下，苏军同时向德军阵地发起了进攻。19 日，苏军突破了奥德河和尼斯河三道防御地带。20 日，苏军突破了柏林郊区的防御层。第二天，苏军进攻部队突入柏林城郊，进入柏林市区。25 日，苏军在柏林西郊的波茨坦地区会合，完成了对柏林的包围。同一天，苏军抵达易北河西岸的托尔高地区，与那里的美英军队会师。27 日，苏军向柏林市中心发起进攻，展开了强攻城市的激烈战斗。4 月 29 日，德军被分割成了三个孤立的部分。在希特勒的命令下，德军放水淹没了柏林市的地下铁道，淹死了在地下铁道避难的成千上万的妇女、儿童和负伤的德军官兵。同一天，苏军打响了夺取柏林帝国国会大厦的战斗，经过逐层逐房间的战斗后，红军战士于 30 日将胜利的红旗插到了国会大厦的楼顶上。在苏军夺取国会大厦的当天，希特勒在他的地下室内畏罪自杀。5 月 2 日，德军完全停止了抵抗，负责防守柏林城的魏德林将军率残部投降，苏军完全占领了柏林。

攻克柏林后，还剩下一部分德军盘踞在捷克斯洛伐克境内负隅顽抗，最终被苏联红军坦克部队迅速歼灭。1945 年 5 月 8 日，德国正式签署了无条件投降书，德国法西斯被彻底打败，欧洲的反法西斯战争胜利结束了。

波茨坦会议和《波茨坦公告》

　　欧洲反法西斯战争结束以后，苏、美、英三国首脑为了处理德国和解决欧洲及其他一些问题，于 1945 年 7 月 17 日至 8 月 2 日在德国柏林西南的波茨坦举行会议。这是战争期间苏、美、英三国首脑第三次举行会议。参加会议的有斯大林、杜鲁门、丘吉尔以及三国的外长等。当时罗斯福已于 1945 年 4 月 12 日去世，副总统杜鲁门根据美国宪法继任总统，第一次代表美国参加会议。会议进行期间正值英国大选，丘吉尔被迫中途回国参加大选。然而英国保守党在议会选举中失败，丘吉尔下台，新任的首相艾德礼于 28 日参加了最后的会议。

　　波茨坦会议讨论的主要问题，是有关战后占领德国的基本政治原则和经济原则，德国和意大利的赔款，以及对战败国一些领土的"委托统治权"等。参会各国经过多次磋商后，在一些主要问题上达成了协议，并于 8 月 2 日签署了《柏林（波茨坦）会议议定书》，为战后处理德国和欧洲问题定下了基调。

　　德国问题是这次会议的中心议题，三国在管制德国的政治原则和经济原则上达成协议。在政治方面，苏、美、英、法四国共同占领德国，各占领区的最高权力由苏、美、英、法四国占领军总司令依照本国政府的命令，分别在各自的占领区执行；各国以管制委员会委员的身份，一同处理有关全德国的事宜；解除德国的全部武装，使其非军事化，摧毁纳粹党的一切组织和制度，使德国的政治生活沿着和平民主的道路发展，使德国在将来参与国际和平事业。在经济方面，铲除或控制与军事相关的工业，禁止德国生产武器装备，消灭卡特尔、辛迪加、托拉斯等垄断组织。在赔偿问题上，三国首脑同意苏联的赔偿要求，以迁移德国境内苏联占领区物资及适当的德国国外资产进行赔偿，苏联也可以在英、美、法占领区内获得赔偿。美国、英国及其他有权获得赔偿的国家的赔

波茨坦会议现场
波茨坦会议对加速第二次世界大战的结束具有重要意义，但会议也表明，随着战争接近尾声，英美同苏联之间的矛盾日益激化。

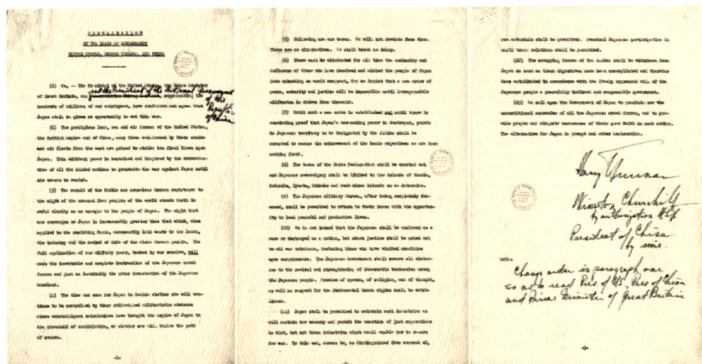

《波茨坦公告》

《波茨坦公告》全称《中美英三国促令日本投降之波茨坦公告》。中国政府虽未参加评论，但事前征得了中国政府的同意，所以以中、美、英三国共同宣言的形式公布。

偿要求，可在英、美、法的占领区及德国在国外资产获得赔偿。此外，三国在会上就逮捕和审判纳粹战犯问题达成了协议。

关于波兰领土的西部边界问题，三国首脑在会议上也进行了激烈的争论，西方国家尤其是英国坚持以奥德河和东尼斯河为界，苏联则坚持以西尼斯河为界。会议最后达成协议：苏联占有了哥尼斯堡及其附近地区；波兰的西部边界以奥德河－尼斯河为界。波兰收回自由港但泽。

波茨坦会议还讨论了对日作战问题，苏联再次确认参加对日作战，促使日本无条件投降，会议通过了《波茨坦公告》。1945年7月26日，中、美、英三国发表了《波茨坦公告》，向日本发出警告，要求其无条件投降。公告规定了日本投降后实施的政治原则：彻底铲除日本军国主义；盟国对日本实施占领，以实现公告所表达的主旨；实行《开罗宣言》所宣布的条文；日本的主权仅限于本州、北海道、九州、四国及盟国所决定的其他岛屿范围之内；日本军队必须完全解除武装；严惩日本战争罪犯；消除一切阻止日本人民民主的障碍；等等。公告还允许日本继续保持支持其经济发展所必需的和足够支持实物赔偿的工业，但不准日本保有可供其重新武装的工业。公告还规定直到日本成立实现了人民意愿的和平倾向的负责的政府，盟军才撤离日本。

波茨坦会议的召开对于获得反法西斯战争的最终胜利有着重大意义。苏、美、英三国在会议上就战争结束后的许多重大问题达成了协议，确立了战后世界的政治格局。

苏联出兵和日本投降

1945 年初，美军在太平洋战场上不断向日本本土逼近，日本大势已去，战败的命运已成定局。7 月 26 日，中、美、英三国首脑发表《波茨坦公告》，促令日本无条件投降。当时日本政府和军部之间对接受《波茨坦公告》有着很大的对立。当时日本的情报机构已经知道苏联不久后参战，但不清楚是否就在目前，认为还有时间拖延，于是日本拒绝接受投降。

接受投降还是继续顽抗到底，主要在日本政府与军部之间秘密进行，日本民众仍然一如既往地贯彻所谓的"圣战"。当时的日本国内既不存在像意大利一样的全国性的大规模反战、反法西斯斗争，也不存在像德国一样局部地区出现反对纳粹、反对战争的组织。因此，盟军在进攻时经常会遭到日本军队异常顽强的抵抗，如果想要彻底击败日本，需要付出更大的努力和牺牲。当时美军对此做了谨慎估计，认为如果向日本本土发起进攻，那么美军至少会有 50 万人的伤亡，美军至少要到 1945 年年底才能登上日本本土，而且在日本本土登陆后还可能面临着长期作战。因此，盟军司令部在制订进攻日本本土的作战计划时，考虑到了苏联的对日作战，预想由苏军向日本关东军发起进攻，再进攻日本国内。

1945 年 7 月中旬，美国第一颗原子弹实验成功。这时，美国为加速战争进程，制造原子弹结束战争的神话，争取在苏联参战之前迫使日本投降，美国决定对日本投掷原子弹。1945 年 8 月 6 日 8 时 15 分，美国在日本广岛投下第一颗绰号为"小男孩"的原子弹，炸死 7.8 万人，炸伤 3.7 万人，整座城市化为一片废墟。8 月 9 日 10 时 58 分，美国又在日本长崎投掷了第二颗绰号为"胖子"的原子弹，造成了 2.37 万人死亡，4.3 万人受伤。

1945 年 8 月 8 日，在美国对日本广岛投下第一颗原子弹的两天后，苏联兑现了其在雅尔塔会议上的承诺，宣布对日宣战。8 月 9 日至 10 日，苏联红军突破了日本关东军在中国东北和内蒙古一带的防线，兵分三路向日本关东军发起进攻。一路自东而西，从滨海地区往中国的哈尔滨、吉林和朝鲜半岛北部推进；一路自北向南，经伯力、海兰泡向哈尔滨和齐齐哈尔一带推进；还有一路自西北从外蒙古越过大兴安岭，向中国东北中部平原一带推进。与此同时，苏联海军太平洋舰队也先后在朝鲜半岛北部、千岛群岛登陆，协同陆军作战。日本关东军当时号称有 24 个师团，70 万人，实际上其精锐部队早就被抽调走了，战斗力已经大为减弱。在苏军强大攻势面前，曾经不可一世的关东军很快就

盟军最高司令麦克阿瑟将军签字
1945 年 9 月 2 日，在东京湾美国军舰 "密苏里" 号上，举行了日本投降的签字仪式。

被苏军击溃了。经过 20 多天的战斗，苏军歼灭日军 67 万余人，为打败日本作出了重大贡献。

在苏联对日作战期间，中国战场上的所有抗日武装力量向日军进行了全面大反攻，消灭那些拒绝投降的敌人。中国东北地区的人民积极支援苏军的进攻，抗日武装联合苏军作战，八路军对华北日军发起了进攻，阻止其增援东北，对苏军迅速歼灭日本关东军作出了重要贡献。经过两个月的激烈战斗，各地抗日武装共歼灭敌伪军 20 万人左右，收复了 197 座城市。

在中国、美国、苏联和其他盟国军队以及东南亚各国人民的共同打击下，日本军国主义彻底失败。在 8 月 14 日召开的御前会议上，日本天皇决定接受《波茨坦公告》，无条件投降。8 月 15 日中午 11 时，日本天皇向全国国民和全体军队广播了接受《波茨坦公告》，向盟军无条件投降的诏书。8 月 17 日，天皇向国内外的武装部队发布敕谕，命令他们和平地投降，那些散布在远东、南亚、南洋和太平洋诸岛的 330 多万日本军队，也陆续向同盟国投降。8 月 28 日，美军在日本登陆并占领日本。

9 月 2 日上午 9 时，在东京湾美国军舰 "密苏里" 号上，举行了日本投降的签字仪式。日本新任外相重光葵和总参谋长梅津美治郎代表日本政府在投降书上签字。随后，接受投降的同盟国代表；盟军最高司令麦克阿瑟将军以及美、

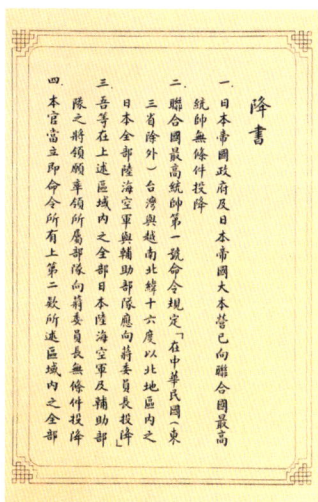

日本投降书（部分）

1945 年 9 月 9 日，侵华日军代表冈村宁次在降书上签字。

中、英、苏、澳、加、法、荷、新九国代表签字。

9 月 9 日，日本代表、驻华日军派遣军总司令官、陆军大将冈村宁次在南京向国民党政府投降，在中国战区投降书上签字。日本的投降标志着远东和太平洋地区的战争结束，反法西斯联盟国取得了太平洋战争的最后胜利，也标志着第二次世界大战正式结束。

世界反法西斯战争胜利的意义

第二次世界大战是人类历史上规模最大的一次战争。从 1939 年全面爆发，到 1945 年德、日法西斯无条件投降，历时 6 年之久，战火遍及欧洲、亚洲、非洲 2200 万平方千米的辽阔地区，先后有 60 多个国家的 17 亿人口，即占世界 3/4 以上的人口被卷入战争的漩涡。

这次战争所造成的人员伤亡和损失是空前的且难以作出确切的统计。据不完全的统计，战争中的死亡总人数达 5000 万人，比第一次世界大战多出了 4 倍。其中苏联损失的人口最多，估计达 2000 万人，其次是中国，因为缺乏统计，人们普遍估计认为有 1000 万人至 1800 万人在战争中丧生。此外在战争中伤亡超过百万的有：波兰人 600 万，南斯拉夫人 170 万，德国人 800 万，日本人 300 万。在战争中所消耗的费用以及战争所造成的经济损失超过了 4 万亿美元。战火使城市夷为平地，无数工厂、房屋、道路、桥梁，以及无数的文化古迹在战争中被摧毁。

与第一次世界大战一样，第二次世界大战是由帝国主义国家之间的争霸引起的。在第一次世界大战结束后，帝国主义之间的矛盾不仅没有得到解决，反而不断加深。英、法、美、德、意、日等帝国主义国家之间由于在经济、政治等方面的发展不平衡，导致争夺世界霸权的斗争日益激化。连续爆发的经济危机，促使各帝国主义国家之间的争霸更加激烈，矛盾日益尖锐。德、日、意三国发动第二次世界大战的目的是夺取世界霸权，掠夺和重新瓜分世界。法西斯国家所进行的战争是非正义的战争，这种战争给世界各国人民，包括德、意、日三国人民在内，带来了空前的灾难。德国法西斯分子在二战集中营里屠杀了1200 多万人，其中 600 多万是犹太人。日本法西斯同样屠杀了千百万中国人、朝鲜人和其他国家人民。

第二次世界大战的爆发是两个帝国主义集团之间的战争，但是战争一开始就带有解放的、反法西斯的性质，因为意图争夺世界霸权的法西斯主义威胁着世界各国的独立地位和世界各族人民的生命。各国人民奋起抵抗法西斯侵略者的侵略，增强了战争的反法西斯性质。当德国法西斯向苏联发动进攻后，苏联反德国法西斯主义的斗争与世界各国人民的反法西斯斗争汇合在一起，使这场战争转变为反法西斯侵略的解放战争。反法西斯战争的胜利，使各国人民避免了遭受法西斯的奴役，拯救了世界文明。

在这场战争中，不同社会制度的大国——苏联和美国、英国结成联盟，共同面对来自法西斯主义的威胁。在战争过程中，先后有 50 个国家加入这个同盟。世界反法西斯同盟的成立和巩固，是第二次世界大战取得胜利的关键性因素。总而言之，反法西斯战争的胜利，是世界反法西斯同盟的胜利，是世界各国人民互相配合、协同作战的结果，各国对战争的胜利作出了自己的贡献。

第二次世界大战削弱了帝国主义的实力，德、日、意这三个法西斯国家被击垮，英、法两国也被严重削弱。各殖民地、半殖民地国家的人民在经历了这场战争的锤炼后，大大加强了民族自觉性，加剧了帝国主义殖民统治的危机。反法西斯战争的胜利，鼓舞了亚非欧各国被压迫民族为争取摆脱帝国主义和殖民主义的斗争。战争结束后，在亚洲和东欧诞生了一些人民民主政权，亚洲和非洲地区的许多殖民地先后摆脱殖民统治获得了独立。社会主义与资本主义的力量对比在世界范围内出现了重大的变化，对以后历史的发展起了重要的作用。

07

20 世纪上半叶的
科技文化发展

　　20 世纪上半叶，是人类科学技术发展史上极
其重要的历史时期。在此期间，爆发了两次世界
大战，国际形势处于动荡之中。战争期间，人类
文明的发展进程也得到了推进，科学技术快速发
展，不断出现新的研究领域，新观念、新理论不
断涌现，推动人类社会以前所未有的速度发展。

自然科学的发展

　　20 世纪上半叶，人类科学技术出现了一系列革命性发展。在这一时期，物理学革命的发展带动了化学、生物学等学科的发展，从而产生了以相对论和量子力学为代表的现代科学革命。在第二次世界大战的影响下，原子能、计算机以及航天技术飞速发展，人类进入核时代和航天时代。

世纪之交的物理学革命

　　20 世纪的科学技术是在近代科学技术的基础上发展起来的。这一时期的许多重大发明不是以经验作为基础，而是因为一些科学理论的重大突破从而发展起来的。19 世纪末物理学产生的危机和发展，为 20 世纪初世界科学技术的蓬勃发展奠定了坚实的理论基础。

　　德国物理学家伦琴（1845—1923 年）于 1895 年发现了 X 射线。出生于波兰的物理学家居里夫人（1867—1934 年）于 1898 年发现了钋、镭及其他一些元素的放射性。英国物理学家汤姆生（1856—1942 年）于 1897 年发现了电子。这三项物理学的大发现，导致了人类对物质世界的认识发生一系列革命性变化，打破了原子不可分、原子是物质始原的传统理论，以牛顿为代表的古典物理学是无法解释这些现象的。因此，牛顿提出的静止的、绝对存在的时空观念以及时间、空间和运动完全没有关联的形而上学观点遭到了质疑和挑战，古典物理学陷入危机。三大物理学的发现将人类的研究带入了原子内部的微观世界，从而出现了原子物理学。

　　20 世纪初物理学革命的其中一个伟大成果是相对论的诞生与发展。出生于德国的物理学家爱因斯坦（1879—1955 年）是 20 世纪物理学革命的开拓先锋。1905 年，年仅 25 岁的爱因斯坦在其所写的《论运动物体的电动力学》文章中，首次阐述了"狭义相对论"的理论。文中论证了空间与时间的统一性，从而建立了全新的、相对概念的时空观。爱因斯坦以"同时"具有相对意义这一点为突破口，建立起了全新的时空理论。相对论认为，光速在所有惯性中不变，它是物体运动的最大速度。由于相对论的效应，运动着的尺子会缩短，运动着的钟会变慢。这些观点直接否定了牛顿力学引以为基础的绝对时间和绝对空间的框架。牛顿的经典力学所解释的是那些在低速运动状态下的物质，而爱因斯坦所提出的相对论既可以解释那些在低速运动状态下存在的物质，也可以对那些在光速或接近光速运动状态下的物质进行解释。相对论很好地阐释了空间和时间在本质上的统一性，以及时间、空间与物质运动之间的关联。爱因斯坦还根据相对论的原理，推理出了能量与质量转换关系的公式，即能量等于质量乘以光速的平方：$E=mc^2$。

在"狭义相对论"的基础上，爱因斯坦于提出了"广义相对论"，揭示了四维空间与物质的统一关系，认为空间和时间不可能脱离物质而单独存在，时间和空间是与物质的存在共同存在的，物质的分布决定了空间的结构和性质。广义相对论实际上是一种引力理论，这就完全否定了牛顿绝对时空的古典观念。爱因斯坦的这些全新理论后来被一些实验所证实。此外，爱因斯坦在其他方面也有重大的贡献。例如，他提出的质量能量相当性的观点，即物体的质量只能是能量的量度理论，成为以后原子核理论和量子物理的理论基础。

阿尔伯特·爱因斯坦
犹太裔物理学家，创立了狭义相对论和广义相对论等学说。

马克斯·普朗克
德国物理学家，创立了量子力学。

　　20 世纪初物理学革命的另一个伟大成果是量子力学的诞生和发展。量子力学是关于研究微观世界粒子运动规律的科学。德国物理学家普朗克（1858—1947 年）于 1900 年首次提出了"能量子"的概念。普朗克认为物体在吸收辐射和发射辐射时，能量并不是无限可分的，其中最小的、不可分的能量单位即"能量子"，也称作"量子"。在普朗克以后，很多科学家为此进行了开创性的工作。直到丹麦物理学家玻尔（1885—1962 年）才实现了理论的突破，提出原子结构理论。玻尔是英国物理学家卢瑟福（1871—1937 年）的学生，早在 1911 年卢瑟福就提出了关于核原子的模型，玻尔在卢瑟福的基础上创立了原子结构的理论，极大地加速了量子力学的建立。1925 年，量子力学这门学科才真正建立起来。量子力学的建立，极大地加速了原子物理学的发展，为核物理学和粒子物理学的创立发展奠定了理论基础。

　　相对论和量子力学的诞生和发展成为 20 世纪初世界物理学革命的顶峰，物理学革命的发展促进了化学、生物学、天文学、地学等学科的理论发展，使这些学科出现了革命性的突破。20 世纪世界许多重大科学技术成果，比如原子能技术、无线电技术、电子技术、航天技术、生物工程等都是在科学理论的指导下发展转化为技术成果的。

原子能的发现和利用

　　20 世纪 30 年代，随着科学家们的不断努力，原子物理学得到了蓬勃发展。1932 年，英国物理学家詹姆斯·查德威克（1891—1974 年）在用 α 粒子轰击铍的实验中发现了中子，开辟了核物理学发展的新纪元。

　　同年，皮埃尔·居里夫妇的女婿和女儿约里奥 – 居里夫妇通过用钋的 α 粒子轰击铝，人工制造出了放射性同位素。人工放射性元素的出现，给原子核构造理论赋予了新的内容。1934 年 10 月，意大利物理学家昂利克·费米（1901—1954 年）在实验中发现用中子轰击重元素铀，可以导致铀的核裂变，产生一种新的"超铀元素"；同时，他还发现慢中子效应所产生的人工放射性更强。1938 年，奥地利科学家莉泽·迈特纳（1878—1968 年）和德国科学家奥托·哈恩（1879—1968 年）、弗里德里希·施特拉斯曼（1902—1980 年）在费米试验的基础上利用中子分裂铀原子获得成功，进一步认识掌握了核裂变的链式反应。同时，科学家们在试验过程中还发现铀 235 原子的核裂变比天然铀核裂变所产生的能量要大得多。至此，科学家在不断的试验中寻找到了人工取得原子能的方法。

　　虽然原子能的理论是在欧洲发现的，但是利用原子能的技术却是在美国实现的。20 世纪 30 年代，欧洲法西斯主义猖獗，战争阴云在欧洲蔓延。法西斯主义实行种族主义和文化专制政策，许多欧洲科学家，尤其是欧洲的犹太人科学家纷纷离开自己的祖国，流亡国外。据不完全统计，在二战前后德国和奥地利两国约有 2000 名科学家因为各种原因流亡国外，其中大部分科学家选择逃往美国。

　　当时，英国也有着世界一流的科技水平，但是由于缺乏资金，导致大量科研工作无法持续进行。美国看到这个情况后，于 1940 年通过了《租借法案》，与英国在军事技术上进行合作，利用英国的先进技术成果和人才发展自己的军事科技。美国、英国、加拿大于 1943 年签订了在北美成立原子工业的协议，美国利用这个协议吸引了数十名英国科学家为其原子能计划工作。这样，欧洲大批卓越的科学家在战前迁居美国，使美国逐渐代替欧洲成为世界科技中心。

　　这些欧洲科学家来到美国后坚持以反法西斯的正义感和科学家的责任心努力工作。第二次世界大战爆发前夕，纳粹德国已经开始加紧链式反应的研究，许多科学家预感制造核武器的危险。为了赶在德国之前制造出原子弹，爱因斯坦在一些科学家的提议和支持下，在 1939 年 8 月 2 日向罗斯福写信，说："我预料在不久的将来，铀元素会成为一种重要的新能源。这　情况的某些方面似乎需要加以密切注意，如有必要，政府方面还应迅速行动……"1941 年 12 月 6 日，美国政府接受了他们的建议，通过了制造原子武器的决议。有 2000 多名文职人员、3000 多名军事人员、1000 多名科学家加入这项计划。这些科学家包括大批受到纳粹德国迫害逃往美国的欧洲著名物理学家、数学家和工程技术专家。

1942年9月，美国成立了由三名军政官员和两名科学家组成的委员会，负责领导制造原子武器的工程，代号为"曼哈顿工程"。1942年10月，由费米领导的一个科研小组在美国芝加哥大学建立了世界上第一座核反应装置。它由石墨层和铀层相间堆砌而成，人们称它为核反应堆。12月2日，这座反应堆开始运转，并成功实现了人类首次由人工控制的核链式反应，开创了可控核能释放的历史。

1943年，在物理学家奥本海默（1904—1967年）的领导下，美国在新墨西哥州的洛斯阿拉莫斯建立了一个大规模的实验室，集中了许多杰出的科学家。在他们的共同努力下，1945年7月，美国制造出3颗原子弹，其中一颗是铀弹，两颗是钚弹。1945年7月16日，美国在新墨西哥州的一片沙漠上进行了第一次核爆炸试验，成功爆炸了世界上第一颗原子弹。在试验中引爆的是一颗铀弹，它的威力相当于2万吨TNT炸药，在爆炸点为中心半径1600米范围内的所有动植物全部死亡。

罗伯特·奥本海默
美国物理学家、曼哈顿工程的领导者。

当初，爱因斯坦等科学家建议美国研制原子弹，目的是避免纳粹德国抢先一步研制出原子弹给人类带来灾难。这时，德国法西斯已经宣告无条件投降，日本的失败也成为定局，因此已经没有必要在战场上使用原子弹。许多当初参加研制原子弹的科学家们多次向美国政府上书，希望美国不要使用原子弹。然

而，科学家们的努力无济于事，美国政府为了战后争夺世界霸权，于 1945 年
8 月 6 日和 9 日分别向日本广岛和长崎投掷了一枚铀弹和钚弹，造成超过 20 多
万平民的伤亡。

当初，原子弹以维护和平的姿态出现在人类活动的舞台，它本应该给人类
社会带来更多的光明和幸福。然而不幸的是，它却成为超级大国用来争霸世界
的武器，使人类社会时刻笼罩在核战争阴云下。

电子技术的发展和第一台计算机的出现

电子技术是 19 世纪末 20 世纪初开始发展起来的新兴技术，是近代科学
技术发展的一个重要标志。19 世纪末 20 世纪初，随着电磁理论研究的不断
发展，电子技术也逐步发展起来。19 世纪末，电磁波发射和接收技术不断
成熟，兴起无线电电子技术。进入 20 世纪后，电子技术的发展速度更快了。

1904 年，英国科学家弗莱明（1849—1945 年）根据爱迪生发现的热电子
效应制成二极电子管，用于检测微弱的无线信号。利用这个新发明的电子管，
可以给电流整流，使电话受话器或其他记录装置工作起来。1906 年，美国的
德福雷斯特（1873—1961 年）在二极管中安上了第三个电极，发明了具有放
大作用的三极电子管，这是早期电子学史上最为重要的里程碑。电子管的问世，
推动了无线电电子学的蓬勃发展。此后，经过不断的研究改进，无线电通信可
以到达更远的地方。从 1911 年起，人们开始进入使用电子技术的时代，电子
工业不断发展成熟起来。1920 年 11 月 2 日，世界上第一个广播电台在美国匹

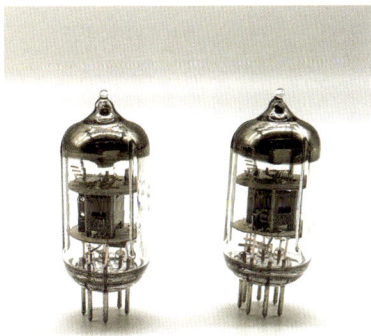

电子管
1904 年，世界上第一只电子管在弗莱明手上诞
生，标志着世界进入电子时代。

兹堡诞生，到 20 世纪 30 年代，电台已在世界各地普遍建立。1921 年，美国无线电股份有限公司宣告成立，标志着美国电子工业形成。当时的欧美电台之间实现了联网，因此形成了世界性的广播体系。

在利用电磁波传送声音获得成功以后，科学家们希望可以通过光电效应原理研究传动活动图像。1923 年，科学家成功研制出光电摄像管，成为电子技术史上的又一个重大发明。1928 年，俄裔美国科学家兹沃里金（1889—1982年）成功研制出电视显像管，成为现代电视技术的先驱。20 世纪 30 年代，电视装置主要有两种类型，一种为机械扫描装置，一种则是全电子电视。英国发明家贝尔德（1888—1946 年）继承前人发明的光电机械扫描成果，成功进行了传送活动图像的实验。1929 年，在贝尔德的劝说下，英国广播公司（BBC）用广播频率试播电视，从而使机械扫描电视进入应用阶段。1936 年 11 月 2 日，BBC 电台开始每天播放两小时的电视节目，当时受机械扫描速度的影响，无法得到清晰的图像，于是科学家们加紧了对电子扫描的研究。1933 年，兹沃里金在美国无线电公司的资助下研制成功电子摄像装置，并研制出了灵敏度更高的光电摄像管，使电视的摄像和影像完全电子化，促进了现代电视技术的发展。20 世纪 30 年代末，英国和美国还同时进行了关于彩色电视的研究。1941年，美国开始正式进行电视广播。但是，二战的爆发使英美的电视事业陷入停滞状态，战争期间，电子设备厂转为生产军需品。1946 年后，英美才逐渐恢复播放电视节目，在这之后电视才真正进入实用和普及阶段。

第二次世界大战期间，雷达的发明和应用成为电子技术的重要成果。早在19 世纪末，科学家就发现了固体可以反射无线电波，而无线电波则有跟踪和测距的功能。20 世纪 20 年代，美英科学家根据这个原理研制"无线电探测和定位"，英文名为"Radio Detection and Ranging"，缩写是 Radar，也就是雷达。20 世纪 30 年代，随着战争形势的不断严峻，美、英、德等国为了各自的军事目加紧了对雷达的研究。1935 年，英国研制成第一部可以探测飞机的雷达，并于 1938 年在东海岸地带建立了防空雷达网。在战争期间，英国的雷达装置取得了很好的效果。1936 年 4 月，美国成功研制出了第一台脉冲式雷达。1938年，美国研制出防空袭雷达并投入使用。1939 年，英国成功研制出了微波信号的磁控管。战争初期，英国将新研制雷达应用于战场上的投弹指挥。1940 年，美英进行合作，共同研制雷达，使雷达的功能不断改进完善，效果也更为精确。

在雷达研制的过程中，新电子元件和电子线路的发明为电子计算机的诞生奠定了基础。战争后期，第一台电子计算机的诞生成为电子技术发展的顶峰。

二战时期的雷达
1936 年 1 月英国罗伯特·沃特森·瓦特在索夫克海岸架起了英国第一个雷达站。英国空军又增设了 5 个，它们在第二次世界大战中发挥了重要作用。

　　自从 1906 年研制出三极电子管后，科学家们就不断尝试研制电子计算机。到 20 世纪 30 年代后期，制造电子计算机的技术条件已经具备。二战爆发后，在军事、生产和科研过程中遇到了大量的复杂计算和数据处理问题，于是制造电子计算机的呼声越来越高。但是，制造电子计算机需要巨额的资金和大量的人力。这一时期，美国宾夕法尼亚大学莫尔学院电工系的莫克利（1907—1980 年）等年轻的物理学家便开始研制电子计算机。1942 年 8 月，莫克利提出《高速电子管计算装置的使用》的设计方案，即研制第一台电子计算机的最初方案。

　　莫克利的方案得到了美国军方的支持。1943 年 4 月，美国陆军导弹研究所决定拨款 40 万美元支持莫克利研制这种新型计算机。经过两年多的努力，莫克利终于在 1945 年底研制出了电子计算机，取名为"电子数字积分计算机"（Electronic Numerical Integrater and Computer），简称 ENIAC。这台机器使用了 18000 个电子管，有 30 多吨重，所占用的面积为 170 平方米，耗电量高达 150 千瓦。它每秒钟可进行 5000 次加法或 500 次乘法，比继电器计算机的运算速度快了 1000 倍。但是它也有一些缺点，一是存储容量过小，只能储存 20 个字长为 10 位的十进位数；二是它的程序为"外插型"，每改变一次程序需要花费大量时间进行准备工作。因此，美籍匈牙利人数学家冯·诺伊曼（1903—1957 年）在 ENIAC 研制期间，加紧了对更高效能的"程序内存"计算机的设计。1945 年 6 月，诺伊曼提出取名为"离散变量自动电子计算机"的电子计算机制作方案（Electronic Discrete Variable Automatic Computer），简称 EDVAC。它具备的优点是使用了二进制和建立存储程序，这样一来就可以简化计算机的结构，极大地提高运算速度。但是遗憾的是，由于争夺发明权导致计算机的制

冯·诺伊曼机
依据冯·诺伊曼结构设计出
的计算机称作冯·诺伊曼计
算机，又称存储程序计算机。

作搁置了。

　　最后，英国剑桥大学数学实验室于 1949 年 5 月制成了第一台程序内存计算机，又称冯·诺伊曼机。这种计算机不需要外部的指令就能按照顺序自动进行计算，与人脑的工作方式更为接近，它的诞生标志着人类开始进入电脑时代。到 1950 年时，世界上已制造出了 15 台这样的电子计算机。

　　由于这些在战争期间诞生的电子产品都使用电子管，它的体积、重量、功耗都比较大，与军事上轻便、高效的要求还有很大的距离，因此，科研人员将研究目标对准了更小、更高效的晶体管。晶体管主要由半导体做成，人们在 19 世纪末时就发现半导体能对无线电波起到检波作用。

　　20 世纪 30 年代，成立于 1925 年的美国贝尔实验室的研究人员肖克利（1910—1989 年）、布拉顿（1902—1987 年）分别开始对晶体管进行理论研究和制作。1945 年，物理学家巴丁（1908—1991 年）出任实验室主任，与他们合作研究晶体管。1947 年 12 月 23 日，他们用锗半导体晶体制作出了具有电流、电压、放大功能的点接触型晶体三极管。1948 年 6 月 30 日，这项发明在纽约首次向世人展示。第二年，肖克利又成功研制出性能可以完全替代电子管的晶体三极管。这是世界电子科学技术史上又一个划时代的发明，预示着电子技术革命即将到来。

汽车、飞机的普及和火箭技术的出现

　　自 19 世纪人类发明火车和轮船后，20 世纪汽车、飞机的出现和普及成为人类史上又一次重要的交通运输革命。

1886 年，德国的戴姆勒（1834—1900 年）和本茨（1844—1929 年）首先发明了汽油机汽车，并不断改进其质量。19 世纪末，人们相继发明并采用了变速器、离合器、方向联轴节和充气轮胎等与汽车相关的产品，使得汽车更加轻便和耐用。

1897 年，德国工程师狄塞尔（1858—1913 年）发明了柴油机，使内燃机开始广泛应用于大功率的交通运输工具上。19 世纪末，货车与客车实现了分化，使客车得到了迅速发展。据统计，1900 年前世界一共生产了 11000 辆汽车，而仅 1900 年就生产了 9000 辆。到 1916 年时，世界汽车的年产量达到了 150 万辆，比 1900 年增加 166 倍。1948 年，世界资本主义国家的汽车总量为 5590 万辆，是 1900 年的 6211 倍，其中客车就占到了 77％。在这些国家当中，以美国的汽车工业最为发达。

1903 年，亨利·福特（1863—1947 年）创建福特汽车公司，开始对汽车进行标准化和专业化生产。1908 年，福特汽车公司生产出世界上第一辆属于普通百姓的汽车——T 型车，开始了世界汽车工业革命。1913 年，福特汽车公司开发出了世界上第一条汽车生产流水线，极大提高了汽车的生产速度。福特汽车公司生产的 T 型汽车物美价廉，经久耐用，受到了市民的喜爱，迅速打开了市场。到 1916 年时，福特汽车的年产量达到了 735000 辆，其产量几乎占到了世界汽车总产量的 1/2。

进入 20 世纪 20 年代，汽车工业已经成为美国工业经济的支柱产业之一。据统计，美国在 1900 年仅有 8000 辆汽车，1910 年则是 458300 辆，1920 年数量猛增到了 8131500 辆，比 1910 年增长了 17 倍还要多；1930 年时数量达到

福特 T 型车

亨利·福特为了改变汽车是贵族专属的现状，花费 5 年时间，带领团队研发了 19 款不同的车型，并按字母的顺序命名，直到 T 型车的成功。

了 23034700 辆，比 1920 年增长了 2.83 倍，其增长速度不可谓不快。

在货车方面，20 世纪 20 年代前期，压燃式柴油机已经较为完善，可以制成大直径的汽缸，加大功率，经常在速度较快的重型货运卡车上采用。1923年，德国通过小汽油机带动柴油机的摩擦轮启动，获得了成功，加快了各国制造柴油机货车的步伐。1935 年，美国通用汽车公司研制出了 567 型标准化的组合式柴油机，为柴油机货车的发展提供了良好的动力装置，推动了中小型柴油机货车的发展，使美国的柴油机货车迅速发展起来。1950 年前后，一些汽车公司在重型柴油机货车上采用了涡轮增压技术，为制造 10 吨至 30 吨的重型柴油机货创造了条件。

随着汽车工业的不断发展，公路建设也迅速发展起来了。19 世纪末，英国首先铺设了沥青和混凝土制成的公路，最后向全世界推广开来。20 世纪 30 年代后期，德国法西斯为了侵略战争的需要而加紧研制高速汽车，并开始修建高速公路。美国也不甘落后，于 1939 年开始修建高速公路，在 20 世纪 40 年代率先形成了自己的高速公路体系。1950 年以后，世界性的高速公路运输才逐步发展起来。

在汽车工业蓬勃发展的同时，航空运输业也迅速发展起来。1903 年 12 月17 日，美国韦伯·莱特和奥佛·莱特兄弟发明了采用活塞汽油发动机的飞机，并在北卡罗来纳州试飞成功，为现代航空技术的发展开辟了道路。从那时候起，科学家不断改进飞机的飞行、安全、稳定和操作等性能。据统计，1910年飞机的飞行速度为时速 100 千米，1921 年为 330 千米，1927 年为 479 千米。飞机升限的世界纪录由 1914 年的 3500 米提升到了 1929 年的接近 12000 米。1919 年飞机航程记录约为 440 千米，1925 年达 3000 千米，到 1929 年时增加到了 7000 千米。第一次世界大战期间，航空事业才真正发展起来，世界各国在此期间一共生产了 183877 架各种类型的飞机。

随着航空业的不断发展，英国于 1911 年和 1919 年相继开辟了国内、国际航线。1911 年 9 月，英国开通了从伦敦附近的亨登飞往欣德索尔的邮件空运业务。1916 年，英国的乔治·霍尔特·托马斯创建了飞机运输和旅游公司，这是世界上第一家飞机空运公司。1919 年 8 月，飞机运输和旅游公司首次开辟了从伦敦飞往巴黎的国际航线。此后，欧洲的一些大国先后成立了航空公司，并开辟多条航线。到 1930 年时，各国开辟的航线遍及欧洲及世界各地。从1919 年开始，美国开始了国内空运邮件业务，并于 1926 年开辟了国内定期航线，在 1928 年首次飞越大西洋抵达欧洲。

二战时的苏联喷气式飞机

　　第二次世界大战前后，世界航空事业迎来了又一次大发展。1937 年世界飞机生产总值仅为 15 亿美元，到 1945 年时增长到了 300 亿美元；参与飞机制造的工人人数从 40 万人增至 600 万人，每年的产量从 2 万架增加到 17 万架。在第二次世界大战期间，世界各国一共生产各种类型的军用飞机 70 多万架，其中仅美国就生产了 40 万架飞机，成为世界航空大国。

　　第二次世界大战以前，所有的飞机都采用活塞式发动机作为动力，这种发动机本身并不能产生向前的动力，需要驱动一副螺旋桨，使螺旋桨在空气中旋转，以此来推动飞机前进。这种活塞式发动机加螺旋桨的组合在很长一段时间内成为飞机固定的推进模式。

　　到了 20 世纪 30 年代后期，由于战争的需要，各国的科学家开始研制飞行性能更好的喷气式发动机。英国和德国分别在 20 世纪 30 年代前期和后期发明了涡轮喷气发动机。1928 年，英国皇家空军学院的惠特尔（1907—1996年）发表了关于喷气发动机的著作，后来他又论证了可利用燃气推动涡轮增压。1939 年，惠特尔与英国格洛斯特飞机公司签订合同，制造喷气发动机。早在 1938 年，德国就制成了涡轮喷气式飞机，并进行了试飞。1941 年 5 月 15 日，英国第一架喷气式飞机 E-28 / 39 号试飞成功；1943 年又成功制成了喷气式战斗机"流星"号。1950 年 7 月，英国第一架喷气式运输机"子爵"号从伦敦至巴黎首航成功。这一时期，美国和苏联等国都先后进行了喷气式飞机的研制工作，使喷气式飞机不断发展起来。喷气式发动机的制成，标志着航空事业已进入了喷气机时代，使航空技术发展到一个新的阶段。

　　喷气式飞机的出现极大地促进了火箭技术的发展。早在 19 世纪末期，苏联的"航天之父"齐奥尔科夫斯基（1857—1935年）就开始了对火箭技术的研究。他提出了一些关于液体火箭的设想，并解决在宇宙航行中所涉及的理论和技术问题。1933 年，齐奥尔科夫斯基成功发射了一枚液体火箭。但是首先

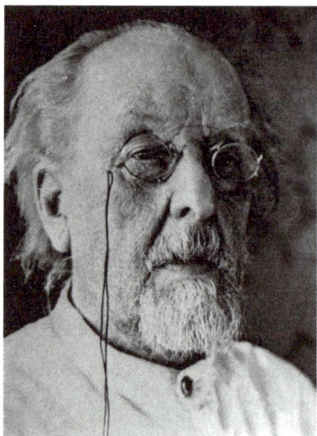

苏联"航天之父"齐奥尔科夫斯基
齐奥尔科夫斯基于 1903 年提出了著名的火箭运动公式，于 1921 年首次提出多级火箭的设想，为宇宙航行提供了理论基础。

　　将液体火箭的理论付诸实践的是美国火箭专家、物理学家戈达德（1882—1945年）。1926 年 3 月 16 日，他成功试射了世界上第一枚液体火箭。但是他的研究并未引起美国政府的重视。20 世纪 30 年代希特勒上台后，德国法西斯为了实现侵略目的加紧研制火箭。1931 年 4 月 15 日，德国工程师塔林试射了一枚固体推进剂火箭。1937 年 3 月，德国在波罗的海乌泽多姆岛上的庇纳门德建立了一个火箭研究中心。在火箭专家冯·布劳恩（1912—1977 年）的主持下，于 1942 年 10 月 3 日成功试射了第一枚 A-4 远程液体火箭。该火箭的推进剂是酒精（75%）和液氧。火箭的速度为每秒 1.7 千米，飞行了 190 千米，最大高度 85 千米。火箭带有 10 吨燃料，1000 磅 TNT 炸药。后来该火箭改名为 V-2 火箭。以后，科学家不断对火箭技术进行改进，使技术指标得到了提高。1944 年 9 月至 1945 年 3 月，希特勒将 V-2 火箭投入战场，向英国发射了 4300 多枚 V-2 火箭弹，但依然无法挽救其失败的结局。

　　二战结束后，美国得到了德国的火箭专家及 V-2 的全部资料，并加快了对火箭的研制。1946 年 4 月，美国首次发射了 V-2 火箭。1947 年，美国首次在火箭上使用降落伞并使其安全降落。1949 年，美国以 V-2 为第一级，"女兵下士"火箭为第二级组成"丰收"号探空火箭，并发射成功，火箭飞入了 393 千米高的空中。与此同时，苏联也在 1947 年发射了第一枚 V-2 火箭。1947 年至 1949 年，苏联相继研制出了多种探空火箭。随着冷战的发生，美苏两国加紧了火箭研究，其主要目的则是为军事服务。二战中火箭的研制成功，使人类有可能从空中航行进入宇宙中航行，为战后宇航事业的发展奠定了基础。

高分子化学的建立和三大合成材料的问世

19 世纪末 20 世纪初，在物理学革命的影响下，传统的化学理论也发生了革命性的变化，加深了人们对自然界各种物质形态尤其是对元素嬗变和原子结构的认识。在量子力学建立后，量子化学也应时而生。1927 年，德国理论物理学家海特勒（1904—1981 年）和美籍德国人伦敦（1900—1954 年）提出了"化学键"的新概念。1932 年，美、德两国科学家又提出了分子轨道法，对电子的运动规律进行了探讨。化学理论的突破和进展，为化学领域特别是高分子合成新材料的研制提供了理论基础。

1932 年，德国化学家施陶丁格（1881—1965 年）发表了第一部高分子化学论著——《高分子有机化合物》，标志着这一新学科的诞生。早在 20 世纪 20 年代，施陶丁格就推翻了当时人们普遍认为的高分子特质是普通小分子的物理缔合体，并在研究天然橡胶的分子结构的过程中，提出了"大分子"的概念。施陶丁格认为，高分子化合物是由包括许多原子的大分子构成的，这类大分子是由包括许多碳原子的碳链构成的。大分子通过化学键相连成为线性长链聚合物。

1930 年，施陶丁格还证明了高分子稀溶液的黏度与分子量之间的定量关系，从而使高分子分子量的测定进入定量的新阶段。这样，他在胶体化学与有机化学的契合点上创立了高分子化学。20 世纪 30 年代，德、美、英等国纷纷建立了合成高分子的研究室。化学家们将高分子合成物分为"缩合高分子"和"加成高分子"两类，他们阐明了"加聚反应"和"缩聚反应"的机理，使聚合方法得到简化。这些化学理论的突破，使各种高分子化合物纷纷问世，其中

德国化学家施陶丁格
1922 年，施陶丁格提出了高分子是由长链大分子构成的观点，动摇了传统的胶体理论。

就有合成纤维、合成橡胶和塑料这三大合成物。

20世纪30年代，化工领域中最重要的成果是合成纤维的问世。合成纤维与人造纤维不一样，它不是利用天然纤维素加工制成的，而是利用石油、煤、天然气等低分子有机物经过化学处理和机械加工制成的纤维。

20世纪初，化学纤维的主要成果是粘胶纤维。它主要以木浆、棉绒等天然纤维为原料，经过化学改性加工制成。1900年，英国建成年产1000吨的工厂，1920年的产量达1500吨。美国杜邦公司的卡罗瑟斯（1896—1937年）从1929年开始研究缩合反应，经过数年的努力，终于在1935年研制成聚酰胺类纤维，即尼龙-66，并于1938年实现了工业化生产。该纤维的强度比棉花大23倍，耐磨程度则是棉花的10倍，其耐腐蚀，弹性好，缺点是耐光性和吸湿性较差。二战期间，尼龙被广泛用来制作降落伞，取得了很好的效果。

1939年，德国也研制出了聚酰胺类纤维，称"锦纶"。这种纤维的性能与天然纤维更为接近。1940年，英国人温菲尔德和狄克逊研制出了聚酯纤维，称为"涤纶"。它具有不易变形、强度高、电绝缘性强等优点，缺点则是与其他物体摩擦容易产生静电。当时正值战争期间，直到1946年才进行工业化生产。1948年，日本研制出了新的合成纤维——维尼纶、并进行了工业生产。这种纤维的原料主要是电石、醋酸等，优点是成本低、纤维强度大。这些各国研制生产的合成纤维极大地丰富和改善了人们的生活，广泛应用于农业和国防。到1945年时，世界纺织品产量中接近10%为化纤产品。

在人工合成橡胶方面，德国人走在了前面。早在1912年，德国就成功合成橡胶轮胎制品。但是这种合成橡胶的成本过高，而且耐压性能较差。当时，由于英、法、荷、比等国长期控制着天然橡胶的价格，使得急需橡胶制品的苏、德、美等国加快了对人工合成橡胶的研究工作。1930年，苏联在列宁格勒成立了合成橡胶的实验工厂，并于当年研制出了丁钠橡胶。这种橡胶的主要成分是丁二烯，来源于酒精、石油、天然气。当时生产酒精的成本太高，而且丁钠橡胶的性能不及天然橡胶，为此科学家们又开始研制性能更好的橡胶产品。1934年，德国法本康采恩的化学家们成功研制出了性能接近天然橡胶的丁苯橡胶，并于1937年开始生产这种橡胶制品。1940年，美国杜邦公司的化学家纽兰德（1878—1936年）和卡罗泽斯（1896—1937年）研制出了氯丁橡胶，又称"万能橡胶"，它具有不易燃烧、耐腐蚀、耐老化、耐酸、耐油、耐氧化等特性，只是在耐寒性和弹性方面较差。

在第二次世界大战前，世界各国在合成橡胶的研制和生产方面已经取得了很大的成果，其性能不断接近天然橡胶，在一些方面甚至要优于天然橡胶，并在战时被广泛应用。

　　在三大合成材料中以塑料的发展速度最快，品种也最多。在 19 世纪中叶，就已经研制出了硝酸纤维制品。1872 年，美国化学家海厄特（1837—1920 年）将用硝酸纤维和樟脑制出的改良产品取名为"赛璐珞"，用它制作出照相底片、梳子等，开创了人类制造高分子材料的新纪元。20 世纪初，美国化学家贝克兰（1863—1944 年）用苯酚和甲醛经过缩合，然后添加木质素粉等填料制作出了酚醛塑料，又称"电木粉"。1928 年，德国法本康采恩发明了聚氯乙烯塑料，并于 1935 年在美国、德国先后进行了工业生产。1932 年，增塑剂被发现。1936 年，德、英、美便以电石为原料进行大规模工业生产，主要用于制造雨衣、提包、鞋等日用品。1937 年，英国卜内门公司使用磷酸酯增塑剂生产出了聚氯乙烯，用来代替部分钢材，制造化工设备。在这之后，聚氯乙烯成为产量最大的塑料品种之一，在工业和日用生活中广泛使用。

美国化学家贝克兰
1909 年，贝克兰研制出第一种完全人工合成的塑料 —— 酚醛树脂。这种塑料又称为贝克兰塑料，贝克兰也因此被称为"塑料之父"。

　　1927 年，德国和美国先后合成出聚甲基丙烯酸甲酯，俗称"有机玻璃"，是一种性能优良的透明材料，由于其成本过高，因此无法完全取代玻璃。德国和美国分别在 1930 年、1934 年生产出了聚苯乙烯。聚苯乙烯具有高频绝缘、透明无毒的优点，常用来加工成薄膜、发泡材料，多用于制作电视、雷达等所需的高频绝缘部件。1938 年，科学家们又发现可以通过聚合四氟乙烯制成有机氟塑料。它具有很强的耐腐蚀、耐高温、不易与化学药品发生作用等特点，因此被称作"塑料王"，是一种有着广泛用途的合成材料。1935 年，英国卜内门公司成功合成高压聚乙烯，并于 1939 年开始工业化生产，主要用于制造电缆和高频雷达设备。二战后，随着科技水平的不断提高，大量的新品种塑料不断涌现，应用范围不断扩大，丰富了人们的生产、生活。

生物学与医学的新成就

19 世纪末 20 世纪初出现物理学革命后，生物学受其影响，也出现了许多革命性变化。生物学吸收了许多物理、化学的研究成果，形成了生物化学、分子生物学等新兴学科，尤其是遗传学的形成和发展，为人类打开了生命科学这扇大门。

19 世纪后期胚胎学和细胞学的发展，影响了 20 世纪遗传学的形成和发展。奥地利人孟德尔（1822—1884 年）是现代遗传学的奠基人。从 1857 年起，孟德尔开始了对遗传规律的研究，在对豌豆进行了 8 年的杂交试验后，发现生物遗传的规律——分离定律和独立分配（自由组合）定律。后来，人们称这两条定律为"孟德尔定律"。孟德尔在研究中发现，生物的每一个形状是由每一遗传因子负责传递的，遗传的并不是具体性状，而是遗传因子。

1865 年，孟德尔将自己研究的结果整理成论文《植物杂交试验》发表，但并没有引起学术界的重视。当时的科学界缺乏理解孟德尔定律的思想基础，

奥地利生物学家孟德尔
孟德尔于 1865 年发现遗传定律，他因此被称为"现代遗传学之父"。

一些人把孟德尔的研究看做是一般的杂交试验。直到孟德尔逝世 16 年后，他的理论才得到了科学界的认可。

1900 年，德国的科伦斯、荷兰的德弗里斯和奥地利的切尔马克同时独立地用自己的试验，证实了孟德尔定律的正确性。此后，遗传学进入孟德尔时代。1909 年，丹麦遗传学家约翰逊（1859—1927 年）提出了"基因"这一名词，用来指任何一种生物中控制任何性状而其遗传规律又符合孟德尔所说的"遗传因子"。此后，"基因"这个名词被生物学界接受和采用。

1910 年，美国遗传学家摩尔根（1866—1945 年）与他的学生一起用果蝇作实验材料，证明了遗传变异与细胞中染色体的变化是密切相关的，并提出了遗传的染色体学说。摩尔根在研究果蝇的过程中发现一条染色体上有多个基因，这些基因具有连锁遗传现象，从而发现了遗传学上的又一个基本定律——连锁遗传定律。摩尔根于 1915 年、1919 年和 1926 年先后出版了《孟德尔遗传学原理》《遗传的物质基础》《基因论》等论著，系统阐述了基因理论，极大丰富、发展和完善了孟德尔的遗传学说。为此，摩尔根获得了 1933 年诺贝尔生理医学奖。

孟德尔、摩尔根的基因学说揭示了遗传物质基因与生物性状之间的联系，但是并没有弄清楚基因的本质和化学结构。1944 年，美国生物学家艾弗里（1877—1955 年）等人在对细菌进行研究的过程中证实了细胞中的脱氧核糖核酸（DNA）是染色体的重要成分，是一种重要的遗传物质。当年，量子力学的奠基人之一奥地利物理学家薛定谔（1887—1961 年）出版了《生命是什么》一书，试图用热力学、量子力学和化学理论来解释生命的本性，启发人们用物理、化学方法去研究生命的本性。

20 世纪 40 年代，人类在研究和认识遗传规律方面取得了非凡的成果，并与其他学科相结合，为 20 世纪 50 年代生物学和遗传工程的发展进一步打下了坚持的基础。20 世纪初，随着现代物理学、化学、生物学的不断发展，医学广泛借鉴了各学科的成果。

20 世纪免疫学的发展是人类医学史上的一大成就。19 世纪细胞学和微生物学兴起后，免疫学在此基础上不断发展起来。人们在生产、生活中逐渐认识到许多传染病都是由微生物引起的。尽管古时候人们就尝试通过人工方法使人体产生免疫力来预防传染病，然而直到 18 世纪末，人们才通过科学的方法来制造疫苗，预防疾病。

19 世纪 80 年代，法国微生物学家巴斯德（1822—1895 年）通过系统地科

法国微生物学家、化学家巴斯德
巴斯德开辟了微生物领域，创立了一整套独特的微
生物学基本研究方法，是近代微生物学的奠基人。

学研究，利用物理、化学，以及生物学方法获得了减毒菌苗，并用于疾病的预
防和治疗。他用高温培养法制备了炭疽疫苗，并用狂犬病毒在兔体内经连续传
代制备狂犬病疫苗。巴斯德的发明不但为实验免疫学打下了基础，还使疫苗的
发展进入了新阶段。

　　20 世纪初，英国医生赖特（1861—1947 年）发明了伤寒疫苗。与此同时，
霍乱疫苗也研制成功。20 世纪 20 年代后期，科学家又研制出了预防白喉和破
伤风的疫苗。20 世纪 30 年代，欧美对青年、婴幼儿普遍注射白喉疫苗，基本
消除了白喉病带来的危害。二战期间，各国在战场上普遍使用了破伤风疫苗，
挽救了许多伤员的性命。1906 年，法国细菌学家卡尔梅特（1863—1933 年）
和介兰（1872—1961 年）开始了对结核病疫苗的研究，经过 14 年的努力，他
们终于在 1921 年研制出了防治结核病的免疫疫苗。为了纪念这项发明，人们
将这一预防结核病的疫苗定名为"卡介苗"，又称 B.C.G。"B"为"杆菌"的
首个字母，C 和 G 分别是卡尔梅特和介兰的首个字母。进入 20 世纪 40 年代
后，科学家们开始了对预防小儿麻痹症（脊髓灰质炎）的疫苗以及预防流行性
感冒的疫苗进行研究。

　　在免疫学不断发展的同时，化学治疗和抗生素治疗方法取得了很大的成果。
19 世纪后期，医学界出现了寻找具有药用价值化学品的热潮。德国药物学家艾
利希（1854—1915 年）是其中的探索者之一。1909 年，艾利希成功研制出了
一种有机砷制剂——606 药物，可以有效地杀死梅毒螺旋体，从而有效地控制

梅毒病。20 世纪 20 年代末，德国科学家合成出治疗疟疾的特效药物"扑疟喹啶"和"阿的平"，后来又合成了能杀灭链球菌、肺炎双球菌的各种磺胺类药物，能够有效地控制疾病的蔓延。

抗生素的发明是 20 世纪医学领域取得的重大成果之一。1928 年，英国细菌学家弗莱明（1881—1955 年）发现了能够有效杀死葡萄球菌、链球菌的青霉素。但是弗莱明自己无法得到提纯青霉素的技术，导致此药长期未能临床应用。1939 年，澳大利亚病理学家瓦尔特·弗洛里（1898—1968 年）和德国生物化学家鲍利斯·钱恩（1906—1979 年）继续了弗莱明未完成的工作，证实了弗莱明的发现，并提纯了青霉素。1941 年，青霉素在临床应用中获得成功，有效地控制了猩红热、白喉、淋病、梅毒等传染病的传播。

英国细菌学家弗莱明
弗莱明首先发现青霉素，后弗洛里、钱恩进一步研究改进，并成功用于医治疾病，三人共获诺贝尔奖。

1944 年，美国微生物学家瓦克斯曼（1888—1973 年）发现了链霉素，并提取成功，用于治疗结核病病人取得成功，成为当时首个有效治疗肺结核的药物。链霉素的应用大大减少了因肺结核死亡的人数。自 1947 年以后，科学家们又相继发现了氯霉素、金霉素、土霉素和四环素。20 世初，医学上的另一大成就是成功的器官移植。1933 年，苏联眼科医生费拉托夫成功移植异体角膜，成为世界上首例成功的器官移植案例。

19 世纪末 20 世纪初的医学成就，大大增强了人类控制和战胜疾病的能力。由于死亡率的不断降低，大大延长了世界人口的平均寿命。破伤风疫苗在一战中的使用，疟疾药物在二战中的使用，挽救了士兵们的生命，加强了军队的作战能力。1918 年爆发的世界性的流行性感冒，夺走了 2000 多万人的生命，是第一次世界大战中阵亡的总人数的两倍。由此可以看出，20 世纪免疫学的发展以及各类抗生素的发明和应用，对人类而言是多么重要。

人文社会科学的发展

> 20 世纪上半叶，随着科学技术的蓬勃发展，极大地拓宽了人们对世界的认识，使人们的思维方式发生了转变。哲学、社会科学和文学艺术开始摆脱传统的束缚，出现革命性的发展和变化。另一方面，资本主义经济危机和两次世界大战的爆发，对哲学、社会科学和文学艺术产生了深远的影响。

哲学

20 世纪以来西方哲学方兴未艾，出现了许多流派，但大致可以分为科学主义和人本主义两大思潮。科学主义哲学思潮源于近代英国的经验主义，强调归纳、实证、逻辑、实用。关注自然科学的哲学问题，是自然科学发展的抽象反映。19 世纪末 20 世纪初，随着现代科学技术的蓬勃发展，相对论和量子力学带来科学理论上的新突破，引发了哲学家们对科学方法论和科学发展规律的兴趣，出现了各种研究现代自然科学规律和方法的哲学流派，例如逻辑实证主义、马赫主义、批判理性主义、结构主义等，其中以逻辑实证主义的影响最大。

逻辑实证主义又称新实证主义、逻辑经验主义，是法国哲学家孔德（1798—1857 年）创立的实证主义和 20 世纪初的马赫主义的继续和发展。它是在 20 世纪 20 年代法国哲学家施利克和卡尔纳普创立的"维也纳小组"的基础上形成发展起来的，因此又称"维也纳派"，主要人物有施利克、卡尔纳普等人。逻辑实证主义的理论创始人实际上是英国哲学家罗素（1872—1970 年）和奥地利哲学家维特根斯坦（1889—1951 年）。此外，以德国哲学家赖兴巴

罗素
英国哲学家、数学家、逻辑学家，
分析哲学的主要创始人。

赫（1891—1953 年）为首的柏林学派，以波兰逻辑学家阿尔弗雷德·塔斯基
（1901—1983 年）为首的华沙学派，以及英国哲学家艾耶尔（1910—1989 年）
等人的观点和理论，都属于逻辑实证主义的范畴。

逻辑实证主义的理论认为，哲学不该研究经验之外的问题。寻求绝对真理，
寻找无法看见的"本质"，都是毫无意义的，只会远离生活和事实。逻辑实证
主义的一个根本原则就是经验证实。它认为，只有那些能够被经验证实或证伪
的命题才是有意义的科学命题，否则就是一些毫无意义的假命题。

逻辑实证主义者认为，经验科学都是经逻辑加工整理，从观察和实验中获
得的经验事实形成的命题体系。因此，哲学的任务就是对知识进行逻辑分析和
语言分析，检验其在整理经验时是否符合逻辑句法的规则。真理的实质是语言
符合经验事实，因此真理是相互的，即经验真理和逻辑真理。他们认为逻辑实
证主义在逻辑学上或科学方法论上属于归纳主义，知识是经验的归纳，人们无
法从演绎推理中获得知识；他们同时承认归纳推理并不是必然推理，而是或然
推理，由此所认识的知识不是必然性知识，而仅是或然性知识。但是他们又强
调，世界上原本就没有必然的、永恒的事实知识，一切事实知识都是或然的，
试图寻找必然的、永恒的事实真理的行为属于绝对主义或教条主义。

逻辑实证主义强调经验分析，否定形而上学，对现代科学冲破传统观念的
束缚，起到了一定的积极作用，其相对主义思考方式影响许多科学家不断向辩
证的自然观和科学方法论靠拢。这正是逻辑实证主义在自然科学领域一直具有
某种魅力并始终是西方最流行的科学哲学思潮的原因。但是逻辑实证主义在认
识论上偏向于主观经验主义，同时它也否认客观实在和客观真理，是一种极端
的相对主义。

尼采

尼采（1844—1900 年），德国哲学家，唯意志论的主要代表，对后世哲学，尤其是存在主义与后现代主义影响很大。

20 世纪初西方科学哲学中主要流行的是实证主义思潮，而在社会哲学中主要流行的则是人本主义思潮，有存在主义、实用主义、现象学、生命哲学等流派。其中以存在主义的影响最大，最具代表性，因为它深刻阐述了现代西方社会中人的生活和遭遇、价值和地位、自由和命运等最敏感的问题。

人本主义哲学思潮出现于 19 世纪 20 年代，盛行于 19 世纪 50 年代，其代表是叔本华、尼采的意志主义，狄尔泰、柏格森等人的生命哲学。20 世纪初，德国哲学家海德格尔（1889—1976 年）和斯贝尔斯（1883—1969 年）创立了人本主义的主要流派存在主义。第二次世界大战后，法国是存在主义的另外一个中心，代表人物有萨特（1905—1980 年）、梅洛－庞蒂（1908—1961 年）、马塞尔（1889—1973 年）等人，其中以萨特的影响最大。与其他现代西方哲学流派一样，存在主义反对西方的传统哲学，认为研究"存在"的哲学才是真正的哲学。而"存在"并不是人们常说的"存在"，而是有特殊含义的"存在"，也就是人的存在。人之外的所有事物或现象的存在，只不过是"自在"或"持存"，唯有人能够产生自我意识，不仅明白自己存在，同时还明白自己之外还存在着各种东西，因此唯独人才是那个真正的"存在"。存在主义的出发点是人，存在主义思想的实质是一种"具体的人学"。

存在主义认为人的哲学才是真正的哲学，那么人有什么特点呢？萨特将其概括为一句话，即"存在先于本质"。存在主义者认为，一个人刚出生时，他还没有成为一个特定的什么人，他先出现在这个世界上，然后他才能成长为一什么人，即他先在这个世界上存在，然后才有他的本质。人会成为什么人，完全是由那个人自己决定的，但不能用决定论的观点去解释一个人的特点。人是自己要求自己，自己成就自己，人的存在则是人自己的一种表现。人之所以自己选择、自我成就，是因为人是自由的，人的存在是因为自己是自由的，这是由人的根本属性决定的。既然人可以由自己决定，人身上随时出现各种可能性，所以人也是一种可能性的存在。对于个人来说，能够坚持自己的个性是一件很难的事，因为人是在世界中存在的，自然的世界、人的世界与个人是相对立的。人的世界要将个人同化到众人中，自然界则会迫使人屈服于自然界的威力。因此，人要与社会、自然界进行对抗，防止被它们同化，以保持人的个性、独立性及自我选择性。存在主义者将人的存在看作是人自己的表现，是人的自由，那么在现实社会中人的存在状态又是如何的呢？存在主义认为"烦"是人存在的根本状态。在生活中，人不仅为他人、他物而"烦"，也被个人如何选择而"烦"，而死亡则是人生最大的"烦"。因此，人的生活的基本内容和实质就是一个"烦"字。

存在主义出现后，在西方社会的各个阶层、各个领域不断流传，一时成为一种时髦的哲学和文学运动，成为一种新的资产阶级社会风气和生活方式，产生了深远的社会影响。

存在主义兴起和传播与 20 世纪帝国主义战争、资本主义制度的弊病以及社会、精神危机紧密相关。因此，有人称其为"资本主义危机时代的危机哲学"，是一种"不安的哲学"。存在主义的主张反映的是现代资本主义发展对人性压抑的一种反抗，深化了哲学关于人的认识。但是它没有认识人的社会本质，脱离了社会现实去研究人的问题，因此无法解决"现代人的生活现实问题"，不能指明西方文明关于未来的发展方向，反而会使西方社会出现某种消极的影响。

心理学

从 14 世纪意大利文艺复兴开始一直到 19 世纪中叶，哲学家们就开始对人的心理特性进行研究，使心理学成为哲学的一部分。19 世纪中叶，随着社会生产力的不断发展，自然科学取得很大成果，科学逐渐在人们的思想中得到肯定。这时，与心理学一同出现的生理学也开始发展成熟，心理学开始脱离哲学的一般讨论而转向具体问题的研究。心理学成为一门独立学科的条件已经成熟。

1879 年，德国心理学家冯特（1832—1920 年）在莱比锡建立了世界上第一个心理学实验室，从此心理学脱离哲学成为独立的科学。冯特主要研究感官知觉心理过程，所使用的是生理学的实验技术，因此他称自己的研究为"生理心理学"，或称"实验心理学"。

20 世纪是心理学飞速发展的时代，在这一时期出现了许多新流派，例如美国心理学家华生（1878—1958 年）创立的以行为作为研究对象的行为主义心理学、强调整体和综合观点的德国格式塔学派、奥地利精神病学家弗洛伊德（1856—1939 年）创立的精神分析学派。其中，以弗洛伊德的精神分析学说影响最大。该学说不仅在心理学领域独树一帜，并且影响到了欧洲的哲学、文学、教育等各个方面。弗洛伊德的精神分析学说主要有三个系统学说，即无意识学说、性学理论和人格理论。弗洛伊德为此著作了《梦的解析》与《文明及其不满》。

弗洛伊德的整个精神分析理论的核心内容是"无意识"学说。弗洛伊德认为心理学是研究"无意识"的作用，认为人的根本心理动机都是无意识的冲动。

弗洛伊德把人的精神活动或心理活动分为三个不同的层次：意识、潜意识和无意识。它们分别处在精神活动的表层、中间层和最底层。这三个层次之间紧密关联，又有着不同的性质和特点。在三者的关系当中，无意识处在基础地位。无意识潜伏在人的内心深处，不为意识所感知，是最原始、最活泼、最不安分、最大量的精神活动，与意识的自觉性、目的性、社会性等特点不一样。无意识主要是人的本能冲动，不能直接进入意识领域，是一种不自觉的、本能

奥地利精神病学家、心理学家弗洛伊德
弗洛伊德在 1895 年正式提出精神分析的概念，1899年出版《梦的解析》，被认为是精神分析心理学的正式形成。

的、不必借助语言符号来表达的精神活动。无意识要进入意识领域必须经过潜意识领域，借助于潜意识的某种形式才能实现。无意识虽然受到压制，但它是人的精神活动和心理过程的基础和出发点。

弗洛伊德的性学理论是其全部精神分析法理论体系中最具非议的一部分。这个理论又被称为"力比多"理论。弗洛伊德所说的"性"的概念，比人们平所理解的要笼统得多。他扩展了"性"的含义，使它成为一种人性理论。弗洛伊德认为，原始性欲是人与生俱来的，在人的生命之初就已经存在了。性的本能冲动（即力比多）作为人的原始本能，是人的所有动机、愿望和行动的根源，也是无意识活动的基础。人类在文学、艺术、法律、宗教等领域所取得的成就，都是"力比多"作用升华的结果。性欲的阻碍和冲突是导致心理变态和出现精神疾病的重要因素。

弗洛伊德的无意识学说和性学理论是他全部精神分析学概括的两个最基本命题，也是他精神分析理论中最具特色的内容，还是区分于其他心理学理论的主要标志。

第一次世界大战后，弗洛伊德对自己的理论进行了修改。在弗洛伊德看来，人的本性就是性本能，即生和爱，但是第一次世界大战残酷的现实与他的理论大相径庭，这促使他开始重新思考人性问题。弗洛伊德开始性之外的研究，从人的现实生活考察人的精神活动，通过精神分析理论来解释人类历史和文化发展的基础和过程，逐渐形成一个由本我、自我和超我组成的心理结构理论，即人格理论。

弗洛伊德认为，人格的精神活动或精神人格由本我、自我、超我三个部分组成。关于本我、自我和超我三者之间的关系，弗洛伊德认为从本能控制的观点而言，本我是完全非道德的，自我是追求道德的，而超我则可以成为道德的。

本我实际上即无意识，自我处在本我和超我之间，它根据现实的状态调整本我和外部世界之间的冲突。超我是一种人的良心和理想等心理表现，是一种社会力量的精神因素。本我是人的一种本能活动，只有通过自我才能得到实现。自我依照现实的原则去控制本我，延迟本我冲动的爆发。本我、自我、超我之间既有着紧密的联系又有着激烈的矛盾冲突。一个健康正常的人，其本我、自我、超我都处于协调的状态，这种平衡一旦被打破，二者失调或遭到破坏，就会使人产生精神病。

弗洛伊德所提出的人格理论，阐明了人的精神生活受到社会因素的影响，强调了理性对人类生活的指引作用，从而改变了其早期学说只是从人的生物特性来人认识人的精神活动的局限性。然而弗洛伊德对社会文化或文明的影响，实际上抱有一种悲观的心态。他认为，人的自然本能同社会文明相对立，由于人会一直存在本能欲望，所以人与社会文明之间的冲突也会一直存在。

在弗洛伊德去世前，精神分析学派内部就已经出现了分裂的局面。他的学生阿德勒在其理论的基础上创立了个体心理学派和心理分析学派，随后还出现了以霍尼、沙利文、弗洛姆为代表的新弗洛伊德主义。这些学派虽然提出了许多新的观点，但是在最基本的原则上并没有脱离弗洛伊德的理论。

经济学

人类社会进入 20 世纪后，社会各领域快速发展，社会生活发生了翻天覆地的变化，社会科学领域也诞生了许多流派，呈现出异彩纷呈的局面。社会科学各学科之间、社会科学与自然科学之间的联系日趋紧密。同时，人们对人类社会、人类文明的发展进行了不同角度的研究。

西方经济学在经过了数百年的发展后，在 20 世纪取得了长足的发展。20 世纪 30 年代，西方经济学界主要的经济学家为英国人阿弗里德·马歇尔（1842—1924 年）。马歇尔的经济学理论主要是微观经济学，主要作品有《经济学原理》。他提出了价格均衡论，通过分析流通领域中的供求关系来说明价格的形成，以及如何实现供求处于均衡状态的价格，也就是所谓的均衡价格。马歇尔在此基础上创立了分配理论。他认为，分配是国民收入如何分割为各生产要素的份额的问题，实际上就是如何决定各个生产要素的价格问题，各生产要素在国民收入中所占比例的大小，由它们的均衡价格的情况来决定。马歇尔这个经济理论仍然属于传统的资产阶级自由主义经济思想。

1929 年，西方资本主义国家爆发经济危机，许多西方经济学家对古典经济学自由市场学说提出质疑和抨击。在此基础上，英国经济学家凯恩斯（1883—1946 年）于 1936 年发表了《就业、利息和货币通论》一书，对古典经济学自由市场学说进行了一次全面彻底的批判，形成了凯恩斯理论体系。

凯恩斯抛开微观经济学的个量分析，研究整个资本主义社会的总需求或总收入与消费、投资总和的平衡关系，从而开创了现代宏观经济学。凯恩斯认为社会总需求，即有效需求，主要由总消费需求和总投资需求所构成。他还将心理因素纳入经济研究，认为由于受到社会心理因素的影响，社会有效需求通常

英国经济学家、"宏观经济学之父"凯恩斯
在 1998 年的美国经济学会年会上，凯恩斯被评为 20 世纪"最有影响力的经济学家"。

会低于社会总供给水平，也就是生产水平，因此导致"非自愿失业"的产生。为了避免有效需求的不足，应该大力加强社会投资、加大消费需求，借此来扩大就业。资本主义经济病症的根源是有效需求不足，政府必须运用积极的财政政策与货币政策来干预调节经济生活，以确保足够的有效需求。凯恩斯的理论创新在于为国家干预经济的合理性提供了经济学上的证明，这一理论的出现结束了资产阶级自由放任主义的统治地位。

凯恩斯的经济理论率先在美国"新政"中得到了尝试，美国总统罗斯福在大萧条时期迫不得已采取的非传统经济措施在一定程度上认可了凯恩斯的经济理论。在这之后，凯恩斯的经济理论和政策被西方国家作为其制定经济政策的指南，推动了国家垄断资本主义的发展。凯恩斯主义在资本主义经济生活中占据统治地位，影响了 20 世纪西方经济学的走势，使西方传统经济学说的理论核心以此作为一个崭新的转折点，由此开始了"凯恩斯时代"。直到 20 世纪 70 年代，西方国家爆发了滞胀危机，凯恩斯主义对此一筹莫展，于是出现了各种新兴经济理论。

历史学

20 世纪以后，西方传统史学遇到了严峻的挑战。由于科学技术的发展，逐渐降低了政治对历史学的借鉴作用。人们从以往的重视经验、重视传统转而重视科学、重视现实和未来。古老的历史学受到新兴学科的排挤，使得许多历史学家开始对史学进行改革。两次世界大战的爆发，给人类文明带来了前所未有的灾难，使历史学家们认为科学和理性可以将人类带入美好未来的理想出现了动摇。历史学家需要对人类的前途和文明的未来进行说明和诠释，需要对历史学在 20 世纪的地位问题进行评估和审视。在此背景下，出现了许多历史学新流派。

20 世纪初德国历史学家斯宾格勒（1880—1936 年）创立"文化形态史学"。斯宾格勒的代表作是《西方的没落》，这是一部以比较文化形态学为理论体系的历史哲学著作。斯宾格勒认为全人类的历史是不存在的，只有各个文化的历史。他把文化看作一个有机体，具有生命的周期，历经青春、生长、成熟、衰败等阶段。在这个意义上，各个文化是可以比较的，就是说不论它们各自具有如何不同的特点，但都要经历生长盛衰，最终走向死亡。他自称是反对"西欧中心论"的，说他的理论体系不承认一种文化比另一种文化优越，但他又说世界上一共存在过 8 个文化，其中 7 个已经死亡，只有西方文化是世界上唯一还有生命力的文化。

第一次世界大战震动了资本主义世界，同盟国因为战败失去了一系列权力，协约国虽然获胜，但是战后各国涌现的革命运动和遭到破坏的经济让它们举步维艰。在此情形下，西方资产阶级的知识分子被一股悲观的气氛笼罩。斯宾格勒为此写了《西方的没落》一书。书中讲到了西方的没落，但同时又认为西方文化并没有走到绝路，仍然有着生命力，这让那些对未来感到悲观的资产阶级怀有一丝希望。斯宾格勒的思想实质是"西欧中心论"，他虽然在表面上承认西方文化已经开始没落，最终也会走向消亡；但他同时也承认其他文化也出现过鼎盛时期，并且它们的鼎盛时期与西方文化的鼎盛时期是轩轾不分的。《西方的没落》使历史学家的视野更加开阔，使他们能够以更加宏观的角度去观察历史。

在斯宾格勒之后，英国历史学家汤因比（1889—1975 年）先后出版了 12 卷本的巨著《历史研究》，对斯宾格勒的文化形态史观做了进一步阐述。汤因比认为以往历史研究的一大缺陷是将民族国家作为历史研究的一般范围，这大大限制了历史学家的眼界；认为应该把历史现象放大到更大的范围内加以研究和考察，而这个范围即文明。世界历史进入文明阶段已经有 6000 年的历史，这中间一共出现了 26 个不同类型的文明，各个文明在哲学意义上是平行的，属于同时代的，这与斯宾格勒的观点大致相同。但是汤因比指出，历史是在不断的挑战和应战中发展起来的，挑战和应战的过程决定了文明的发展和衰败。西方世界未来的命运如何，取决于西方人能否对威胁西方文明生存、发展的各种新的挑战进行有力的应战。

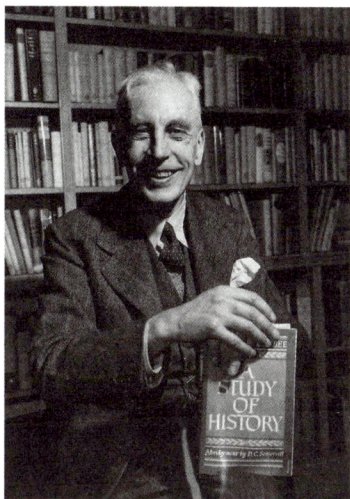

英国历史学家汤因比
汤因比的巨著《历史研究》讲述了世界 26 个主要文明的兴起与衰落，被誉为"现代学者最伟大的成就"。

　　以意大利哲学家克罗齐（1866—1952 年）和英国历史学家科林伍德（1889—1943 年）为代表的批判的分析的历史哲学，颠覆了传统史学只研究历史发展进程的做法，对史学的性质、功用和意义进行研究。

　　他们并不像思辨历史哲学那样去研究人如何创造历史，而是探讨人们该怎么去研究历史。克罗齐认为，历史就是哲学，历史应该由哲学家来写，历史学家的思考和历史事实息息相关；一切历史都是当代史，因为历史学家所处年代的影响制约了历史学家对历史的认识和思考。科林伍德认为，一切历史现象的背后都隐藏着思想，所以一切历史都是思想史，历史学家应该在现实的基础上对过往的思想进行重新思考、复活和再现。虽然批判的分析的历史哲学在思想体系上属于唯心主义范畴，然而他们提出的历史学家的创造性和主体意识问题，一直以来被传统史学所忽视，其中也有着合理的内容。

　　20 世纪 30 年代西方史学流派中比较有影响的还有法国的年鉴学派。年鉴派的创始人被公认是吕西安·费弗尔（1878—1956 年）和马克·布洛赫（1886—1944 年），他们于 1929 年初创办的杂志《经济社会史年鉴》（1946 年更名为《年鉴：经济、社会、文明》）是几十年以来持有相同主张的史学家们的主要阵地，因此得名年鉴学派。年鉴学派至今已经历了四代人物，费弗尔和布洛赫则被视为第一代年鉴派的主要代表。第二代的主要代表为费尔南·布罗代尔（1902—1985 年）等人。

　　年鉴学派改变了传统史学中历史的那种一成不变的节奏，取而代之的是地理时间、社会时间和个人时间。年鉴学派在创办时提出了两个主张：首先是提倡"全面的历史"，即所谓的"整体的历史"，主张扩大史学的研究范围，强调历史是包罗人类活动各个领域的"整体"，包含了人类活动的全部现象，尤其是经济、社会、心理现象；其次，该学派认为要反映出这个"整体"，就要打通史学与社会科学的壁垒，借鉴其他史学家与社会科学家的成果与见解，并对那些闭门造车的历史专家提出了批评。

与传统史学重视狭隘的政治、外交和军事的历史相比，年鉴学派扩大了对历史的研究范围，采用了更为多样的研究方法，这是研究史学的一个进步。1947 年以后，年鉴学派越来越受到国际学术界的重视。但是，一些年鉴派史学家过分强调了社会结构的重要性，从而忽略了考察人类在历史进程中所起到的作用，结果出现了"见物而不见人"的观点。

社会学

社会学自 19 世纪 30 年代创立，到 20 世纪 40 年代，不断获得西方国家的认可，一些大学也相应开设了社会学专业。社会学能够逐渐成为一门有独立研究对象、研究理论、研究方法和范式的社会科学，法国的埃米尔·涂尔干（1858—1917 年）和德国的马克斯·韦伯（1864—1920 年）的贡献尤为突出。

涂尔干为社会学确立了有别于哲学、生理学、心理学的独立研究对象和方法，即社会事实。所谓社会事实，就是发生在社会集体层次上的现象，也就是每个人每时每刻都遵守的、存在于个人之外的集体行为和思维方式之现实。社会事实有着与自然现象、生理现象不同的特征和特殊的关键因素。它比个体的生命先而存在，比个体生命更加持久。它的存在并不取决于个人，而是先行的社会事实引起的。社会事实通过外在的形式"强制"作用于人们，人们因此产生意识。这样的"强制"既指人们无法摆脱它的熏陶和影响，也指不遵守某些社会规则而受到惩罚。涂尔干认为，一切社会的观念都具有这种强制力；人类大多数的意向不是自己生成的，而是在外界的引导、熏陶和压迫下形成的。

涂尔干反对将社会现象还原为个人行为的主张。他认为社会高于个人，虽然社会是由无数个人集合而成的，但就像一本书不同于一张张写上字的纸一样，社会本身就是一种实体，它所具有的特质是不能通过个人的行为来说明的。

　　涂尔干坚持孔德的实证主义原则，将社会事实看作是与物理、化学、生物、心理等事实一样的存在，因此提倡以研究其他自然现象的方法来研究社会事实，而不是像研究哲学那样对一些抽象的假定进行推演。总而言之，涂尔干的社会学理论就是通过实证的方法对社会事实进行研究。他的主要著作有《社会分工论》《自杀论》及《宗教生活的基本形式》。

　　马克斯·韦伯是近代社会学的重要奠基人，虽然他当时主要被称为历史学家和经济学家。韦伯的研究方法与涂尔干遵循孔德的实证主义方式进行社会学研究有所不同，他的"理解社会学"采纳的是反实证主义的路线，他因此被奉为反实证主义的先驱。韦伯认为，每个具体的个人及其社会行为是客观存在的，而社会作为实体并不存在。因此，在对社会进行研究时只能从客观存在的个人及社会行为作为出发点，而不是从社会结构或者社会本身。由于个人的行为与主观的意愿、动机和目的密切相关，同时包含着情感、意志、兴趣等各种心理因素，因此解释个人的行为，就必须先要"理解"它。韦伯认为，主观理解是社会学知识的独特特征，在研究社会学时，不能采用自然科学的方式。韦伯的这种针对主观理解的方法，表明了他的方法论继承德国唯心主义的理论传统。韦伯的主要著作围绕社会学的宗教和政治研究领域，代表作是《新教伦理与资本主义精神》。

　　韦伯和涂尔干被认为是宗教社会学最早的开创者，同时又是宏观社会学的集大成者。涂尔干和韦伯作为现代社会学理论的奠基人，对后来社会学界乃至

少年时期的马克斯·韦伯
马克斯·韦伯是公共行政学的创始人之一，被后世称为"组织理论之父"，对西方古典管理理论的确立作出了杰出贡献。

整个世界社会科学理论体系产生了深远的影响。

文学

　　20 世纪初的文学艺术出现了流派繁多、多元共存的景象，主要的流派有现实主义、自然主义、象征主义、意象主义、达达主义、超现实主义、表现主义、意识流小说、存在主义。许多文学艺术之外的社会文化思潮出现在文学艺术的创作领域中，强有力地冲击了传统的文学艺术观念、创作方式及作家、艺术家的创作思维和艺术形式。这些社会文化思潮不仅冲击着传统的文学艺术观念，甚至渗透进了文学艺术的本体中，成为其重要的组成部分。

　　现代文学就文学创作而言，20 世纪的前十年是传统的现实主义衰落、现代主义崛起的转折期。然而，现代主义并没有彻底取代传统的现实主义，只是处在主流位置上，这时候的现实主义文学仍然具有生命力。

　　这一时期仍然有一批著名的现实主义作家取得丰硕成果。著名作家有英国的萧伯纳（1856—1950 年）、法国的罗曼·罗兰（1866—1944 年）和美国的德莱塞（1871—1945 年）。他们分别创作了《苹果车》《约翰·克利斯朵夫》《美国的悲剧》这三部具有代表性的作品。然而此时已经有一些作家不再满足于传统的现实主义写作手法，在写作时结合了现代主义的表现手法。这部分作家主要有英国的劳伦斯（1885—1930 年）和康拉德（1857—1924 年）、法国的纪德（1869—1951 年）、德国的托马斯·曼（1875—1955 年）、奥地利的茨威格（1881—1942 年）、美国的福克纳（1897—1962 年）和海明威（1899—1961 年）。其中海明威创作的《太阳照样升起》《永别了，武器》《老人与海》等作品，创造了别具一格写作风格，影响了美国文学及 20 世纪文学的发展。

　　20 世纪初，文学艺术悄然出现了现代主义文学，并于 20 世纪 30 年代达到顶峰。现代派文学作品张扬个性，以自我为中心，在艺术表现力上探求新奇别致的形式技巧和表现手法，表现出了与传统的理性观念和现实主义文学截然不同的艺术特征。现代派文学作品不以表面的客观真实为描写对象，主要探求人物的内心真实，着重表现复杂多变的内心活动，力求还原内心深处的客观真实。

　　现代主义文学经历了近一个世纪的发展，出现了许多流派，作家在政治、思想倾向、美学主张上也不尽一致，其中最具代表性的流派有后期象征主义、

美国小说家、记者海明威
1954 年，海明威凭借《老人与海》获得诺贝尔文学奖。

表现主义、意识流文学、存在主义文学等。

后期象征主义主张借助意象，用烘托、暗喻、渲染等手法描述人的思想感情和哲理，把思想还原为知觉，反对直接抒发内心的思想感情。该流派的主要作品是诗，英国诗人艾略特（1888—1965 年）是这一流派的代表人物，被公认为"现代诗派"的领袖，代表作《荒原》被认为是 20 世纪西方文学划时代的作品，是现代诗歌的里程碑。

表现主义最早出现在绘画艺术当中，后来影响到了文学领域。它主张艺术是表现而不是再现，应突破事物的表象，表现人的主观感受和复杂的内在世界。表现主义文学在诗歌、小说、戏剧各领域都出现过许多有影响的作家。其中在小说领域的杰出代表是出生于奥匈帝国的作家卡夫卡（1883—1924 年），短篇小说《变形记》是其代表作。该作品以象征、细节描写的艺术手法，对"人变成虫"的荒诞事件进行艺术再造，生动地表现了资本主义世界人性异化的主题，成为西方现代主义文学的经典作品。

意识流文学深受现代心理学的影响，尤其是弗洛伊德主义和柏格森直觉主义的影响。该流派强调表现人的意识流动，尤其是潜意识的活动，在艺术表现手法上以内心独白为主线，采用象征暗示、内心独白、自由联想等创作方法，并借用电影蒙太奇的技巧，使意识流文学作品表现出时空颠倒、意识跳跃、表面混乱的特征，需要认真研究才能理解其间精妙的联系。

法国作家普鲁斯特（1871—1922 年）被公认为意识流小说的创始人，其代表作为《追忆逝水年华》。在意识流文学中成就最大的则是爱尔兰作家詹姆斯·乔伊斯（1882—1941 年）。他的长篇小说《尤利西斯》，被认为是意识流小说的代表作。存在主义文学主要受存在主义哲学的影响，并在其基础上产生，许多存在主义哲学家同时也是存在主义文学家。法国哲学家萨特（1905—1980年）是该流派的代表人物，其作品《恶心》即一部存在主义哲理小说。法国作家加缪（1913—1960年）的作品《局外人》也是该流派文学的重要作品。

西方现代文学表达了人们对 20 世纪初资本主义社会的危机感，表现了人与人之间，人与社会、自然之间关系的异化。在这一时期，苏联文学主要展现了苏联无产阶级革命和社会主义建设的情形，出现了许多代表性的作品。高尔基（1868—1936 年）创作的《海燕》《母亲》等作品，成为苏联社会主义文学的代表作。后来，许多苏联作家开始走进民众生活，了解社会的发展变化，创作了一大批反映苏联社会巨大变革的作品。主要代表作品有阿·托尔斯泰（1883—1945 年）的《苦难的历程》三部曲、奥斯特洛夫斯基（1904—1936 年）的《钢铁是怎样炼成的》、肖洛霍夫（1905—1984 年）的《静静的顿河》等。

一战结束后，亚非拉各国出现了民族民主运动高潮，影响了亚非拉的文学艺术，在这时期出现了一些颇具影响力的作家和作品。鲁迅（1881—1936 年）是中国现代文学的奠基人，其代表作《狂人日记》《阿 Q 正传》等，是中国近现代现实主义文学的重要作品。印度作家泰戈尔（1861—1941 年），在诗歌、小说、戏剧、哲学等领域创作了大量作品，成为印度近现代文学的代表人物。此外，阿拉伯地区的文学、朝鲜文学、撒哈拉沙漠以南非洲书面文学也有了快速的发展，其文学创作主要表现了爱国主义精神和反殖民统治压迫的现实。

年轻时期的高尔基
高尔基被列宁誉为"社会主义现实主义文学奠基人，无产阶级艺术最伟大的代表者，无产阶级革命文学导师，苏联文学的创始人之一，政治活动家，诗人"。

肖洛霍夫
1965 年，肖洛霍夫凭借《静静的顿河》获得诺贝尔文学奖。

美术

20 世纪欧洲现代美术与文学一样受到西方现代主义思潮的影响，反映了时代的社会与经济风貌，出现了许多让人耳目一新的流派。

20 世纪初，以塞尚、高更、凡·高为首的后印象派主张用宽阔的笔触、粗放的线条、鲜明的色块来表现"主观化了的客观"，成为现代派艺术的先驱。

野兽派是最早的一个现代主义画派。1905 年，法国巴黎秋季沙龙中展出了马蒂斯（1869—1954 年）等一批青年艺术家的作品，因其表现手法与传统相悖，一些评论家称其为"野兽般的艺术"，由此得名"野兽派"，马蒂斯成为野兽派的代表人物之一。野兽派画家的绘画风格不尽相同，但是他们都主张在创作过程中使用鲜艳、浓厚的色彩和直率、粗放的线条，创造出强烈的图案效果，表现个性，流露出内在的真挚情感。该派作品的画面一般缺乏透视感，但有着很强的图案效果。

表现主义画派是 20 世纪初期绘画领域中流行于北欧诸国的艺术潮流。表现主义画派与野兽派几乎同时出现，出现在第一次世界大战前的德国。挪威画家蒙克（1863—1944 年）是表现主义画派的主要代表人物，其作品通常以死亡、疾病、精神孤独和相互隔绝的人物为题材，表现出强烈的表现主义因素。他的作品影响和推动了德国表现主义的兴起。第一次世界大战的灾难使得后来的表现主义画家在艺术创作上向蒙克靠拢，他们通过扭曲、粗糙的线条和强烈刺激的色彩以及悲剧性的题材来表现自己的主观主义，发泄内心的愤怒和苦闷。

立体派是 20 世纪西方现代艺术史上的一个重要画派，1908 年始于法国。1908 年，布拉克（1882—1963 年）在卡恩韦勒画廊展出作品，评论家活塞列

马蒂斯《对话》
《对话》是马蒂斯于 1912 年完成的画作，被认为是马蒂斯最袒露心声的作品。

斯在《吉尔·布拉斯》杂志上评论说："布拉克先生将每件事物都还原了……成为立方体。"这种画风因此得名。该画派强调将一切绘画对象解体成最简单的几何形块，通过画家的意愿组合而成。

除布拉克外，这一派的杰出代表还有毕加索（1881—1973 年）。毕加索在7 岁时就开始学习绘画，1907 年创作了风格鲜明的作品《亚威农的少女》，该作品被称作是第一幅立体派作品。此后，毕加索又创作了数以万计的作品，其中《格尔尼卡》《和平鸽》最具代表性，毕加索也因此成为 20 世纪最具影响力的画家之一。布拉克与毕加索同为立体主义运动的创始者，他的影响实际上并不比毕加索小。1907 年，布拉克与毕加索相识并成为至交，一同筹划起立体主义运动。布拉克的作品多数为静物画和风景画，画风简洁单纯，严谨而统一。

达达派是 1916 年至 1923 年由一群不同国籍的青年艺术家在瑞士苏黎世兴起的艺术流派。"达达"源于法语，意指儿童在摇木马，是画家们偶然在词典中找到的一个词语。它最初采用了婴儿的发音为名，表示婴儿咿呀学语期间对周围事物的纯生理反应。达达派主张作家在创作时，也应该像婴儿学语那样，排除各种思想的干扰，只表现出感官能感触到的印象。这个流派通过荒诞、抽象、符号式的东西替代传统艺术，用纸片、抹布、电车票、火柴盒等组合成一幅作品。达达派曾一度引起了人们的关注，但因为缺乏精神支持而无法持续下去。20 世纪 20 年代以后，达达派出现了分化，分化出了颇有影响力的超现实主义画派。超现实主义画派受到弗洛伊德学说的影响，将表现人类潜意识的梦境、幻觉、性爱本能和生死的矛盾现象作为创作的源泉，主张从潜意识的思想实际中寻求超现实。西班牙的萨尔瓦多·达利（1904 –1989 年）是这一派的

毕加索《亚威农的少女》

《亚威农的少女》是毕加索于 1907 年创作的作品，不仅是毕加索一生的转折点，也是艺术史上的巨大突破，被称为现代艺术发展的里程碑。

代表人物，代表作《记忆的永恒》是早期超现实主义画风的代表作。

现代主义美术流派众多，各具特色，然而它们表现出了一些共同点。在绘画技巧上，它们几乎都反对传统的写实主义，转而追求新奇、空间结构错乱、色彩随意配置、点线紊乱、缺乏透视等技法。而在创作宗旨上，各流派都强调自我，表达创作者的情感和精神世界。

全球通史

---现代篇（中）---

❶ 第一次世界大战

1914 年 6 月

奥匈帝国皇位继承人弗朗茨·斐迪南夫妇被塞尔维亚青年枪杀。萨拉热窝事件成为第一次世界大战的导火线。

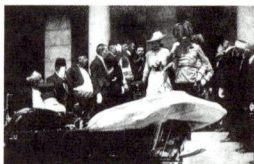

奥匈帝国向塞尔维亚宣战，第一次世界大战正式爆发。

1914 年 7 月

1914 年 8 月

坦能堡战役爆发，德军取得胜利。

马恩河战役爆发。英法联军战胜德军，德军的"施里芬计划"失败。

1914 年 9 月

1914 年 10 月

奥斯曼土耳其加入同盟国。

俄军从东线发动布鲁西洛夫攻势，大败奥匈帝国。

1916 年 5 月

1916 年 6 月

日德兰海战爆发，英军成功封锁了德国海军。

1916 年 6 月

索姆河战役爆发。英法联军未能突破德军防线，但有效地削弱了德军。

德国在海上开始实行"无限制潜艇战"。

1917 年 2 月

历史年表

凡尔登战役爆发。法军最终战胜德军,第一次世界大战迎来转折点。

意大利加入协约国。

日本加入协约国一方作战。

1916 年 2 月

1915 年 10 月

1915 年 8 月

1915 年 5 月

保加利亚加入同盟国。

法国的福煦将军出任协约国联军总司令。

美国对德宣战。

1918 年 11 月

1918 年 4 月

1917 年 8 月

1917 年 4 月

中国对德宣战。

德国爆发基尔水兵起义,德皇威廉二世宣布退位,德国投降,第一次世界大战最终以同盟国的失败而结束。

❷ 俄国十月革命及其影响下的欧洲革命和共产国际

俄国社会民主工党第二次代表大会召开，列宁主义正式形成。

列宁发表《四月提纲》。

1900 年

1903 年

1917 年 3 月（俄历 2 月）

1917 年 4 月

1917 年 7 月

列宁创办了俄国第一份马克思主义的政治报纸《火星报》。

俄国爆发二月革命，沙皇尼古拉二世被迫退位，罗曼诺夫王朝正式终结。

俄国爆发七月流血事件，列宁被迫转移到芬兰，资产阶级临时政府完全掌握了政权。

匈牙利苏维埃共和国被反革命分子颠覆。之后在帝国主义的扶植下，匈牙利进入了独裁统治时期。

共产国际成立。匈牙利苏维埃共和国成立。

1919 年 8 月

1919 年 1 月

1919 年 3 月

1919 年 4 月

德国爆发柏林工人武装起义，后被残忍镇压。

协约国入侵匈牙利，企图颠覆匈牙利苏维埃政权。

苏俄与德奥集团签订《布
列斯特和约》。苏俄正式
退出第一次世界大战。

德国共产党成立。

1918 年 12 月

1917 年 11 月（俄历 10 月）

1918 年 3 月

1918 年 11 月

在德国战败后，苏俄宣布
废除《布列斯特和约》，
红军重新收复了德军占领
的土地。

俄国爆发十月革命。俄国取得
社会主义革命的胜利，建立了
苏维埃政权，开创了人类历史
的新纪元。

共产国际第二次代表大
会在彼得格勒举行。

共产国际第四次代表大
会在彼得格勒和莫斯科
举行。

1920 年 7 月

1921 年 6 月

1922 年 11 月

1922 年 12 月

共产国际第三次代表
大会在莫斯科举行。

苏俄取得了内战的胜利，随后苏
维埃社会主义共和国联盟（苏联）
正式宣告成立。

❸ 帝国主义新秩序

协约国和德国签订
《凡尔赛和约》，构建
了凡尔赛体系。

希特勒被选为纳粹党
主席。

国际联盟成立，实际
被英、法两国所控制。

1919 年 1 月

1919 年 6 月

1919 年 7 月

1920 年 1 月

1920 年 2 月

1921 年 7 月

巴黎和会召开。

德国国民议会颁布
《魏玛宪法》，德国成
为共和国。

德意志工人党改名为
民族社会主义德国工
人党，即纳粹党。

❹ 一战后觉醒独立的亚非民族国家——中国

五四运动爆发，成
为中国新民主主义
革命的开端。

第一次国共合作。

1915 年

1919 年

1921 年

1924 年

1926 年

陈独秀在上海创办《新
青年》，标志着新文化
运动的开始。

中国共产党
成立。

北伐战争开始。

墨索里尼出任意大利总理,组建法西斯政府。

关于解决德国赔款问题的报告——道威斯计划被正式提出。

德、美、比、法、英、意、日、波、捷等15个国家在巴黎签署《非战公约》。

1921年11月						
	1922年					
		1923年		1925年		1930年
			1924年		1928年	

华盛顿会议召开。各国陆续签订了《四国条约》《五国海军条约》和《九国公约》,一战后的"凡尔赛—华盛顿体系"正式确立。

法国、比利时占领德国鲁尔区,鲁尔危机爆发。

德、比、法、英、意、波、捷七国签署了《洛迦诺公约》。

德国支付战败赔款计划——杨格计划被批准。

西安事变促成了第二次国共合作,抗日民族统一战线形成。

红军第五次反"围剿"失败,被迫开始进行长征。

	1928年			1936年
1927年		1934年		

朱德与毛泽东率部队在井冈山胜利会师。

南昌起义爆发,打响了武装反抗国民党反动派的第一枪。

❺ 一战后觉醒独立的亚非民族国家 —— 东南亚

甘地发起非暴力不合
作运动。

东印度共产主义联
盟改称为印度尼西
亚共产党。

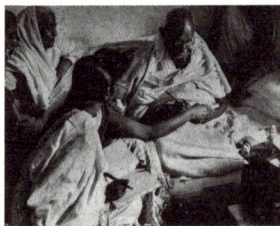

1926 年

1924 年

1922 年

1919 年

1914 年

印度尼西亚爆发民族
起义，反抗殖民统
治，但惨遭镇压。

甘地被英殖民当局逮捕，第一次
非暴力不合作运动宣告结束。

印度尼西亚成立东印
度社会民主联盟，是
印度尼西亚共产党的
前身。

苏加诺在万隆建立了
印度尼西亚民族联盟，
1928 年改组为印度尼
西亚民族党。

印度尼西亚"七省号"
军舰起义，反抗荷兰
殖民统治，但惨遭镇
压。

1927 年

1930 年

1933 年

1935 年

胡志明在香港成立了越
南共产党。越南爆发安
沛起义。

越南共产党在澳门举行了第
一次代表大会。

❻ 一战后觉醒独立的亚非民族国家——中亚、西亚和北非

第三次英阿战争爆发，后英
阿双方缔结停战协定，英国
承认阿富汗独立。

1918 年

1919 年

1921 年

扎格卢勒在埃及成立华夫脱党，
旨在通过和平合法的手段取得
埃及独立。

西班牙入侵里夫，里夫起
义军大获全胜，为里夫共
和国的成立奠定基础。

❼ 一战后觉醒独立的亚非民族国家——土耳其

希腊侵占伊兹密尔，导致第二次
希土战争爆发。

凯末尔在安卡拉召开了新的
国民议会——大国民议会，
成立国民政府。

1919 年

1920 年

埃及举行国会大选，华夫脱党
获胜，扎格卢勒担任埃及独立
后的第一任首相。

1925 年

1924 年

1922 年

叙利亚爆发武装起义，反
抗法国殖民统治。

在埃及华夫脱运动的压力下，
英国政府被迫承认埃及独立。

希腊在第二次希土战争中战败。

1923 年

1922 年

土耳其和协约国签署《洛桑和约》。
同年，土耳其共和国宣告成立，
苏丹制被废除，凯末尔出任共和
国首任总统。

❽ 资本主义世界的经济危机和政治危机

资本主义国家进入相对稳定时期。

日本爆发经济危机。

1921 年 7 月

1924 年

1929 年

1930 年

1931 年

希特勒成为纳粹党元首。

九一八事变爆发。

美国爆发经济危机。

美国经济危机达到顶点。

德、意"轴心"的成立，标志着法西斯国家军事集团逐渐形成。

1937 年

1936 年

1935 年

1933 年

1932 年

日本向中国发动全面侵略战争。

德国彻底撕毁《凡尔赛和约》关于限制德国军备的条款。

罗斯福新政。

❾ 第二次世界大战 1

1939 年 9 月

德国对波兰发动闪电战，第二次世界大战全面爆发。

1940 年 9 月

意大利入侵埃及。德意日在柏林签订《德意日三国同盟条约》，正式结成三国轴心军事同盟。

意大利入侵希腊。

1940 年 10 月

1940 年 11 月

匈牙利和罗马尼亚加入轴心国，成为德国法西斯在东南欧的帮凶。

保加利亚也宣布加入轴心国。

1941 年 3 月

26 个国家签订了《联合国家宣言》，标志着世界反法西斯联盟的正式建立。莫斯科保卫战取得胜利，德军迎来了二战中的第一个大败仗。

日军占领了印度尼西亚群岛。

1941 年 12 月

日本偷袭珍珠港，美国对日宣战，太平洋战争爆发。

1942 年 1 月

1942 年 2 月

日军占领了新加坡。

1942 年 3 月

德国入侵苏联，苏联卫国战争开始。

德军进军莫斯科，莫斯科保卫战打响。

1941 年 9 月

1941 年 6 月

1941 年 10 月

1941 年 4 月

德军封锁列宁格勒，列宁格勒保卫战正式打响。

德军入侵南斯拉夫和希腊。

中途岛海战爆发，日本战败，丧失了太平洋战场的战略主动权。

北非战场的阿拉曼战役爆发，德军战败。

1942 年 7 月

1942 年 6 月

1942 年 10 月

1942 年 5 月

斯大林格勒战役爆发。

日军占领了菲律宾和缅甸。

苏联取得斯大林格勒战役的胜利，进入战略反攻阶段。第二次世界大战迎来转折点。

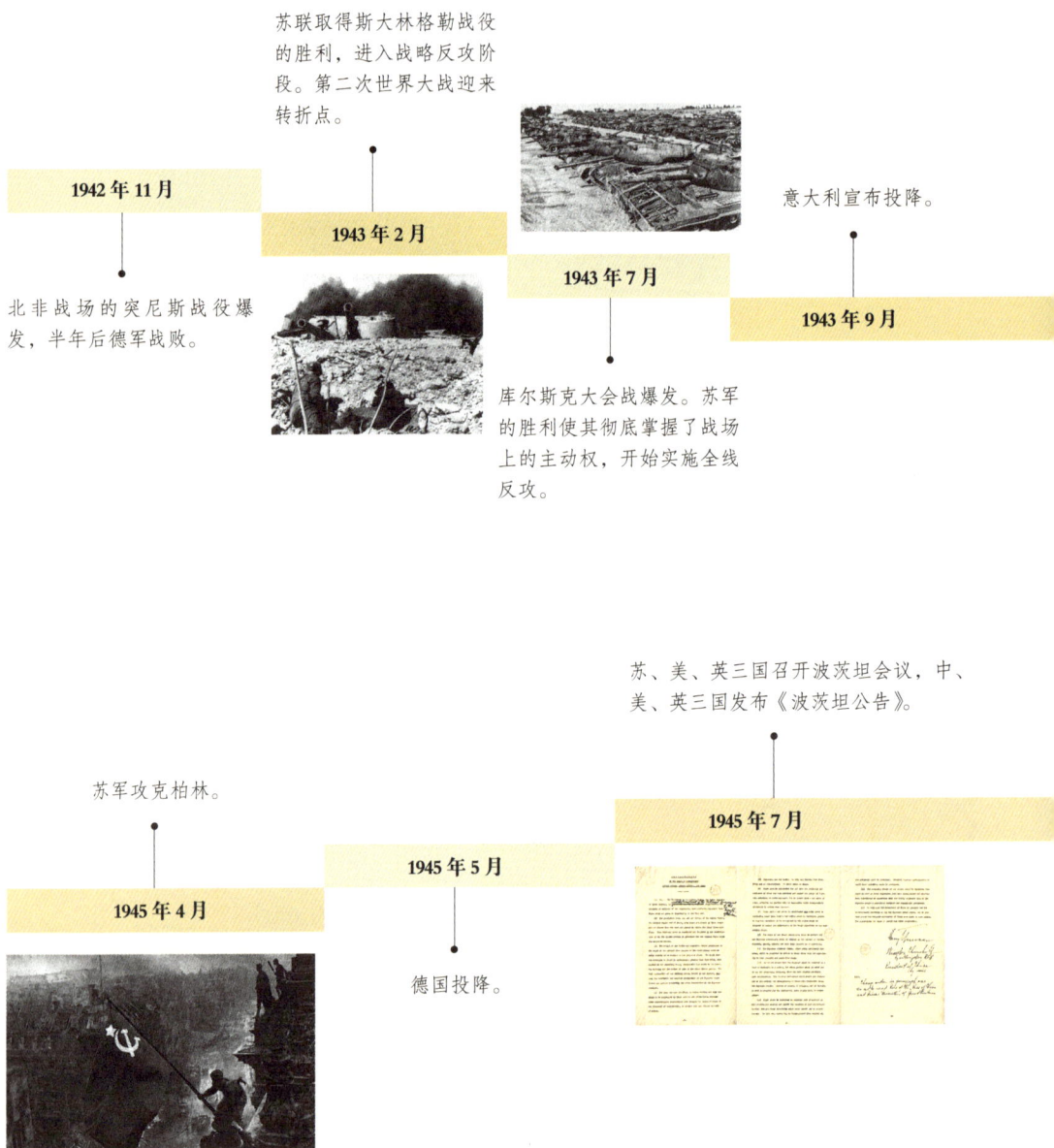

1942 年 11 月

1943 年 2 月

意大利宣布投降。

1943 年 7 月

1943 年 9 月

北非战场的突尼斯战役爆发，半年后德军战败。

库尔斯克大会战爆发。苏军的胜利使其彻底掌握了战场上的主动权，开始实施全线反攻。

苏、美、英三国召开波茨坦会议，中、美、英三国发布《波茨坦公告》。

苏军攻克柏林。

1945 年 5 月

1945 年 7 月

1945 年 4 月

德国投降。

苏、美、英三国召
开雅尔塔会议，签
订《雅尔塔协定》。

盟军诺曼底登陆。

1944 年 10 月

1944 年 6 月

1945 年 2 月

1943 年 11 月

二战中规模最大的
海战——莱特湾海
战爆发，日本海军
遭受重创。

中、美、英三国发表《开罗宣言》。
苏、美、英三国召开德黑兰会议。

日本投降，第二次世界大战
正式结束。

1945 年 8 月

1945 年 9 月

美国向日本广岛、长崎投下
原子弹。苏联对日宣战。

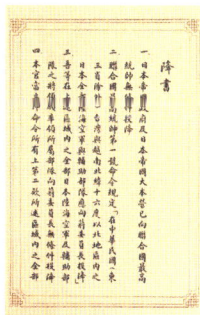

⑩ 20 世纪上半叶的科技文化发展

福特汽车公司成立，开始
对汽车进行标准化和专业
化生产。

美国诞生了世界上
第一个广播电台。

1900 年

1903 年

1905 年

1925 年

1920 年

德国物理学家普朗克
提出量子概念。

量子力学真正得以建立。

爱因斯坦提出狭义相对论。

德国化学家施陶丁格发表了第一部高分子化学论著《高分子有机化合物》。

德国火箭专家冯·布劳恩成功发射了第一枚 V-2 火箭。

1949 年

1942 年

1936 年

1932 年

1928 年

英国研制出冯·诺伊曼机。

英国细菌学家弗莱明发现了青霉素。

英国经济学家凯恩斯发表《就业、利息和货币通论》。